经济金融前沿译丛

新美国经济
——里根经济学的失败与未来之路

布鲁斯·巴特利特（Bruce Bartlett）　著
钟晓玲　等译
徐诺金　审校

中国金融出版社

责任编辑：张智慧　马　杰
责任校对：孙　蕊
责任印制：丁淮宾

Copyright©Bruce Bartlett，2009.
All rights reserved.
First published in 2009 by
PALGRAVE MACMILLAN
in the United States-a division of St.Martin's Press LLC,
175 Fifth Avenue, New York, NY10010.

北京版权合同登记图字01-2010-5833
《新美国经济——里根经济学的失败与未来之路》中文简体字版专有出版权属中国金融出版社所有，不得翻印。

图书在版编目（CIP）数据

新美国经济（Xin Meiguo Jingji）——里根经济学的失败与未来之路/（美）巴特利特著；钟晓玲等译.—北京：中国金融出版社，2011.4
（经济金融前沿译丛）
ISBN 978-7-5049-5865-5

Ⅰ.①新… Ⅱ.①巴…②徐… Ⅲ.①经济危机-研究-美国
Ⅳ.①F171.244

中国版本图书馆 CIP 数据核字（2011）第 033861 号

出版发行	中国金融出版社
社址	北京市丰台区益泽路2号
市场开发部	（010）63266347，63805472，63439533（传真）
网上书店	http://www.chinafph.com
	（010）63286832，63365686（传真）
读者服务部	（010）66070833，62568380
邮编	100071
经销	新华书店
印刷	北京松源印刷有限公司
装订	平阳装订厂
尺寸	169毫米×239毫米
印张	15
字数	200千
版次	2011年4月第1版
印次	2011年4月第1次印刷
定价	46.00元

ISBN 978-7-5049-5865-5/F.5425
如出现印装错误本社负责调换　联系电话（010）63263947

翻译人员
TRANSLATORS

- 徐诺金（审校）

- 钟晓玲（统稿）

- 王盛夏（前言与附录）

- 郑海燕（第一章）

- 曾志坚（第二章）

- 郑楚琳（第三章）

- 刘茵茵（第四章）

- 梁剑伟、彭在珍、汪　曼、吴　佳、陈灵芝、
  刘　舒、张　渊、陈铭浩（第五章、第六章）

- 余朝宇（第七章）

前言
PREFACE

早在20世纪70年代，我就见证了凯恩斯经济学的分崩离析和供给经济学的兴起。作为众议员荣·保罗（Ron Paul）和杰克·坎普（Jack Kemp）的工作人员，我参与了全国关于如何解决通货膨胀和怎样使美国经济重振旗鼓的重要辩论。

在那个时候，凯恩斯经济学已被提炼成一些简单的观点，如预算赤字可以刺激经济增长和通货膨胀是由低失业率造成。然而，供给经济学家的看法却大相径庭，他们认为增长缓慢主要源于高税率，而通货膨胀是由美联储创造太多货币造成的。当时的最高所得税税率为70%，而通货膨胀迅速将工人推进原本为富人设置的税级。

供给经济学从政治上和实质上成功地解决了这些问题，正如大萧条的结束应该归功于凯恩斯经济学一样。罗纳德·里根于1981年实施供给经济学政策后，很快就降低了通货膨胀率并恢复经济增长。到1986年，供给经济学观念已非常盛行，以至于共和党和民主党联手将最高所得税税率降低至28%。

然而，正如凯恩斯经济学走向了错误的轨道并逐渐丧失信誉，我认为供给经济学也已寿终正寝。供给经济学中依然被肯定的观点已经完全融入主流经济学。当人们想起供给经济学家时，想到的就是一幅漫画——他们认为没有什么问题是大幅减税所不能解决的。电台谈话节目和一些团体，例如经济增长俱乐部和美国人支持税制改革协会，都在共和党中大肆宣扬这个观点，虽然乔治·布什实行的减税政策并未获得显著成功，且当今经济的主要问题在于需求不足，而非供给不足。

我知道民主党和共和党在税务问题上是界限分明的。在2003年，我确信我们的预算问题已相当严重，必须大幅增税。我在2006年出版了一本关于这个主题的书，书名叫《骗子：乔治·布什如何使美国破产并背离了里根传统》（*Imposter: How George W. Bush Bankrupted America and Betrayed the Reagan Legacy*）。我因此丢掉了在一个与共和党关系密切的智囊团的工作。从此，我就被与共和党关系紧密的所有团体当做下等公民。[1]

2006年开始的经济衰退和预算吃紧更加深了我对减税不再能解决我们今天所面对的问题的认识。巴拉克·奥巴马总统已经同意让布什的减税政策于2010年底失效，并要求国会以碳排放的限额与交易计划的形式征收高额能源税，增税开始了。

这些举措远不是增加联邦财政收入的最佳办法。它们将对经济增长和激励措施造成不必要的损害。我仍坚信增值税（一种全国性的销售税）更有利于增加额外的财政收入。然而美国政坛中似乎没有人愿意公开表达这种观点，尽管许多来自两党的高层人物私底下认为我的看法是正确的。

当我最初开始构思这本书的时候，2008～2009年的经济危机还未出现端倪。而当本书收尾时，我感觉自己在重新经历书中所写的大部分历史。不仅我们现在的经济形势与20世纪30年代时候相仿，许多经济学家的争论也是出人意料的相似。就好像在过去的75年间，我们对经济的认识一无长进。

当今的危机是大萧条以来世界经历的最严重的一次。尽管没有两次危机是一模一样的，我们仍然可以从过去的成功与失败中汲取经验教训。首先，许多当今的决策者都已深入研究过大萧条，尤其是美联储主席本·伯南克和总统经济顾问委员会主席克里斯蒂娜·罗默（Christina Romer）。了解他们对大萧条的认识对于预测他们将如何应对当今的经济发展大有裨益。

显而易见，我们需要历史上伟大的思想家来指引我们渡过今天的难关。他们当中，对于我们当今面临的问题有着最深入思考的非约翰·梅纳德·凯恩斯莫属。尽管他及其观点仍然被右翼分子所憎恶，我认为他其实是保守派，主要关心的是如何阻止社会主义思潮的崛起。

我写此书的动机之一是消除我脑海中长久关注的一个问题，即为什么大萧条得以持续如此长时间，并达到如此的深度。在我的职业生涯之初，我就知道我们的中央银行——美联储——在1929~1933年间放任货币供应量萎缩了三分之一。在其他因素不变的情况下，这样的萎缩迫使价格水平以同样的幅度下降。通货紧缩是大萧条的中心问题。

我一直不能理解这种情况何以会发生。我认为，20世纪30年代的经济学家肯定不会无视美联储的政策，亦不可能对价格的下行压力及其经济后果视而不见。他们如此聪明，不可能不懂得扩张性的美联储政策是解决经济问题的关键所在。

随后我逐渐认识到，凯恩斯、欧文·费雪（Irving Fisher）和其他经济学家很早就非常清楚地了解大萧条产生的货币根源。他们试图以书、学术论文和国会听证会上的证言、专栏文章和报纸采访等多种形式解释此真相，但是一切努力都是徒劳。问题在于他们无法影响有权力作出改变的决策者。即使是面对现代最严重的经济危机，决策层和政客们宁愿让政策继续处于自动导航状态，也不愿意承认他们或许需要为经济危机承担责任。

当我利用如今可以轻松搜索到的报纸数据库后，这一事实便清晰地彰显在我面前。我查阅了20世纪30年代的《纽约时报》、《华尔街日报》、《华盛顿邮报》和其他流行刊物，看到了凯恩斯等经济学家在当时向决策者提出何种建议。当今太多的经济学家单纯依赖他们的前辈在书和学术刊物上发表的文章，而这些文章对于当时的决策者来说技术性太强，他们不能理解，甚至不知道它们的存在。此外，这些文章往往是在其作者已以其他形式发表了自己的观点后才出版的。

因而，当代经济学家不能完全理解凯恩斯这种历史人物带来的政策启示。为向决策者传递自己的意见，凯恩斯采用了诸多方式，例如会议、书信以及接受流行刊物采访并为它们撰稿等。只有了解这些事情才能了解谁应对政府未能掌握或制定出解决经济危机的合适方法而负责。

一旦我了解了经济学家在当时的所言所行,我发现,财政主义的领军人物凯恩斯与货币主义的领军人物——被称为当时的米尔顿·弗里德曼的费雪并无显著区别。他们的理论互相支持,都是应对大萧条所必需的。虽然最根本的问题在于货币层面,但由于当时经济已处于停滞状态,美联储的政策是无效的。当货币无法流通,美联储扩大货币供给量的努力就相当于无用功。财政刺激对于弥补个人消费的下降是很有必要的,并可借此启动货币政策。一旦财政政策带领经济走出停滞状态,货币政策又将发挥作用,并结束通货紧缩和经济萧条。

我认为我们在2007年遇到了同样的基本情形。美联储在过长的时间里过于放松银根,在房地产市场中制造了泡沫并因此威胁价格的稳定。用哥伦比亚大学经济学家杰弗里·萨克斯(Jeffrey Sachs)的话来说:"美国的危机事实上是由美联储造成的,而推波助澜的……正是艾伦·格林斯潘。"[2] 当美联储于2004年开始收紧货币政策时,它挤压了房地产市场的泡沫,并拖累了整个金融业,因为金融业对房地产市场的依赖程度远远超过人们所意识到的。美联储政策的变化两年后才开始影响经济。因此,房地产的价格在2006年中期达到顶峰,2007年出现微降,在2008年才出现急跌。

随着房地产价格的下跌,消费者减少消费。众所周知的财富每增加100美元,消费将增加5~10美元的趋势发生了逆转。[3] 财富每减少100美元,消费就减少5~10美元。随着房地产市场的损失累积达到几万亿美元,消费也每年减少几千亿美元。

这样的结果与20世纪30年代初大同小异,唯一的区别是急剧下降的不是货币供应量而是所谓的货币流通速度——货币供应量与国内生产总值的比值,即货币在一年内流转的次数。当货币流通速度下降时,其对经济的影响无异于减少货币供应量。名义国内生产总值必然下降并导致价格和产出的下降,这是2008~2009年经济危机的两个显著特征。

虽然美联储试图通过增加货币供应量来遏制经济下滑,但它遇到了与

20世纪30年代相同的问题：美联储无法使货币流通起来。消费者减少消费，企业减少投资，银行减少贷款，他们的速度快于美联储将货币投入到经济的速度。

启动经济的重任又一次落在了财政政策上。只有当经济中的总消费回升了，货币政策才能奏效。货币政策和财政政策自身都无法起到效果，它们需要共同作用才能将经济拉出萧条困境。虽然货币政策提供最主要的经济刺激，它只能与财政政策一起才能在严峻的通货紧缩下发挥作用。这即是国会于2009年初通过总价值7870亿美元的一揽子刺激计划的基本原理。[4]

经济学家就刺激计划的规模、形式以及时机进行了广泛的辩论。一大批知名的经济学家完全反对实施任何刺激计划，但是反对者没有抓住核心问题。刺激计划不应该被孤立地看待，也不应与正常时期的财政行为相提并论。我们需要采用财政政策，因为它是唯一能够启动货币政策的可行方式，而货币政策正是我们当今经济问题的根源。

在对巴拉克·奥巴马的一揽子刺激计划进行辩论的过程中，共和党坚持认为唯一能有效促进经济增长的财政政策是减税。他们称增加政府支出是无效的，因为新增的政府借款正好从经济中抽回政府消费投入的资金。出于尚不清楚的原因，共和党称减税可以产生不同的影响并能够更好地刺激经济。

如果共和党注意到美国国债的利率已经接近零，并曾短期内变成负数，他们就会意识到联邦政府的借款并没有取代私人消费。[5] 联邦政府借的是没有任何收益、没有被使用的货币。共和党人也不能解释，当越来越多的人由于下岗没有收入，当企业由于没有业务而没有利润，当投资者没有实现任何收益时，减税如何得以刺激经济增长。

共和党的解释是他们的建议基于供给经济学。但是他们根本就没有弄清楚1981年和2009年的经济的重大区别，尤其是美联储的角色已迥然不同。在20世纪80年代初，美联储的任务是抑制通货膨胀，而在2009年它的任务是控制通货紧缩。财政政策在这两种截然不同的环境下扮演着完全不同的角色。

如果20世纪70年代没有出现通货膨胀，供给经济学恐怕就不会问世。供给经济学的创始人之一、经济学家罗伯特·蒙代尔曾说过，通货膨胀对经济产生负面作用的原因之一是它会导致税负自动上升。工人们因为生活成本工资上涨而被推进更高的税阶，企业要为实际上不存在的库存利润纳税，投资者则要为只代表了通货膨胀的资本收益纳税。

为此，蒙代尔称减税对于经济的正常运行有着至关重要的作用，尤其是当经济正经历缓慢增长和通货膨胀，即"滞胀"的时候，正如20世纪70年代的情况一样。此时无须动用财政政策来启动货币政策，事实上，通货膨胀的原因正是货币增长和支出太大，而不是太小。20世纪30年代和现在都是这种情况。

因而，减税非常不适于解决2009年的问题。共和党推行这些政策是出于教条主义，而不是因为他们充分相信这些政策能改善经济。如果他们真的想用税收政策来刺激经济增长，他们应提出能够增加支出的减税方式。投资税抵免就是其中一种，它可鼓励企业加大资本设备的投入。但他们从来没有考虑过这种方式。相反，共和党只是将他们在不同的经济环境下鼓吹了多年的旧的减税计划重新包装了一遍。

本书的主题之一是说明凯恩斯经济学和供给经济学等的观点是为了应对已有理论无法解决的重大问题。一旦这些新观点取得成效，人们就倾向于将它们视为解决任何经济问题的万能钥匙，尽管事实上它们只适用于特定的环境。当它们因运用不当而失败时，人们开始探索新的理论或重新发现那些曾经被遗弃的旧理论。

凯恩斯经济学在20世纪30年代奏效是因为它是为应对通货紧缩而创立的。当问题不是通货紧缩时，应用此理论将刺激通货膨胀。同理，凯恩斯经济学对于终结通货膨胀并无太大益处。20世纪70年代，当通货膨胀成为主要问题时，凯恩斯经济学因此被摒弃。

供给经济学是应对滞胀的正确理论。20世纪80年代初，从紧的货币政策和减税政策共同发挥了良好作用，它们联手遏制了两位数的通货膨胀率，所耗费的经济成本远低于经济学家的预期。供给经济学同时也为20世纪90年代经济的较高实际增长奠定了坚实的基础。在21世纪的前10年，许多政策都打着供给经济学的旗号，却与里根时代的供给经济学相去甚远。

举例来说，供给经济学认为唯有永久性减税能够让人们和企业改变他们的行为方式，然而乔治·布什的减税政策都是临时性的。另外供给经济学称唯有降低边际税率能产生有实际意义的激励效果，而布什政府所实行的减税政策大部分是由毫无激励效果的退税和税收抵免构成的。尽管如此，布什和他的顾问仍宣称他们的政策基于供给经济学。

布什政府政策的失败推翻了供给经济学，就如同通货膨胀推翻了凯恩斯经济学一样。最近的经济危机让凯恩斯经济学得以重生，但是如果历史是一位向导，那么凯恩斯经济学又将被过度应用。货币和财政刺激将在经济回升后仍继续被大规模使用几乎已成定局。奥巴马政府和美联储都不敢贸然实施收紧政策，除非他们能百分之百地确定经济已再次企稳，而在2012年的大选之前他们不可能得出这个结论。

过度的货币和财政刺激意味着通货膨胀在不远的未来又将成为一个严重问题。到那时，供给经济学又将经历重生，但它要应对的是与里根政府时期截然不同的财政环境。里根得益于执政时期较温和的人口结构。当时，"婴儿潮"一代人正进入收入顶峰时期，而20世纪30年代和战争时期的低出生率使退休人数相对较少。如今，"婴儿潮"一代人已经准备退休——最早的一批出生者在2011年即将满65岁，这将迫使联邦政府增加社会保障和联邦医疗保险计划的支出，而那时政府却需要收紧财政政策，以降低今天的刺激政策一定会带来的通货膨胀和高利率。

许多评论家一直认为供给经济学创始人的主要缺点在于他们只关注减税，而不是缩小政府规模，这种说法有一定道理。供给经济学家认为政府的绝对规模从经济角度而言并不重要。他们还发现，即使是为维持政府现有规模而减少支出也没有获得政治支持，更不用说缩小政府规模了。供给经济学家认为只有将政府规模与经济规模相比照，政府规模才有意义。因而，如果采取的政策能使国内生产总值的增长高于支出增长，根据简单的算术，政府规模占国内生产总值的比例也将下降。简而言之，减少支出并无必要，只需要将支出的增速控制在国内生产总值的增速之下。

此观点并不能让当时希望平衡预算和减少支出的保守派满意。他们只是在说服自己减税将截断政府的财源从而给支出施加下行压力后才不情愿地接受了供给经济学。这后来被称为"让野兽挨饿"。只有在赤字提高了通货膨胀率和利率，造成严重经济问题时，此项政策才具有合理性。降低财政赤字的压力在现实中会转嫁到减少支出上来。

然而，随着通货膨胀率下降以及利率跌到历史低位，降低财政赤字的政治支持也消失殆尽。但是共和党继续大力推行减税，好像减税是财政责任的重中之重一样。在乔治·布什执政时期，共和党自欺欺人地认为唯有减税才是政府在财政上负责任的表现，这使他们得以将在减税的同时大幅增加支出合理化。共和党不仅没有通过减税使支出保持在低位，反而同时增加财政支出和扩大减税范围。这使得他们在抱怨奥巴马政府支出太大时毫无公信力可言。

最终，紧缩财政将重新成为政治议程的首要任务。如果继续像现在一样无节制地支出，我们将面临通货膨胀、美元大跌和两位数的利率等灾难性后果。虽然奥巴马政府希望大多数的临时性刺激政策在危机过后自动失效，但"婴儿潮"一代人的老龄化将带来政府福利支出的增加，意味着即使奥巴马政府的愿望能够实现，我们也将面临财政危机。

我相信当第二次财政危机在未来几年发生时，我们在所难免地需要用更多的财政收入来填补财政缺口。不幸的是，两个政党都对此矢口否认。共和党依然自欺欺人地认为减税可以"让野兽挨饿"，而增税是在"喂养"它；而民主党非常害怕被看成增税的政府，他们干脆拒绝承认现实。奥巴马政府的增税提案小心翼翼地加入了减税的措施，以反驳它是增税政府的指责。

然而，现实是早在我们大幅增加支出以应对经济危机前，我们的政府在下一代人期间需要增加的支出大约相当于我们国内生产总值的50%，才足以支付现行法律下的社会保障和联邦医疗保险福利。当资金出现缺口，大幅增加财政收入就变得非常迫切。我预计共和党将拒绝加入增税的队伍。如果民主党不得不在没有两党支持的情况下增税，那么他们只能满足民主党自由翼的要求。这将意味着增加企业和企业家的税负，以及采取足以让富兰克林·罗斯福汗颜的对富人课以重税的政策。

这些税负将对经济产生极大的危害——肯定大于其他形式的征税，如增值税。增值税能以牺牲较少的产出为代价大幅增加财政收入。但这正是保守派极力反对它的原因所在。他们担心增值税是一部印钞机，会增加政府规模，因为在低效率的征税形式下，政府规模就不会如此增大。

此论据只有在联邦政府的财政收入占GDP的20%时才成立。当财政收入超出GDP的30%时，此论证并不成立，因为如此高的财政收入将排除大幅度的、政治上不可能的支出削减。在那种情况下，我们的税收结构将导致产出损失达到GDP的10%~15%，而如果我们提高征税效率的话，我们可以避免这些损失。

最终，共和党将克服对增值税的恐惧症，并意识到增值税可以大幅度降低边际税率。具有讽刺意义的是，许多共和党人已经在不自觉地支持这样的改革。他们力挺的单一税实质上就是在对所有企业征收减法增值税，并扣除企业所支付的工资费用。

当这个世界正在发生过去七十五年见所未见的经济危机时，担心下一次危机的来临似乎为时过早。但这样的目光短浅正是造成此次经济危机的罪魁祸首。美国国会、白宫和美联储都对2001年的经济衰退反应过激，在需要紧缩财政和货币政策的时候，仍不断增加额外的经济刺激，制造了经济泡沫，而泡沫的破灭产生了惨痛后果。几乎可以肯定的是，在本轮经济衰退中，它们的过激反应将更严重，而本轮经济衰退将是史上最类似大萧条的一次衰退。

以史为鉴并避免重蹈覆辙尤其重要。至少那些能预见未来的人可以更好地保护自己免于遭受恶果。

注释：

1. 详情请查阅：Richard W. Stevenson, "In Sign of Conservative Split, a Commentator Is Dismissed", NYT, Oct.18, 2005；David Brooks, "The Savior of the Right", NYT, Oct.23, 2005；Elisabeth Bumiller, "An Outspoken Conservative Loses His Place at the Table", NYT, Feb.13, 2006.

2. Jeffrey Sachs, "The Roots of Crisis", The Guardian, March 21, 2008；同时见 John B.Taylor, "Getting Off Track" (Stanford: Hoover Institution Press, 2009)；格林斯潘气愤地否认他需要为房地产市场泡沫或者崩溃承担责任：Allan Greenspan, "The Fed Didn't Cause the Housing Bubble" WST, March 11, 2009.

3. CBO, "Housing Wealth and Consumer Spending", Jan. 2007.

4. Jane Gravelle, Thomas Hungerford and Marc Labonte, "Economic Stimulus：Issues and Policies", CRS Report for Congress no.R40104, Jan.23, 2009.

5. Vikas Bajaj and Michael M. Grynbaum, "Investors Buy Federal Debt at Zero Yield", NYT, Dec.10, 2008.

6. Hal Varian, "Boost Private Investment to Boost the Economy", WST, Jan.7, 2009.

关于资料来源的说明
ANNOTATION

我所引用的约翰·梅纳德·凯恩斯的原话大多数是出自他的30卷作品集,该作品集由经济学家唐纳德·莫格里奇(Donald Moggridge)编辑并由麦克米伦出版社和剑桥大学出版社于1971~1989年间出版。我在引用时注明了卷数和页码,以便于研究人员查阅,同时也因为编辑过的作品集包含了原始资料没有的更正和说明性材料。此外,这些原始材料多数内容极为晦涩,且除了在凯恩斯的作品集内出现外,都没有公开出版。

我参考的白宫声明全部来源于加利福尼亚大学圣塔芭芭拉分校的美国总统项目组编撰的在线总统文件合集。该合集内容全面且便于查询,你只需要输入文件的名称和日期即可以快速查找到。出于这个原因,我没有引用这些总统声明的出版物来源。该项目的网址是www.presidency.ucsb.edu。

美联储圣路易斯分行是本书主题极为重要的研究来源。它将大量的与经济和美联储历史有关的历史资料放入美联储经济研究档案系统内,网址为:http://fraser.stlouisfed.org。该系统包含了1951~1970年间任美联储董事会主席的威廉·麦克切斯尼·马丁(William McChesney Martin)的许多论文和所有的总统经济报告。此外,芝加哥大学出版社出版的艾伦·迈尔策的《联邦储备制度的历史》一书在该系统内也有一个非常有价值的参考资料库。该资料库的脚注都直接链接到原始的在线来源,包括国会听证会、数据来源以及美联储的出版物。仔细查阅这些原始资料对于弄清决策者在当时拥有何种信息是至关重要的。

公众通常无法获得国会研究局的报告，但可以在 www.opencrs.com 上面获取大多数资料。

在将过去的美元数字换算成现在的数字方面，我不仅仅是根据通货膨胀调整数据，因为经通货膨胀调整的数据剔除了实际增长，不能充分表述经济变化的力度。因而，书中的美元价值换算是依据 GDP 的变化，用 www.measuringworth.com 上的在线计算器换算出来的。

第一章　大萧条：误解通货紧缩

1929年的股市崩盘 2
美联储的作用 5
通货紧缩 7
实际债务的上升 9
国会试图制定货币政策 11
反对通货再膨胀的意见 13
凯恩斯的评论 17
罗斯福行动 19
凯恩斯的来访 21

第二章　凯恩斯经济学的胜利

凯恩斯：通货膨胀与通货紧缩的敌人 31
大萧条 36
《通论》 37
《通论》引起的反响 39
大萧条的结束 42
凯恩斯是保守主义者 46
反对计划经济 48
对当代的启示 50

第三章　通货膨胀：凯恩斯经济学的衰落

凯恩斯的通货膨胀理论 60

走出萧条⋯⋯⋯⋯⋯⋯⋯⋯⋯⋯⋯⋯⋯⋯⋯⋯⋯⋯⋯⋯⋯⋯⋯ 62
加强政府干预⋯⋯⋯⋯⋯⋯⋯⋯⋯⋯⋯⋯⋯⋯⋯⋯⋯⋯⋯⋯ 64
肯尼迪寻求经济增长⋯⋯⋯⋯⋯⋯⋯⋯⋯⋯⋯⋯⋯⋯⋯⋯ 66
肯尼迪和凯恩斯⋯⋯⋯⋯⋯⋯⋯⋯⋯⋯⋯⋯⋯⋯⋯⋯⋯⋯ 68
通货膨胀愈演愈烈⋯⋯⋯⋯⋯⋯⋯⋯⋯⋯⋯⋯⋯⋯⋯⋯⋯ 70
反周期政策的失败⋯⋯⋯⋯⋯⋯⋯⋯⋯⋯⋯⋯⋯⋯⋯⋯⋯ 72
长期后果⋯⋯⋯⋯⋯⋯⋯⋯⋯⋯⋯⋯⋯⋯⋯⋯⋯⋯⋯⋯⋯ 76
2009年的经济刺激法案⋯⋯⋯⋯⋯⋯⋯⋯⋯⋯⋯⋯⋯⋯⋯ 77

第四章　保守派的反对运动

货币主义⋯⋯⋯⋯⋯⋯⋯⋯⋯⋯⋯⋯⋯⋯⋯⋯⋯⋯⋯⋯ 90
供给经济学⋯⋯⋯⋯⋯⋯⋯⋯⋯⋯⋯⋯⋯⋯⋯⋯⋯⋯⋯⋯ 92
凯恩斯经济学的死亡⋯⋯⋯⋯⋯⋯⋯⋯⋯⋯⋯⋯⋯⋯⋯⋯ 95
资本利得和税收估计⋯⋯⋯⋯⋯⋯⋯⋯⋯⋯⋯⋯⋯⋯⋯⋯ 96
预算程序带来的机会⋯⋯⋯⋯⋯⋯⋯⋯⋯⋯⋯⋯⋯⋯⋯⋯ 99
国会的供给学派⋯⋯⋯⋯⋯⋯⋯⋯⋯⋯⋯⋯⋯⋯⋯⋯⋯⋯ 100
《肯普—罗斯法案》的起源⋯⋯⋯⋯⋯⋯⋯⋯⋯⋯⋯⋯⋯ 103
亚瑟·拉弗的观点⋯⋯⋯⋯⋯⋯⋯⋯⋯⋯⋯⋯⋯⋯⋯⋯⋯ 104
大卫·斯托克曼⋯⋯⋯⋯⋯⋯⋯⋯⋯⋯⋯⋯⋯⋯⋯⋯⋯⋯ 106
里根政府的财政赤字⋯⋯⋯⋯⋯⋯⋯⋯⋯⋯⋯⋯⋯⋯⋯⋯ 109

第五章　供给经济学的兴衰

供给经济学的思想来源⋯⋯⋯⋯⋯⋯⋯⋯⋯⋯⋯⋯⋯⋯⋯ 123
历史事件⋯⋯⋯⋯⋯⋯⋯⋯⋯⋯⋯⋯⋯⋯⋯⋯⋯⋯⋯⋯⋯ 127
联合经济委员会加入到供给经济学的行列⋯⋯⋯⋯⋯⋯⋯ 128
供给经济学的胜利⋯⋯⋯⋯⋯⋯⋯⋯⋯⋯⋯⋯⋯⋯⋯⋯⋯ 130
乔治·布什是供给经济学的支持者吗？⋯⋯⋯⋯⋯⋯⋯⋯ 134
安息吧，供给经济学⋯⋯⋯⋯⋯⋯⋯⋯⋯⋯⋯⋯⋯⋯⋯⋯ 137

第六章　"让野兽挨饿"行不通

最早的文献⋯⋯⋯⋯⋯⋯⋯⋯⋯⋯⋯⋯⋯⋯⋯⋯⋯⋯⋯⋯ 153

平衡预算说 …………………………………………………… 155
改变观点 ……………………………………………………… 157
罗纳德·里根 ………………………………………………… 159
税收会推高支出吗？ ………………………………………… 163
政治上的发展 ………………………………………………… 165
未来 …………………………………………………………… 167

第七章　如何应对未来的经济危机

迫在眉睫的债务爆炸 ………………………………………… 179
美国政府破产了吗？ ………………………………………… 181
未来削减赤字的方法 ………………………………………… 184
如何增税？ …………………………………………………… 187
征收增值税的理由 …………………………………………… 190
新世纪的税务改革 …………………………………………… 193
共和党与福利社会 …………………………………………… 196

附　录

附录一　战后经济衰退时间和反衰退方案 ………………… 208
附录二　税负与工作小时 …………………………………… 210
附录三　美国：富裕纳税人的税收和收入占比（%）……… 211
附录四　英国：富裕纳税人的税收和收入占比（%）……… 212
附录五　资本利得税和变现（%）…………………………… 214
附录六　四人家庭的边际联邦所得税率，1958～1988（%）… 216
附录七　通货紧缩，1929～1933 …………………………… 218

第一章 大萧条：误解通货紧缩

2009年的经济危机在现代历史上仅有一次先例：20世纪30年代的大萧条。两者的相似之处不仅表现在危机的深度和广度，还表现在危机的根源。两次危机都是因为美联储过度宽松的货币政策对金融市场和实体经济造成了经济扭曲。在这两次危机中，美联储都试图通过收紧货币政策改正其错误，但由于政策过激，反而造成通货紧缩即价格水平下降，突出表现在股价暴跌、公司破产和大规模失业。

20世纪30年代的决策者误解了经济问题的性质，没能尽早将美联储政策确定为危机主要根源。当他们意识到危机根源的时候，经济已经大幅下滑，单靠扩张性货币政策已经无法挽救经济。在经济小幅下滑时通常采取的下调利率的做法已不足以激励借贷和消费。只有在采取宽松货币政策的同时，采取积极扩张的财政政策，增加联邦支出和赤字，才有可能使经济摆脱停滞，结束通货紧缩和衰退。

不幸的是，富兰克林·罗斯福及其顾问花了相当长的时间，在进行了许多尝试之后，才制定出一套合适的政策。这期间出现了许多错误和挫折。但相对于成功，我们往往能从历史的错误中获取更为有用的教训。如果我们要避免重蹈覆辙，使经济重新恢复增长，大萧条的经验教训至关重要。

2009年初，美国在应对历史上第二次最严重的经济危机时，采取的政策和20世纪30年代的新政类似[1]。奥巴马政府明确表示不能再犯致使大萧条持续这么久、影响这么深的错误。因此，奥巴马总统上任后首个重要行动就是要求制定巨额经济刺激的法案，该法案在不到一个月内获得立法通过。美联储也非常激进，采取了许多非常规的政策，这些政策的力度在危机前都是无法想象的。例如，在2009年3月18日，美联储宣布额外增加1.2万亿美元的货币供应，以重启信贷市场。

在2008至2009年危机期间，常常能听到与20世纪30年代相类似的争论。低利率是否表示美联储的政策已足够宽松？必须关注货币供应量并采取美联储称之为"定量宽松"的政策吗？刺激性的财政政策是否在恢复经济中扮演至关重要的作用？我们仅仅需要等待货币政策发挥作用就可以了吗？通货紧缩是最主要的经济问题又或是金融市场固有的本性？

我认为重新思考大萧条的经验教训，特别是著名经济学家对其主要原因的争论，以及政客和决策者当时采取的措施，有助于我们更为清醒地认识当前问题的性质，避免致使大萧条如此严重的错误，并帮助我们尽快恢复经济繁荣。

1929年的股市崩盘

一般人都认为，1929年10月24日（"黑色星期四"）开始的股市崩盘导致了大萧条。人们认为这次股市崩盘是因为投机泡沫——过多的买盘将股票价格推至远离其基本面的高位——和其他20世纪大规模市场崩盘的原因没什么不同。

有些人预见了股市的崩盘，其中包括著名的美联储的创建者之一、银行家保罗·M.沃伯格（Paul M.Warburg）。在1929年3月他说："如果这种无节制的投机狂欢蔓延的范围过大……股市最终的崩盘不仅会影响到投机者本身，还将导致一场波及全国的经济衰退。"[2]

也许更为著名的是耶鲁大学经济学家欧文·费雪的言论。1929年9月，他否定了股市暴跌的可能性。针对统计学家罗杰·巴布森（Roger Babson）关于股市即将大幅下跌的预言，费雪说："股票价格不是很高，华尔街不会出现任何崩盘。"10月中旬，费雪断言市场已经到达"持久的高水平"，并且将在未来的几个月内进一步上涨。甚至在市场开始暴跌时，费雪对经济基本面还是很乐观。[3]

事实上，费雪对股票市场的分析不是没有道理的。许多研究发现，仅有少数几只道琼斯工业平均指数成分股的市盈率是不可持续的。大多数股票的市盈率是非常保守的，事实上，基于公司的收益增长，这些股票的价格被低估了。[4] 这就意味着市场崩盘不是投资者的错误引起的，而是某些从根本上改变游戏规则的市场环境变化造成的。否则，投资者也不会同时犯相同的错误。

当市场出现暴跌，分析家马上开始寻找更深层次的原因。像所有重要的历史事件一样，身在其中的人很难看到事件所有方面以及它们之间的关联。甚至从历史角度来分析，还是存在许多有争议的细节，且这些争议将来仍可能存在。这就是为什么每一代人都需要根据他们从大萧条之后的历史事件中获取的经验和知识对大萧条进行研究和重新思考的原因。

1929年11月11日，银行家信托公司董事弗兰克·肯特（Frank Kent）指出参议院正在审议的斯姆特—霍利关税法案（Smoot-Hawley Tariff）是大萧条的主要原因。弗兰克认为，不断获得支持的该法案制造了不稳定，对工业会受到损害的恐慌、失业率将上升的前景，以及商界的普遍不安。[5]

犹他州的参议员里德·斯姆特（Reed Smoot）和俄勒冈州的众议院议员威利斯·霍利（Willis Hawley）都是共和党，他们在1929年4月启动关税法的立法程序。法案提议对众多工业品和农产品征收更高的关税，许多产品是首次被征收关税。那时，大多数的共和党人都是贸易保护的坚定支持者，认为应该对价格低廉的外国进口商品征收高关税才能保护美国的农场和工厂。5月，共和党占多数席位的众议院以多数票通过了斯姆特—霍利关税法案。但自由贸易者希望参议院能够阻挠或者修改该法案，希望参议院的民主党人和自由共和党人会共同影响该法案的通过。然而，到10月，测试投票结果表明，斯姆特—霍利关税法案很可能会得到大多数的支持。肯特和其他分析家由此得出结论：斯姆特—霍利关税法案就是引发大萧条的主要原因。[6]

关税支持者没有对肯特分析的实质问题进行回应，而是以肯特对股市崩盘的原因说谎而抨击他。爱达荷州共和党人威廉·E. 鲍拉（William E.

Borah）和密苏里州民主党人哈里·霍伊斯（Harry Hawes）要求对肯特和其他关税反对者展开国会调查。阿肯色州民主党参议员撒迪尔斯·卡拉韦（Thaddeus Caraway）将肯特的言论称为"政治宣传"，是"精神病发作"引起的。但是肯特没有退让。[7]

11月19日，巴布森开始支持关税导致市场委靡不振的观点。他指出，如果国会禁止那些负债累累的美国债务国在美国销售商品，这些债务国将无法偿还债务。另外，由于没有收入，这些国家也无法购买美国商品，这将导致美国出口行业产出下降和失业率上升。巴布森认为，国会重塑信心的最佳选择就是无限期推迟关税法案。[8]

有一些分析家认为，斯姆特—霍利关税法案不可能是股市暴跌的原因，因为该法案直至1930年6月才被通过。但是，金融市场通常提前贴现未来的行动，在行动真正实施前将其效应彻底地体现在金融产品价格上。经济学家艾伦·雷诺兹（Alan Reynolds）仔细跟进了该法案在国会审议的过程。他发现，当该法案遇到立法阻碍时，市场上涨，而当该法案通过的前景看好时，市场下跌。[9]

至于关税的经济效应，有人认为1922年通过福德尼—麦克坎贝尔关税法案(Fordney-McCumber Tariff)之后，贸易保护已经相当严重。因此，斯姆特—霍利关税法案增加的关税并不具有数量上的重要性。然而，研究表明，斯姆特—霍利关税法案的边际效应事实上非常明显，并大幅降低了贸易量。另外，斯姆特—霍利关税法案还导致投资大幅萎缩、美国和贸易伙伴之间的贸易保护激增，对出口造成进一步打击。[10]

斯姆特—霍利关税法案本身可能不会对股票市场或经济造成如此大的影响。但是，货币的作用已经使经济和金融环境不堪一击。关税成为压倒骆驼的最后一根稻草，把股票市场和经济推向大滑坡。

美联储的作用

作为美国的中央银行,美联储一直担心20世纪20年代股票市场过高的收益会导致金融不稳定。但现实是,美联储的政策工具主要是短期利率,不可能仅仅作用于经济中的某个特定行业而不对其他行业产生溢出效应。换言之,要使股票市场更为稳健,代价是拖累健康行业,使那些并没有参与股票市场的行业受到不必要的损害。耶鲁大学经济学家罗伯特·席勒(Robert Shiller)对此作了解释:

> 我们都知道利率政策是从根本上影响整体经济,虽然它可以纠正投机泡沫,但它无法单单针对投机泡沫。它是对全身的辐射,而不是针对局部的外科激光。另外,投机泡沫的形成……是一个缓慢、长期的过程,在此过程中人们的想法也在逐渐改变。小幅的利率调整不会对人们的想法产生预期效应;大幅的利率调整可以做到,但仅仅是因为这些调整可能对整个经济产生破坏性的影响。[11]

20世纪20年代的大部分时间,本杰明·斯特朗(Benjamin Strong)担任美联储纽约分行的行长,是美联储的主导人物。他对股票市场的泡沫深感忧虑,但没能找到既不拖累整体经济又能处理泡沫的方法。1927年,他在一封信中写道,"我认为结论是不可避免的,即任何旨在仅仅迫使股票贷款账户和股票价格清盘的政策都会蔓延开来,对经济的其他部门产生同样的影响,不利于国家经济的健康发展。"[12]

然而,到1928年,美联储觉得它必须采取某些措施来刺破股票市场的泡沫,在泡沫破灭并拖累整个经济之前先把泡沫里的一些空气释放出来。美联储开始通过提高贴现率,即私人银行直接从美联储贷款的利率来收紧货币政策。2月,美联储将贴现率从3.5%提高至4%。5月和7月,美联储分别将贴现率提高至4.5%和5%。美联储内部也有人担心其货币政策会影响整体经济,即所谓的医治不得法,越治越糟糕。但当时美联储似乎觉得它能够在必要时迅速扭转乾坤。[13]

不幸的是，斯特朗病倒并在 1928 年 10 月去世。在这最关键的时刻给美联储留下巨大的权力真空，并使其处于事实上的无领导状态。因为缺少有能力改变美联储政策方向的领导人，美联储基本上继续保持自动导航状态。美联储看到，尽管采取了更为紧缩的货币政策，股票市场在 1929 年仍然保持上升态势。美联储因此得出结论：必须采取更为严厉的措施。2 月，美联储发表了一份声明，警告股票市场的投机行为。让美联储沮丧的是，它的施压没有发生任何作用。因此，8 月，美联储将贴现率提高至 6%。事实证明这一利率调整幅度过大，不仅没能减少股票市场投机，还引发了其他问题，并在几个月后的"黑色星期四"显现出来。[14]

有些经济学家立即指责美联储引发了股市的暴跌。费雪认为美联储在 20 世纪 20 年代中期采取的过度宽松的货币政策首先制造了股市泡沫。[15] 哥伦比亚大学经济学家 H. 帕克·威利斯（H. Parker Willis）曾经积极参与美联储的建立，他认为美联储宽松的货币政策基于两个原因：一是对 1920～1921 年经济衰退导致的短暂通货紧缩反应过度；二是为了帮助英国回归金本位制，美联储鼓励黄金流出美国。美联储也希望减少其所认为的过多的黄金存量，这些黄金在第一次世界大战之中和之后，为了避险而大量流入美国。可笑的是，美联储认为这些多余的黄金意味着危险的通货膨胀。[16]

根据第一次世界大战之前的经典金本位制，货币供应量和黄金储备量是直接相关的。随着利率和通货膨胀预期的变化，黄金流入或流出一国，该国的流通货币自动增加或减少。如果出现通货膨胀的迹象，黄金从一国流出，该国货币供应量自动减少，通货膨胀结束。通货紧缩会吸引黄金流入，加大货币供应量，从而缓解通货紧缩问题。但在第一次世界大战之后，这种基本上自动调节的机制被有管理的机制所取代。新的机制在保持货币供应量与黄金挂钩的同时给予中央银行扩大或收紧货币供应量的额外权力。这种机制通常被称做金汇兑本位制。尽管金汇兑本位制不能提供和当今同样的货币灵活性，央行操作的空间还是比人们通常所认为的要大得多。[17]

通货紧缩

　　股票价格暴跌和提高进口关税引起经济活动进一步放缓,从而导致货币需求下降,而随着银行的倒闭,货币供应也相应萎缩,银行存款蒸发[18](当时还没有存款保险制度)。但是美联储放任货币供应过度萎缩,引发普遍的通货紧缩。长期以来,经济学家认为货币数量和周转率的乘积与价格水平和商品与服务量的乘积之间有关联。因此,货币供应量的减少意味着价格的下降或商品与服务量的减少。

　　另外一个重要因素是人们的消费速度,即经济学家所说的货币流通速度的放缓。当货币流通速度高时,经济交易所需的货币量减少;当货币流通速度低时,所需货币量增加。由于货币流通速度是货币供应量和国内生产总值的比率,货币流通速度变化对经济的影响与货币供应量变化对经济的影响是相同的。由于家庭和公司囤积现金并推迟消费和投资,当时的货币流通速度也随之下降,货币供应量减少带来的通货紧缩影响进一步恶化。[19]

　　货币供应量减少几乎在一瞬间对经济产生影响。邓白氏大宗商品价格指数(Dun and Bradstreet's commodity price index)在1929年10月达到了192.204的高位后持续回落。1930年4月该指数已跌至179.294,并在12月跌至163.20,在仅仅一年多一点的时间内下跌15%。[20] 总价格水平的变化总是最先体现在敏感的大宗商品价格中。因此,多种大宗商品价格的暴跌本应向美联储释放出信号,即工业品、房地产和经济的其他行业很快将面临价格下调的压力。然而,美联储没有采取任何措施向经济增加流动性。

　　麦格劳·希尔(McGraw-Hill)公司的经济学家维吉尔·乔丹(Virgil Jordan)谴责美联储在货币供应量下跌时仍袖手旁观,引发通货紧缩并导致经济瘫痪。他认为,消费者在推迟购物以等待价格进一步下调,企业则因被迫以低于成本的价格出售产品而蒙受巨大的损失。这一切使投资陷入停滞。乔丹极力主张美联储立即通过购买国债向经济注入2500万美元,[21]

相当于今天的 340 亿美元。

问题在于美联储成立于 1913 年，因此 1930 年的美联储还是一个相对新的机构。乔丹所建议的使用公开市场操作来扩张货币与信用的想法还不是很成熟，且受到美联储领导层主要成员的反对。[22] 公开市场操作是指美联储买入和卖出国债。买入国债意味着美联储创造了货币，因此扩大了货币供应量。卖出国债，货币流入美联储，货币供应量减少。通过这种方式，美联储可抵消因为经济和金融状况改变而引起的货币供应量的变化。美联储还可以通过改变银行持有的存款准备金的数量以及贴现率来影响货币供应量。

大多数货币不是以现金形式（纸币和硬币）存在，而是以银行存款（支票账户）或其他准货币的形式存在，因此经济自身能够改变货币供应量。根据不同的存款准备金率，存在银行的每 1 美元可被借贷 4 次或 5 次，因此扩大了货币供应量。相反，储户从银行提款迫使银行减少贷款，货币供应量相应萎缩。没有任何公式能够告诉美联储某个时点上经济到底需要多少货币，因此美联储必须依靠自己的判断。如果美联储判断失误，创造了过多货币，其结果是通货膨胀，即总物价水平的上涨；如果创造的货币太少，则会引发通货紧缩，即物价水平的下降。

有件事情能够说明在本杰明·斯特朗逝世后美联储领导层的无能。欧文·费雪后来讲述了在 1931 年夏天，他和美联储理事会主席尤金·梅耶（Eugene Meyer）关于货币供应量萎缩问题的讨论。根据费雪的说法，梅耶根本不知道一国货币供应量的主体是由银行存款构成的，且在费雪提醒他之前也不知道货币供应量已经大幅萎缩。用费雪的话来说，梅耶"就像一个被蒙住眼睛的汽车司机，因为看不到行驶的方向，把车开到了马路边"。[23]

1931 年，通货紧缩还在持续，呼吁美联储放宽货币政策的人更多了。到 9 月，大宗商品价格指数已经下跌至 141.724，同比下降 16%，比 1929 年 10 月的最高位下跌 26%。威斯康星大学的经济学家约翰·R.康明斯（John R. Commons）呼吁美联储通过购买国债向经济注入 10 亿美元（约等于现在的1370亿美元）。他认为美联储的目标应当是将物价总水平恢复至1926年的水平。[24]

其他经济学家响应了康明斯的建议。1932年1月31日，24位著名经济学家致函赫伯特·胡佛，建议美联储"以方便政府进行必要的融资以及增加银行业流动性为目标，系统地进行公开市场操作"。同月，一些哈佛大学的经济学家公布了一份备忘录，谴责美联储造成了货币供应量的萎缩。[25]

实际债务的上升

费雪特别担心通货紧缩会加大偿债压力，因为借款人被迫以高出借款时价值的美元来偿还贷款。这加大了债务的实际负担，不利于放贷，防碍了公司的扩张和信贷循环。

按照当时美联储的操作程序，它很少留意价格水平或货币数量。美联储的操作主要集中在稳定利率上。如果会员银行没有在贴现窗口借款，美联储就假定市场上有足够的信用。另外，由于美联储的重心是市场利率而不是实际利率，美联储对通货紧缩造成的利率大幅上升视而不见。虽然短期国债的市场利率从1929年的4.42%下调至1930年的2.23%、1931年的1.15%以及1932年的0.78%，实际（经通货紧缩调整的）利率事实上在1932年大幅上升至10.95%。[26]

在通货膨胀时期，利率可上升至任何能够弥补已下跌的货币价值的水平。假设在价格稳定时期，自然利率为5%。如果情况发生改变，致使贷款人相信价格在下一年将上涨10%，则市场的利率很可能跳至15%。这样，贷款人仍然可以获得5%的经通货膨胀调整的利率。但在严重通货紧缩的情况下，通货膨胀的对立面即物价下降不可能发生。如果预计价格将下跌10%，为抵消通货紧缩的影响，市场利率必须下跌至−5%。但放款人从来都不会以负名义利率发放贷款，相反地，他们只需持有现金，不做任何事就能够获得10%的实际利息。这是因为价格下跌10%意味着他们在下一年可以多购买10%的商品，相当于得到10%的利息。

通过这种方式，通货紧缩在超过某个点后就具有了自我强化的功能。越多人相信未来价格将下跌，就会有越多人囤积现金以及推迟购买商品。这导致货币流通速度下降，通货紧缩进一步恶化，更多的现金被囤积起来。这也是2008年至2009年经济的根本问题。虽然美联储尝试提高货币供应量，但人们仍推迟消费。尽管利率仅仅在零以上，投资者仍把现金投向国债。货币流通速度的持续下降抵消了美联储增加的货币供应量，使经济陷入通货紧缩的困境。

尽管当时美联储还没有意识到这个问题，至少国会在1932年意识到货币是经济疲弱的根源。国会通过了第一个格拉斯—斯蒂格尔法案，减少了美联储为支持美元而持有黄金的数量。放宽限制使美联储得以在1932年春季向经济注入10亿美元，[27] 相当于今天的2120亿美元。

这一举措对阻止大宗商品价格的下滑起到立竿见影的效果。邓白氏指数在7月跌至125.316，同比下跌14.5%，比最高位下跌35%。但在1932年下半年，流动性增加推高了商品价格，指数也随之上涨。到10月，指数在很短的时间内大幅上升至136.555，上涨9%。在9月召开的美国统计协会会议上，经济学家表扬了美联储，认为是美联储停止并扭转了严重损害经济的通货紧缩。[28]

不幸的是，美联储在1932年6月过早地停止增加货币供应量，在几个月后终止了价格上涨的趋势。美联储停止向经济注入货币的原因可能是利率下调幅度过大，导致银行无法盈利。纽约90天商业票据利率从1932年1月的2.88%下跌至12月的0.38%。这致使银行向美联储施压，要求停止宽松的货币政策，以便利率回升，银行恢复盈利。[29] 到11月，大宗商品价格指数再次下行。到1933年3月，指数相比1932年10月的高位下跌了6.5%。

如果美联储能够早点实施其在1932年初采取的宽松货币政策，也许能够扭转经济的颓势。但因为经济陷入通货紧缩已有两年之久，这些措施来的太晚，力度也不够。³⁰ 当时通货紧缩的势头已经非常猛烈，需要更加激进的措施才能扭转。正如耶鲁大学经济学家詹姆斯·哈维·罗杰斯(James Harvey Rogers)所说的：

> 仅仅使用温和的措施就能够明显抑制刚出现的价格上涨或下跌，即通货膨胀和通货紧缩……然而，当价格上涨或下跌的势头更强时，则不仅很难被抑制，且更为重要的是会出现其他问题……这些问题来势汹汹，成为关注的重点。因此，当我们最需要采取大胆、有力的措施来解决问题时，真正采取的政策却往往很混乱，且过于顾虑相对不重要的枝节问题，虽然这些问题表面上看来很重要。³¹

2008 年，一些经济学家也提出了和罗杰斯同样的观点：如果政府不采取有力措施扭转经济下滑趋势，持续时间越长，则扭转的难度越大。在经济下滑的初期，小规模且措施得当的刺激政策足以阻止经济下滑，但如果迟些时候才实施这些措施，则可能严重不足。如果国会和美联储在 1930 年就行动的话，可能一些相对缓和的措施就足以扭转经济颓势，将大萧条变为一次普通的经济衰退。但胡佛政府没有采取任何有意义的措施，因此当富兰克林·罗斯福在 1933 年就任时，经济下滑的势头已经非常强，必须采取更大力度的措施方能奏效。

很多经济学家认为，如果在 2008 年秋季美国国会就实施一揽子经济刺激计划，可能就不需要 2009 年 2 月大规模的经济刺激计划。甚至在 2 月通过 7870 亿美元的财政刺激计划之后，许多经济学家仍然要求实施更多的经济刺激政策，理由是在联邦政府采取有意义的措施之前经济已经恶化了相当长的时间。³²

国会试图制定货币政策

1932 年围绕戈尔兹巴罗法案（Goldsborough Bill）的争论说明了一个问题：让主要决策者关注关键的货币政策问题以及货币政策与处于大萧

条中心的通货紧缩之间的关联是一件非常困难的事情。这一法案不仅受到美联储和胡佛政府的反对，也受到了主流媒体的攻击。这场争论说明在大萧条持续3年之后，其主要原因仍未被广泛理解。

　　1932年4月初，马里兰州民主党众议员托马斯·戈尔兹巴罗（Thomas Goldsborough）成功让众议院银行委员会的一个分会支持一个要求美联储向银行体系注入更多流动性以尽快将商品价格恢复到之前水平的法案。美联储主席梅耶和美联储纽约分行行长乔治·哈里森（George Harrison）对法案展开猛烈抨击。财政部也表示反对，胡佛总统承诺将使用否决权。[33] 他们都觉得尽管美联储有明显错误，维持美联储的独立性比解决经济危机更为重要。

　　尽管如此，银行委员会在4月22日向众议院提交戈尔兹巴罗法案。第二天，《纽约时报》批评该法案是"虚假的繁荣"（prosperity by fiat）。《纽约时报》与美联储一唱一和，认为这种努力是没有效果的，并将其比喻成一个要求商务部长把对外贸易量翻倍的虚拟法律。[34] 但是《纽约时报》的比喻是完全不恰当的。商务部没有把对外贸易量翻倍的能力，但美联储事实上是唯一有能力停止通货紧缩的机构。

　　5月2日，众议院以289票对60票的绝对优势通过戈尔兹巴罗法案。尽管该法案受到共和党政府的反对，事实上大多数共和党人和几乎所有的民主党人都支持该法案。为了支持自己的法案，戈尔兹巴罗强调通货紧缩增加了实际债务的负担，迫使个人和公司以远高于所借货币购买力的金钱来偿还债务。他说，这就如同借入1美元，却不得不用1.6美元来偿还本金和利息。[35]

　　《华盛顿邮报》猛烈抨击戈尔兹巴罗法案，称其为"一次廉价的政治行动"。《巴伦周刊》和《华尔街日报》则批评该法案具有危险的通货膨胀性质。它们似乎认为物价大幅下跌是完全可以接受的，但无论如何物价都不能上涨。[36]

　　费雪试图区分"通货膨胀"和"通货再膨胀"的定义。"通货膨胀"

是指价格水平从稳定状态开始上涨。"通货再膨胀"是指在下跌一段时间后，价格重新上涨并恢复到之前稳定的水平。费雪认为通货紧缩是经济衰退的主要原因，因为通货紧缩会产生放大债务的效果。例如，以已下跌的小麦和棉花价格来计算，农场抵押贷款实际上变多了。[37]

1932年5月5日，胡佛直接抨击戈尔兹巴罗法案。他说问题不在货币政策，而在财政政策。胡佛要求政府大幅削减支出并增税以平衡联邦预算。他说此举有助于重塑信心，并推动经济的恢复。[38] 但这恰恰与经济的需求背道而驰。今天的经济学家都知道，在经济衰退中增税是非常愚蠢的行为，胡佛的政策只会使情况进一步恶化。

1932年7月，参议院实际上否决了戈尔兹巴罗法案，取而代之的是一项美联储支持的措施。这项措施的发起人是维吉尼亚州民主党参议员、曾在伍德罗·威尔逊政府担任财政部长的卡特·格拉斯（Carter Glass）。该措施将更方便银行从美联储获得贷款。[39] 虽然这是一项有用的措施，但和戈尔兹巴罗法案相比，只能算是"一碗稀粥"。

反对通货再膨胀的意见

大萧条伊始，有些人一直拒绝承认政府在这场灾难中的错误。他们指责工人和商人制造了经济过剩，认为不对此进行清理，经济就不能恢复健康运行。胡佛曾问财政部长安德鲁·梅隆（Andrew Mellon）应当如何应对大萧条，安德鲁的回答广为人知："让劳动力破产、让股票破产、让农民破产、让房地产破产……这将切除体系中的'腐肉'。高昂的生活成本和奢华的方式会随之下降。价值观也会调整，有企业精神的人将从能力较低的人手中接过烂摊子。"[40]

大通国民银行的经济学家本杰明·M. 安德森（Benjamin M. Anderson）和《国家》杂志的编辑亨利·赫兹利特（Henry Hazlitt）都是通货再膨胀的最强烈反对者。他们反复强调任何提高价格的努力都只会引发通货膨胀。就像大萧条早期其他经济学家和评论家一样，他们都认为通货紧缩不是问题；如果工资和商品价格的下降幅度相同，经济均衡就可恢复，经济也将恢复增长。工人的生活水平不会下降，因为商品和服务价格的下降使他们仍能够购买同样数量的商品和服务。[41]

这一观点不无道理。但它错在把劳动力当成像小麦或铜一样的商品，这些商品可以很方便地在交易所进行交易，价格也可以飞速下滑。但是，工人不喜欢工资下调，雇主也不想这样做。因此，下调工资要比下调商品价格难得多，耗时也更长。

强烈反对通货再膨胀的人还忘记了债务是和名义美元绑定在一起的。除了非常长时间的、痛苦的破产清算，没有机制可以让我们很轻易地重组债务。虽然利率下调，但是债务人用来还债的美元的价值要远高于他们之前所借美元的价值。此外，因为利率不可能低于零，利率将无法下调至足以补偿通货紧缩损失的水平。[42]

因此，将等量的通货膨胀和通货紧缩对称的（即认为两者会造成程度相同但相反的经济效应）观点是错误的。因为债务的问题，通货紧缩对经济的影响更为恶劣。下调市场利率可以抵消小幅的通货紧缩。一旦通货紧缩的幅度大于利率可以下调的幅度，正如20世纪30年代的情况一样，零利率下限就成为利率调整的巨大障碍。唯一可行的方法是提高价格水平。这一方法很自然地受到银行家的反对，因为银行家都希望债务人偿还债务的美元的价值高于他们所贷美元的价值。强硬路线者也反对这一方法，在他们看来，即使是一丝通货膨胀的迹象都会使经济踏上恶性通货膨胀和完全崩溃的道路，如同20世纪20年代中期的德国一样。[43]

2008～2009年，美联储把其对商业银行的利率下调至接近零，国债的利率也接近零，美联储陷入同样的两难境地。在正常情况下，如果银行可以获得几乎免费的资金，它们会用这些资金发放新贷款，刺激消费、投资和经济增长。但是由于通货紧缩，实际利率仍然很高，美联储也无法进一步下调利率，因为它不可能把名义利率下调到零以下。[44]

债务和通货紧缩之间的互动关系是费雪大萧条理论的核心，也是他认为通货再膨胀是经济增长最佳路径的原因。由于美联储具备增加流动性，继而推高价格的能力，所以引发和解决经济瘫痪的责任基本上非美联储莫属。正如费雪所说："如果经济萧条中的债务—通货紧缩理论是正确的，价格控制就具有新的重要性；而那些控制物价的掌舵人——美联储理事会和财政部……在未来将承担新的责任。"[45]

费雪想方设法让在1932年总统大选中打败胡佛的富兰克林·罗斯福关注他的理论。1933年2月25日，费雪写信给当时还只是候任总统的罗斯福，阐述通货紧缩是经济问题的根源。"我们现在的敌人是通货紧缩。我们必须阻止和逆转通货紧缩的局面，"他说，"我们需要提升物价水平，唯一的方法……是增加流通媒介（如信贷、钞票或黄金，或三者）的数量或流通速度。"如果做不到这一点，费雪认为，将酿成"经济的、政治的和社会的灾难"。[46]

1933年3月4日就任总统后，罗斯福从一位名为本杰明·亨利·英尼斯—布朗（Benjamin Henry Inness-Brown）的律师那里收到一份非常详尽的备忘录。这份备忘录清晰地剖析了造成经济危机的通货紧缩的货币特性。备忘录署名日期是1933年4月25日，是通过爱德华·M.豪斯（Edward M. House）上校转交给罗斯福的，他是伍德罗·威尔森的前顾问，也是罗斯福家族的亲密朋友。备忘录指出，虽然流通中的货币数量已经从1931年6月的39亿美元上升至1933年3月的63亿美元，但同期的活期存款（如支票账户）下滑幅度更大，已从252亿美元下滑至130亿美元。由于货币流通速度也已经大幅下降，货币紧缩对经济的影响更为严重，使1929年以来的有效货币供应下降了1262亿美元。[47]

4月，芝加哥大学经济学家雅各布·维纳（Jacob Viner）提出了另一份对经济形势的详尽分析。他正确地指出美联储是通货紧缩的根源，而通货紧缩又是经济问题的根源。他还指出，银行信贷从1929年开始就出现稳步收缩。维纳比凯恩斯经济学更早地发现仅仅开动印钞机并不能完全解决问题，因为这些货币可能被囤积起来或取代银行信贷。他认为，要使货币供应增加至能有效恢复经济的水平，联邦政府必须通过增加支出或减税的方式大幅增加预算赤字，并用新创造的货币为赤字融资，而且这一通货膨胀政策可能需要持续一段时间才能带来充足的流动性增长。[48]

不幸的是，罗斯福的经济复兴计划没能触及问题的根源。他早期采取的制止通货紧缩的计划主要是限制物价和生产。1933年6月6日通过的《全国工业复兴法》禁止公司降低工资和产品价格。但禁止价格调整使原本可以恢复的经济均衡无法实现，罗斯福的措施事实上非但不能促进经济发展，反而阻碍了经济的恢复。[49]

罗斯福并非不了解通货紧缩的货币基础，但他认为整个问题和黄金价格有关。罗斯福和财政部长亨利·摩根索（Henry Morgenthau）都受到经济学家乔治·F.沃伦（George F. Warren）的影响。沃伦仔细研究过黄金和商品价格之间的关联。[50]罗斯福和摩根索从沃伦的研究中得出一个结论，只要黄金价格上涨，其他商品的价格就能自动随之上涨。

为了使黄金价格上涨，罗斯福命令复兴金融公司（胡佛建立的一家政府机构）在公开市场买入黄金。这一政策效果不佳，原因是多方面的，但主要原因在于复兴金融公司必须贷款来购买黄金。因为贷款从金融系统抽取的流动性刚好等同于购买黄金向系统注入的流动性，结果是流动性并没有增加。黄金价格上涨只是因为对这一特定产品的需求上升而导致的价格变化，并没能影响物价总水平。为了表示对购买黄金政策的抗议，财政部主要货币经济学家斯普雷格（O.M.W.Sprague）在1933年11月16日提出辞职，同时向罗斯福和摩根索表明了上述观点。在辞职信里，斯普雷格指出购买黄金的政策没能增加对物质或劳动力的需求，也没能刺激国内消费。[51]斯普雷格的观点得到了密苏里大学经济学家哈里·甘尼森（Harry Gunnison）的支持：

> 我坚持认为单靠购买黄金，而不增加流通媒介的数量，并不能刺激商业或提高物价水平……事实上，政府购买黄金的措

施就如同购买大楼、建大楼的石头或拉盖书桌一样，并不能刺激物价总水平的上升。事实上，问题的重点在于如何增加银行信贷或向系统注入额外的货币。[52]

尽管罗斯福的黄金购买计划绝无引发通货膨胀的可能，也没有通货膨胀影响，有些人还是谴责这项计划是导致货币体系完全崩溃的第一步。耶鲁大学经济学院的15名经济学家联名致信罗斯福，指责他试图达到"人为的高物价水平"。费雪没有在信上署名，因为他认为没有哪种物价水平从本质上讲不是人为的。他的观点是正确的。[53]

1933年11月，哈佛经济学家劳克林·克里（Lauchlin Currie）发表了关于货币供应量减少的最准确数据。克里使用的货币的定义更全面，包括了活期存款和其他金融工具，而在当时这些方面的数据一般是难以获得的。克里从这些数据发现货币供应量从1929年的267亿美元减少至1932年的208亿美元，减少22%。与罗斯福在4月收到的备忘录一样，克里的报告显示，流通中的现金从1929年的39亿美元增加至1932年的49亿美元。但是银行持有的活期存款从1929年的227亿美元下滑至1932年的159亿美元，下滑幅度达到了30.2%。[54]

凯恩斯的评论

英国经济学家约翰·梅纳德·凯恩斯也认为罗斯福计划是错误的，因为它没能触及通货紧缩的根源。[55]在1933年新年前夕刊登在《纽约时报》的一份致罗斯福的公开信里，凯恩斯阐述了他的反对意见。凯恩斯认为，国家复兴局（在罗斯福的策略中负责限制物价的机构）没有任何价值。"我觉得国家复兴局在帮助经济增长方面没有任何实质的作用，"他在信里写道。它"可能阻碍了经济的复苏……却伪装成刺激经济复苏的方法"。

凯恩斯正确地指出"产出由购买力决定"。价格上涨通常是经济快速发展的结果，因此受到人们的欢迎。但是，关键在于额外的产出必须伴随货币供应量的增长，他说。否则人为地迫使价格上涨，只会增加公司的成本，对刺激经济增长起不了任何作用。凯恩斯强调,"因此,用故意增加主要成本或限制产出的方式让价格上涨,其作用远不及因购买力上涨而自然形成的价格上涨"。他认为罗斯福计划将"阻碍国家总体经济的恢复"。

凯恩斯说,更有效的方法是以增加政府支出来刺激经济,政府用贷款为支出融资并实施宽松的货币政策。只有这样才能启动货币创造。他还说,仅靠向一贫如洗的经济体系增加新货币来刺激经济发展就像寄希望于用买一条大皮带来增肥一样,不会有任何效果。政府因财政赤字而在金融市场进行额外借贷给名义利率带来上行的压力,但美联储应当可以将利率保持在低位,方法是在公开市场买入额外的政府债券并用新货币来支付。这样,额外的购买力开始在经济体中循环,经济复苏因此启动。"目标就是让一切开始动起来,"凯恩斯如此解释。[56]

费雪迅速地表示了对凯恩斯分析的支持。他认为,国家复兴局人为推动价格上涨正在阻碍经济复苏。经济复苏需要的是货币扩张。"以产出为代价的价格上涨事实上是以国民收入为代价,它与货币和信贷扩张引起的价格上涨不是一回事,"他强调。纽约大学经济学家伍尔福德·I. 金(Willford I. King)同意费雪的观点并加以补充。他认为,关键是决策者必须意识到没有货币供应量的增长,仅仅增加联邦预算赤字并不是扩张性的政策,因为仅政府借贷就可以把政府支出所增加的购买力从经济体中抽取出来。[57]

2009年,这种争论再次浮现。一些保守的经济学家同样反对奥巴马的经济刺激计划,理由是财政刺激政策在本质上是无效的。他们认为,政府一只手用越滚越大的财政赤字接住另一只手送出的减税和各种计划的支出,结果是无效的,不能增加总体支出或刺激经济增长。[58]

奥巴马政府的经济学家的回应是,历史上有大量的实证数据表明预算赤字有助于刺激经济。可能是为了避免对美联储的政策妄加推测,这些经济学家没有将财政扩张和货币扩张联系起来。然而,从美联储的声明中可以看出,美联储认为财政刺激计划对其扩张流动性的努力是至关重要的。[59]

罗斯福行动

俄克拉荷马州民主党参议员埃尔默·托马斯（Elmer Thomas）是20世纪30年代早期最具洞察力的国会议员之一。他清楚地认识到货币政策是国家经济问题的根源。对此他解释如下：

> 历史表明我们有两条路可走。一条路是沿着通货紧缩的老路走向破产以及公共部门和私人部门的债务清算。另一条路是货币扩张，带来更多货币，由此产生更为廉价的货币、更高的商品价格、更高的工资和薪金，因此也增加了人们的购买力。更多的货币意味着人们有钱交税、付息和还债。更多的货币意味着人们可以保住住房、农场和工厂。更多的货币意味着个人的、公司的、城市的、县的、州的和国家的偿债能力的重建。[60]

1933年通过的农场法案包括一项由托马斯参议员提出的修正案。根据该修正案，美国总统有权将美联储的信贷增加30亿美元，发行不超过30亿美元的新美钞，将美元的黄金储备减少不超过50%，并使白银成为合法货币。[61]这些本来都是有用的措施，但是直至1933年底，罗斯福没有实施其中的任何一项。

罗斯福最终在1934年1月3日采取行动，武断地将官方黄金价格从每盎司20.67美元提高至每盎司35美元。但是这一措施根本没有产生任何货币效应。由于根据之前的法律和行政命令，财政部事实上拥有全国的货币黄金，因此这一措施的唯一结果是为财政部创造了28亿美元的账面利润（约等于今天的5280亿美元）。但是这些钱没有被花掉，大部分留在了财政部。此次的黄金操作并没有增加货币和信贷的数量，因此事实上没有产生遏制通货紧缩或者刺激经济增长的经济效应。1934年1月20日，经济学家H.帕克·威利斯试图向参议员的银行委员会解释这个问题：

> 我完全拒绝接受这一观点，即通过改变美元的理论权重能够对价格产生影响。恕我直言，我认为最近的数据或国内外的历史数据都没能证明改变黄金的价格能够同时或在短期内改变

商品的价格。我认为不能指望如此稳定下来的美元带来更高的价格水平。我郑重地表示，那些怀有这种期望的人将对最终结果深感失望。"[62]

两天后，乔治·沃伦也向银行委员会作证。他坚持认为黄金价格和其他商品价格之间有直接的联系，且这种联系与货币和信贷的数量无关。当被问及1929年后，在黄金价格或数量没有改变的情况下，为什么商品价格出现下跌时，沃伦的回答显得有些自相矛盾："因为某些原因，使用黄金的国家出现高价格水平，在此情况下，这些国家只能适应它。而因为某些原因，使用黄金的国家的价格出现了暴跌。"[63]

很快，1月25日，包括克里在内的多位哈佛大学经济学家致信罗斯福，认为有必要结束黄金和美元的正式挂钩，并肯定了威利斯的观点，即这一举措自身无助于解决通货紧缩的问题。他们说，"我们不相信黄金价格和商品价格之间有任何确切的联系，而基于这个观点所采取的政策都是错误的。"[64]

2月，愤怒的费雪建议从美联储剥离制定货币政策的权力，转而由财政部负责。他认为，因为美联储的管理架构包含了一个委员会和多个区域性分行，它永远充满着"争吵和举棋不定"。[65]

3月，J.P. 摩根的合伙人罗素·勒芬维奥（Russell Leffingwell）就经济复苏的正确路径作出了这一时期最清晰的解释。和其他分析家不同的是，他没有纠缠于黄金、汇率及其他无关因素，而是明确指出美联储的政策是问题的关键。在政治学学院的一次演讲中他对此作了解释：

> 未来的美元重估应当遵循正统的廉价货币政策的进程：通过联邦储备银行扩大信贷和货币；由它们在市场上购买国债，甚至在必要的时候作为向财政部的预支款；由它们购买短期与长期的政府债券；由它们维持一个有利于国债抵押贷款借款人的贴现利率。联邦储备银行应当做好以下准备：在其资产组合中增加国债以及低利率的国债抵押贷款；提供廉价信贷，并至少为政府的部分赤字提供融资；直到廉价货币的刺激政策能够推动价格上涨，使公司重获利润、重新雇用劳动力，并因收入增加而交更多的税。[66]

凯恩斯的来访

1934年6月，凯恩斯到访美国，与罗斯福以及罗斯福的许多顾问会面。凯恩斯重申了他在6个月前的公开信中的观点，敦促美国放弃国家复兴局的价格管制，因为这只会增加公司成本，而没有触及通货紧缩问题的根源。他认为，如果政府拯救经济的支出能够从每月3亿美元提高至每月4亿美元，并持续一年的时间，应当足以结束经济衰退（额外支出的每月1亿美元相当于今天的190亿美元，一年累计增加的支出相当于今天的2200亿美元）。但是，凯恩斯强调他的计划要奏效，关键在于必须对财政部和美联储"持续施压"，要求它们将赤字支出货币化并维持低利率。[67]

根据克里更新的数据，狭义货币供应量在1933年下跌至199亿美元，主要是因为银行存款进一步下滑。情况在1934年终于出现了好转。货币供应量增加至229亿美元，新增部分基本上都来自银行存款。[68]不出所料，经济开始真正呈现复苏的迹象。根据现在的商务部数据，实际GDP在1930年下跌8.6%，在1931年下跌6.4%，在1932年下跌13%，在1933年下跌1.3%，而在1934年实际GDP令人振奋地上涨了10.8%。

然而，只有为数不多的经济学家认为美国已经转危为安。无论如何，还有很多问题需要解决。实际GDP要到1936年才能达到1929年的水平。费雪相信，国家复兴局是制约经济发展的主要因素，因为它依靠限制产出来提高价格，而不是依靠增加流动性。这种做法事实上是以创造财富之名行破坏财富之实，本身就是一项自相矛盾的政策。对此他作如下解释：

> 我们可以用使商品更为稀缺或使货币更充足的方法来提高价格。当我们弃种棉花、少种小麦、宰杀生猪以减少肉制品产量，付钱让公司不生产时，我们使用的是第一种方法。所有这些措施以及类似的措施减少了国民收入，因为国民收入正是由这些商品组成的——面包来自小麦，猪肉来自生猪，衣服来自

棉花等。我们的收入就是我们的"每日面包",我们的"黄油＋面包"。减少构成实际收入的元素的产量,我们就不能增加实际收入。这样的新政是不成熟的,虽然新政的本意很好且可以帮助某些阶级,但却是以牺牲其他阶级为代价。

但是用投入更多货币来取代之前蒸发的90亿美元银行存款,是完全相反的提高价格的方式。它将增加产出,而不是减少产出。在执行这些正确的货币政策的地方,利润、产出和就业都增加了。我们将有更多的日需面包,而不是更少,更多的面包、黄油和衣物。[69]

尽管凯恩斯、费雪、克里以及其他经济学家做了大量艰苦的工作,解释大萧条的根本原因在于美联储的不当政策导致的通货紧缩,但是在经济陷入瘫痪达5年之久后,人们对这一事实的理解还很模糊。另外,随着衰退时间的延长和范围的扩展,我们需要付出更多的努力来重新启动经济。而如果能够在衰退早期采取措施,则可以轻松许多。设想一下,如果你试图把车推过一块小石头,在车还有一点动力的情况下,就能很轻松把车推过去。但是如果车已经完全停止了,那么即使是一块小石头,要把车推过去也是一件很困难的事情。

在大西洋彼岸的英国,凯恩斯也在认真思考这一问题。面对日益猖獗的德国纳粹,他清楚地认识到,一旦发生战争,美国经济能否从目前委靡不振的状况中摆脱出来是英国能否在战争中幸存的关键。1935年,他终于想到方法了。

注释:

1. Steven Mufson, "For Insight on Stimulus Battle, Look to the '30s", WP, Fed.12, 2009.

2. Financial Chronicle, March 9,1929,1444.

3. "Fisher Denies Crash Is Due" and "Babson Predicts 'Crash'in Stocks", NYT, Sept.6, 1929; "Fisher Sees Stocks Permanently High", NYT,Oct, 16,1929;"Says Stock Slump Is Only Temporary", NYT, Oct.24,1929.

4. Gerald Sirkin, "The Stock Market of 1929 Revisited: A Note", BHR, Summer 1975,223-31; Charles P. Kindleberger, The World in Depression, 1929-1939 (Berkeley: University of California Press,1986), 96; Ellen R. McGrattan and Edward C. Prescott,"The 1929 Stock Market: Irving Fisher Was Right", IER, Nov.2004,1003.

5. "If Tariff Shakes the Stock Exchange, Let Exchange Go, Borah Says to Banker Critic", NYT, Nov.13,1929.

6. 斯姆特—霍利法案标准的政治历史见 E.E.Schattschneider, Politics, Pressures and the Tariff (New York: Prentice-Hall, 1935).

7. "Kent to Be Called in Lobby Inquiry", NYT, and "Kent's Statement to Be Investigated", WP, both, Nov.17,1929; "New York Bankers Face Lobby Inquiry", NYT, Nov.19,1929; "Kent and Senators Clash As He Lays Market Upset to the Tariff Coalition", NYT, and "Kent Challenged on Senate Attack", WP, both, Nov.23,1929.

8. Roger W. Babson, "Babson Flays Congress for Business Ills", WP, Nov.20,1929.

9. Alan Reynolds, "What Do We Know About the Great Crash?" National Review, Nov.9,1979,1416-21; Benjamin M. Anderson, Economics and the Public Welfare (Princeton: Van Nostrand,1949),224-25.

10. Barry Eichengreen, "The Political Economy of the Smoot-Hawley Tariff", Research in Economic History, v. 12(1989),1-43; F.W. Taussig, The Tariff History of the United States(New York: Putnam, 1931),519; Robert B. Archibald et al., "Effective Rates of Protection and the Fordney-McCumber and Smoot-Hawley Tariff Acts: Comment and Revised Estimates", Applied Economics, July 2000,1223-26; Douglas A. Irwin, "The Smoot-Hawley Tariff: A Quantitative Assessment", RES, May 1998, 326-34; Summer H. Slichter, " Is the Tariff a Cause of Depression?" Current History, Jan.1932,519-24; Robert B.Archibald and David H. Feldman, "Investment During the Great Depression: Uncertainty and the Role of the Smoot-Hawley Tariff", SEJ, April 1998, 857-79; Mario J. Crucini and James Kahn, "Tariffs and Aggregate Economic Activity: Lessons from the Great Depression", JME, Dec.1996,427-67; Jacob B. Madsen "Trade Barriers and the Collapse of World Trade During the Great Depression", SEJ, April 2001,848-68; Judith A. McDonald, Anthony P. O'Brien, and Colleen M. Callahan, "Trade Wars: Canada's Reaction to the Smoot-Hawley Tariff", JEH, Dec.1997,802-26.

11. Robert J. Shiller, Irrational Exuberance (Princeton: PUP,2000),223.

12. Lester V. Chandler, Benjamin Strong: Central Banker (Washington: Brookings,1958), 427.

13. Lester V. Chandler, American Monetary Policy, 1928-1941 (New York: Harper & Row, 1971), 37-53.

14. Chandler, Benjamin Strong,465; Milton Friedman and Anna J. Schwartz, A Monetary History of the United States, 1867-1960 (Princeton: PUP,1963),413-19; "Reserve Board Warning Sends Stocks Tumbling; London Raises Bank Rate", NYT, Feb. 8, 1929; Eugene N. White, "The Stock Market Boom and Crash of 1929 Revisited", JEP, Spring 1990,67-83.

15. "Fed Reserve Fisher Target", WSJ, Dec.30, 1929; Irving Fisher, " The Stock Market in 1929", JASA, March 1930, 96。关于这一理论的最新论述，请见 Barry Eichengreen and Kris J. Mitchener, "The Great Depression as a Credit Boom Gone Wrong", Research in Economic Histroy, v. 22(2004),183-237.

16. H. Parker Willis, "Who Caused the Panic of 1929?" North American Review, Fed. 1930,174-83. C. 雷诺德·诺伊斯 (C. Reinold Noyers) 批评美联储用通货膨胀货币政策抵消黄金流入引起通货膨胀效应存在内在矛盾，"The Gold Inflation in the United States,1921-1929"，AER, June 1930,181-98.

17. J. Laurence Laughlin, "The Gold-Exchange Standard", QJE, Aug. 1927, 644-63; Michael D. Bordo, Ehsan U. Choudhri, and Anna J. Schwartz, "Was Expansionary Monetary Policy Feasible During the Great Contraction? An Examination of the Gold Standard Constraint", Exploration in Economic History, Jan. 2002,1-28.

18. Barry L. Anderson and James L. Butkiewicz, "Money, Spending, and the Great Depression", SEJ, Oct.1980, 388-403; Friedman and Schwartz, Monetary History,352。因为许多银行破产，银行这一主要的金融媒介不能运行。因此即使美联储试图扩大货币供应量也无能为力，原因是将货币注入经济的机制已经遭受严重破坏。见 Ben S. Bernanke, "Nonmonetary Effects of the Financial Crisis in the Propagation of the Great Depression", AER, June 1983, 257-76; James D. Hamilton, "Monetary Factors in the Great Depression", JME, March 1987, 145-69.

19. Irving Fisher, Booms and Depressions: First Principles (New York: Adelphi,

1932),140; Friedman and Schwartz, Monetary History, 307; Michael W. Keran, "Velocity and Inflation Expectations: 1922-1983", Federal Reserve Bank of San Francisco Economic Review, Summer 1984, 47-48; E. W. Kemmerer, "Controlled Inflation", AER, March 1934, 90-100; Richard T. Selden, "Monetary Velocity in the United States", in Milton Friedman, ed., Studies in the Quantity Theory of Money (Chicago: UCP,1956),179-257.

20. "Commodity Prices Down 1⅛ Per Cent", NYT, Dec. 3, 1930.

21. "Urges Bond Buying By Reserve Board", NYT, Sept. 25, 1930.

22. Elmus R. Wicker, Federal Reserve Monetary Policy, 1917-1933 (New York: Random House, 1966), 172-96.

23. Thomas F. Cargill, "Irving Fisher Comments on Benjamin Strong and the Federal Reserve in the 1930s", JPE, Dec. 1992, 1275-76.

24. "Fiat Money Urged to Inflate Price", NYT, Sept. 17, 1931.

25. Louis Stark, "Say Reserve Banks Can Bring Recovery", NYT, Dec.31, 1931; "Urges Quick Action to Check Deflation", NYT, Jan. 10, 1932; "Economists Advise Credit 'Expansion'", NYT, Jan. 16, 1932; Louis Stark, "Say Reserve Banks Can Bring Recovery", NYT, Dec. 31, 1931; "Urges Quick Action to Check Deflation", NYT, Jan. 10, 1932; "Economists Advise Credit 'Expansion'", NYT, Jan. 16, 1932; Quincy Wright, ed., Gold and Monetary Stabilization (Chicago: UCP, 1932), 161-63; "Memorandum Prepared by L. B. Currie, P. T. Ellsworth, and H. D. White(Cambridge, Mass., Jan. 1932)", HOPE, Fall 2002,535.

26. Karl Brunner and Allan Meltzer, "What Did We Learn from the Monetary Experience of the United States in the Great Depression?" Canadian Journal of Economics, May 1968, 334-48; Friedman and Schwartz, Monetary History, 348; Allan Meltzer, A History of the Federal Reserve, v. 1(Chicago: UCP, 2003), 280, 321。美联储官员经常抱怨利率过低，因此进一步放宽信贷条件也没有任何益处；Friedman and Schwartz, Monetary History, 372。关于较高的实际利率，见 Harold L. Cole and Lee E. Ohanian, "Re-examining the Contributions of Money and Banking Shocks to the U.S. Great Depression", NBER Macroeconomics Annual, 2000(2001), 187; Meltzer, Federal Reserve, 412.

27. Meltzer, Federal Reserve, 364-65.

28. 美联储注意到这一事实；Meltzer, Federal Reserve, 373。关于大宗商品价格的下滑, "Average Price Down Slightly in November", NYT, Dec.2,1932; Willford I.King, "The Outlook for the Price Level", JASA, Dec. 1932, 431.

29. Banking and Monetary Statistics, 1914-1941 (Washington: Federal Reserve Board, 1943), 451; Gerald Epstein and Thomas Ferguson, "Monetary Policy, Loan Liquidation, and Industrial Conflict: The Federal Reserve and Open Market Operations of 1932", JEH, Dec. 1984, 957-83. 弗里德曼和施瓦兹（Schwartz）还提到了国会在7月16日休会，导致来自国会要求放宽货币政策的压力消失，这也是公开市场操作停止的原因之一；Monetary History, 389.

30. "New Law Helping Fight on Deflation", NYT, March 20, 1932;Chang-Tai-Hsieh and Christina D. Romer, "Was the Federal Reserve Constrained by the Gold Standard During the Great Depression? Evidence From the 1932 Open Market Purchase Program", JEH, March 2006, 140-76.

31. James Harvey Rogers, America Weighs Her Gold (New Haven: Yale University Press, 1931), 208-9.

32. Lori Montgomery, "Congress May Need to Fund Another Stimulus, Pelosi Says", WP, March 11, 2009.

33. "House Group Backs an Inflation Bill", NYT, April 16, 1932.

34. "Prosperity by Fiat", NYT, April 22,1932.

35. "Dollar Stabilizing Bill Voted, 289-60", WP, May 3, 1932.

36. "House Passed the Goldsborough Bill", Barron's, May 3, 1932.

37. "Fisher for 'Reflation'", NYT, July 9,1932.

38. Herbert Hoover, "Special Message to the Congress on Budgetary Legislation", May 5, 1932.

39. "Currency Inflation Approved in Senate", WP, July 12,1932.

40. Herbert Hoover, The Memoirs of Herbert Hoover: The Great Depression, 1929-1941 (New York: Macmillan, 1952), 30.

41. "Anderson Advises World Gold Accord", NYT, May 7, 1933; Henry Hazlitt, "The Dollar Adrift", May 3, 1933, 495-96, and "Inflation: How Much?" May 31, 1933,606, both The Nation; Hugh Bancroft, "Fighting Economic Law: Wage Scales and Purchasing Power", Barron's, Jan. 25, 1932, 5; Fred Rogers Fairchild, "Government Saves Us From Depression",

Yale Review, Summer 1932, 661-83: John Oakwood, "How High Wages Destroy Buying Power", Barron's, Feb. 29, 1932; Lionel Robbins, The Great Depression(London: Macmillan,1934),186.

42．关于零利率下限的问题，见 Ben S. Bernanke, Vincent R. Reinhart, and Brian P. Sack, "Monetary Policy Alternatives at the Zero Bound: An Empirical Assessement", Finance and Economics Discussion Series 2004-48, Federal Reserve Board, Sept. 2004; Tony Yates, "Monetary Policy and the Zero Bound to Interest Rates: A Review", Journal of Economic Surveys, July 2004,427-81.

43．"Inflation Favored By 46 Senators", NYT, April 23, 1933.

44．3月，美联储官员预计利率必须达到 -5% 才能使经济恢复增长；Krishna Guha, "Fed Study Puts Ideal Interest Rate at -5%", FT, April 27, 2009.

45．Irving Fisher, "The Debt-Deflation Theory of Great Depressions", Econometrica, Oct. 1933, 347. 关于费雪的理论没能被采纳，见 Robert W. Dimand, "Irving Fisher's Debt-Deflation Theory of Great Depressions", Review of Social Economy, Spring 1994, 92-107. 关于近来支持费雪理论的分析，见 James S. Fackler and Randall E. Parker, "Was Debt Deflation Operative During the Great Depression?" EI, Jan. 2005, 67-68.

46．Irving Fisher, The Works of Irving Fisher, v. 14, ed. William J. Barber (London: Pickering & Chatto, 1997), 50.

47．Elliot A. Rosen, Roosevelt, the Great Depression, and the Economics of Recovery (Charlottesville：University of Virginia Press, 2005), 33-35. 有效货币供应量的概念基本上和今天的国民生产总值相对应。1933年时还没有国民生产总值的概念，直到1934年才有对国民生产总值的第一次预测。见 National Income, 1929-32, Senate Document 124, 73rd Cong., 2nd sess.(Washington： USGPO, 1934)。这份文件估计1929～1932年间美国经济萎缩了40%。

48．Jacob Viner, Balanced Deflation, Inflation, or More Depression (Minneapolis: University of Minnesonta Press, 1933), 20-25.

49．Michael D. Bordo, Christopher J. Erceg, and Charles L. Evans, "Money, Sticky Wages, and the Great Depression", AER, Dec. 2000, 1447-63, Harold L. Cole and Lee E. Ohanian, "New Deal Policies and the Persistence of the Great Depression: A General Equilibrium Analysis", JPE, Aug. 2004, 779-816.

50. Daniel R. Fusfeld, The Economic Thought of Franklin D. Roosevelt and the Origins of the New Deal (New York: Columbia University Press, 1954), 192-95, 205-6; "Roosevelt Calls Monetary Aides", NYT, Aug. 8, 1933; John Morton Blum, From the Morgenthau Diaries: Years of Crisis, 1928-1938 (Boston: Houghton Mifflin, 1959),61; F. A. Pearson, W. I. Myers, and A. R. Gans, Warren as Presidential Adviser (Ithaca: Dept. of Agricultural Economics, Cornell University, 1957); Henry A. Wallace, " Further Facts on Raising the Price of Gold", Journal of Farm Economics, Aug. 1958, 709-18; Elmus Wicker, "Roosevelt's 1933 Monetary Experiment", JAH, March 1971, 864-79.

51. Blum, Morgenthau Diaries, 69; Jesse Jones, Fifty Billion Dollars (New York：Macmillan, 1951), 245-52; "Text of Dr. Sprague's Letter to President", NYT, Nov. 22, 1933.

52. "Gold Purchase Plan Is Wrong, Says Expert", WP, Dec. 27, 1933. 古斯塔夫·斯托尔柏（Gustav Stolper）在 "Warns of 'Danger' in 'Stable Dollar' ", 也表达了相同的观点，NYT, Dec. 28, 1933.

53. Elliot Thurston, " Inflation Battle Rages In Open With President Pushing Cheap Dollar", WP, Nov. 23, 1933; "Yale Economists Score Gold Policy", NYT, Dec. 16, 1933.

54. Lauchlin Currie, "Money, Gold, and Income in the United States, 1921-32", QJE, Nov. 1933, 84; Frank G. Steindl, "The Monetary Economics of Lauchlin Currie", JME, June 1991, 445-61. 这一时期克里的重要著作并没有得到应有的重视，原因是20世纪40年代他被指责为共产党间谍。但是不利于他的证据非常少；James M. Boughton and Roger J. Sandilands, "Politics and the Attack on FDR's Economics：From the Grand Alliance to the Cold War", Intelligence and National Security, Sept. 2003,73-99; Roger J. Sandilands, "Guilt By Association? Lauchlin Currie's Alleged Involvement with Washington Economists in Soviet Espionage", HOPE, Fall 2000, 473-515.

55. 1930年凯恩斯认为美联储从紧的货币政策是经济衰退的主要原因；Keynes, Writings, 6:176.

56. Keynes, Writings, 21:289-97.

57. "3 Reply to Keynes on NRA Criticism", NYT, Jan. 1, 1934.

58. 见，例如，Robert Barro, "Government Spending Is No Free Lunch", WSJ, Jan.22, 2009; Gary S. Becker and Kevin M. Murphy, "There's No Stimulus Free Lunch", WSJ, Feb. 10, 2009.

59. 见，例如，国家经济委员会主席劳伦斯·萨默斯（Lawrence Summers），2009年3月13日，和经济顾问委员会主席克里斯蒂娜·罗默，2009年3月9日，在布鲁金斯学会的发言。也可见联邦公开市场委员会备忘录，2009年1月27—28日，www.federalreserve.gov。

60. Elmer Thomas, "Money and Its Management"，AAAPSS, Jan. 1934, 136.

61. "Sweep for the Farm Bill"，NYT, April 29, 1933.

62. Senate Committee on Banking and Currency, Gold Reserve Act of 1934, 73rd Cong., 2nd sess. (Washington：USGPO, 1934), 230.

63. 同上，第289页。根据沃伦自己的理论，总价格水平应当是其实际价格水平的两倍；Rufus S. Tucker, "Warren Theories Versus Facts", New York Herald Tribune, Jan. 11, 1934.

64. "1934 Letter to FDR"，Journal of Economic Studies, nos. 3-4, 2004,261.

65. "Prof. Fisher Urges Central Bank for U.S."，WSJ, Feb. 2, 1934.

66. Russell Leffingwell, "The Gold Problem and Currency Revaluation"，Proceedings of the Academy of Political Science, April 1934, 79-80. 此次演讲的摘要被大量引用在"Morgan Partner for Cheap Money"，NYT, March 22, 1934.

67. John Maynard Keynes, "Sees Need for $400 000 000 Monthly to Speed Recovery", NYT, June 10,1934. 罗斯福拒绝了这项建议；Blum, Morgenthau Diaries, 404.

68. Lauchlin Currie, The Supply and Control of Money in the United States (Cambridge: HUP, 1935), 33. 1963年弗里德曼和施瓦兹（《货币历史》，第299页）得出一个结论，即在1929年8月至1933年3月间广义货币供应量下跌了超过三分之一。

69. 引用在"Economists Warn Against Inflation"，NYT, Dec. 28, 1934.

第二章 凯恩斯经济学的胜利

1969年我刚开始学习经济学时，立刻迷上了信奉自由市场的经济学家。当时这些经济学家几乎要么属于以路德维希·冯·密塞斯（Ludwig von Mises）和弗里德里希·哈耶克（F.A. Hayek）为首的奥地利学派，要么属于以弗兰克·奈特（Frank Knight）和米尔顿·弗里德曼为首的芝加哥学派。这两个经济学派尽管表面上存在共通之处，但其实在方法论上存在着许多分歧，并不真正是盟友。[1]但他们都认为约翰·梅纳德·凯恩斯是极左派，他的理论是导致当时社会的通货膨胀和许多其他经济问题的罪魁祸首。

我认识了许多20世纪70年代最著名的反对凯恩斯主义的经济学家，包括密塞斯、哈耶克、弗里德曼、穆瑞·罗斯巴德（Murray Rothbard）、亨利·赫兹利特、戈特弗里德·哈伯勒（Gottfried Haberler）、赫特（W.H. Hutt）、詹姆斯·布坎南（James Buchanan）和艾伦·梅尔策（Allan Meltzer），并欣然接受任何反对凯恩斯经济学的学派。我早期发表的文章之一就是在《罗格斯学院报》（Rutgers College Newspaper）上发表的批判凯恩斯的文章。我最早的一些学术著作也都是对凯恩斯经济学的抨击。[2]

最终，我和一些经济学家一起，试图建立一种和凯恩斯经济学完全不同的经济学，也就是后来的供给经济学（我将在第四章详细介绍）。具有讽刺意味的是，尽管供给经济学在20世纪80年代取得了上风，凯恩斯经济学似乎完全被遗弃，我却发现自己反而对凯恩斯经济学的失势感到失落。长期以来，凯恩斯经济学都是左派人士在经济政策上的黏合剂。当凯恩斯经济学失势之后，取而代之的是产业政策，即政府通过补贴、监管和贸易保护来直接指导经济。在20世纪80年代，许多左派经济学家认为正是这些政策带来了日本经济的巨大成功。[3]

我突然间发现，凯恩斯经济学要远胜于正在取而代之的左派经济学的准社会主义的产业政策。这时我才理解，凯恩斯经济思想的主要目的就是要从大萧条时期非常盛行的马克思主义和各种左派或右派的社会主义理论中拯救自由市场，因为当时大萧条被视为资本主义失灵的最终表现。我看到，凯恩斯经济学被完全抛弃后形成的真空正在被更糟糕的理论所填补。我开始为恢复凯恩斯的地位而努力，并最终对他的理论肃然起敬。[4]

当我直接阅读凯恩斯的原著，而不是他的追随者或批评者对他的评论时，我对他的尊敬日渐增长。凯恩斯的早期著作对于理解凯恩斯以及他在20世纪30年代试图达成的目标尤其有用。经济学家和历史学家常常忽略凯恩斯在1936年撰写《就业、利息和货币通论》之前的著作。但事实上这些著作对了解凯恩斯在面临与我们现在面临的经济问题相似的问题时的思路非常重要。凯恩斯是一位多产的作者和评论家。他的著作集编排有序并带有索引，因此我们可以很清楚地看到他的思想发展历程。

我认为现在是重新倡导凯恩斯经济学的时候了。他的理论为解决我们目前面临的问题提供了最好的指导。正如第一章所述，许多经济学家早在1936年之前就已得出结论，当时经济的根本问题是通货紧缩，要采用扩张性的财政政策来启动货币政策，才能阻止价格下跌。但他们没能说服决策者采取正确的政策或大胆的行动来阻止经济下滑。凯恩斯做到了他们没能做到的事。本章将详细阐述他是如何做到的。

凯恩斯：通货膨胀与通货紧缩的敌人

尽管凯恩斯现在仍常常被批评为通货膨胀论者，但他总是将价格稳定作为经济发展的最重要的前提，了解这一点很重要。凯恩斯在1919年写道：

> 据说（俄罗斯革命领导人）列宁曾宣称，摧毁资本主义的最好办法是让其货币贬值。通过持续的通货膨胀，政府可以悄悄

地、不为所知地没收公民的大部分财产。通过这种办法，政府不仅可以没收财产，而且可以随意没收财产；这个方法在让许多人一贫如洗的同时也会让少数人暴富。这种对财富的任意的重新分配，不仅对社会安定造成影响，而且还会降低人们对财富分配的公平性的信心。从这个过程中得到超过其应得部分，甚至超乎其预期的财富的人被视为"投机者"，他们是中产阶级痛恨的对象。中产阶级受通货膨胀洗劫的程度不逊于无产阶级。随着通货膨胀的持续，货币的实际价值出现大幅波动，构成资本主义根基的债权人和债务人之间的固定关系完全被破坏，基本上已经失去意义；创造财富的过程沦落为赌博和买彩票。列宁说的完全正确。要摧毁社会现有的基础，没有比让货币贬值更巧妙和更稳妥的办法了。[5]

多年来，人们认为凯恩斯犯了一个错误，因为没有记录表明列宁曾经说过凯恩斯引述的这段话。[6]但经济学家库尔特·舒勒（Kurt Schuler）最近发现的一个引文证明凯恩斯是对的：列宁确实认为通货膨胀可以摧毁资本主义。列宁在1919年曾说过：

> 我们的财政部每天正在发行上百万的卢布。这样做的目的不是要让国库装满几乎一文不值的纸币，而是要故意摧毁纸币作为支付工具的价值。在布尔什维克国家中，金钱是不应该存在的，生活必需品的购买只能通过工作来支付……
>
> 在俄罗斯，百元面值的卢布已经几乎一文不值，很快，即使最淳朴的农民也将意识到这些纸币已经形同废纸。一旦人们发现用货币已经买不到东西，他们就会停止对货币的追求和囤积，如此，资本主义赖以成立的、对金钱的价值和影响力的幻想将被完全摧毁。
>
> 这就是印钞厂夜以继日地印制卢布的真正原因。但是和所有的布尔什维克主义的措施一样，这种简单的方法必须在世界范围内实施才能达到效果。幸运的是，在战争中所有政府狂热地大肆印发货币为其实施铺平了道路。[7]

凯恩斯认为，一战结束后签署的《凡尔赛条约》要求德国向战胜国支付巨额赔款是一个重大错误。这会让德国的经济陷入瘫痪，成为革命的沃土。他的担心很快变成了现实。德国大肆印发钞票以期用通货膨胀来减轻赔款压力。当恶性通货膨胀在1923年达到顶峰时，即使是最大面值的钞票，其价值几乎等同于印钞票的纸，买一块面包需要一手推车的纸币。而且正如凯恩斯所说，结果是中产阶级被洗劫，富人则通过大幅举债购买黄金和外币，然后用几乎一文不值的货币偿还债务而大发其财。

人们普遍认为，德国恶性通货膨胀造成的社会动荡是阿道夫·希特勒和纳粹党兴起的根本原因。经济学家利奥尼尔·罗宾斯（Lionel Robbins）在1937年写道："希特勒是通货膨胀的养子"。在1942年的讲座中，德国著名小说家托马斯·曼（Thomas Mann）也称："德国的恶性通货膨胀直接导致了第三帝国的疯狂。"历史学家尼尔·弗格森（Niall Ferguson）和布里吉特·格兰维尔（Brigitte Granville）也同意："魏玛德国的通货膨胀摒弃了自由市场、法治、国会制和对外开放政策，成为了国家社会主义完美的温床。"[8]

凯恩斯对德国的情况了如指掌。他1919年撰写的著作《和平的经济后果》（*The Economic Consequences of the Peace*）使他成为这个领域的知名专家。在20世纪20年代早期，他与德国的经济学家和商人保持了密切联系。在1923年出版的《货币改革论》（*Tract on Monetary Reform*）中，凯恩斯频繁提到德国通货膨胀的灾难性后果。事实上，《货币改革论》是历史上最著名的反通货膨胀著作之一，其基本观点是价格稳定是资本主义运行的必要条件。凯恩斯甚至提出，如果无法维持价格稳定，资本主义就会崩溃。对通货膨胀的反对并不仅仅是凯恩斯的公开表态，在与英国财政部官员的私人信函中，他也坚称需要用最强有力的措施控制通货膨胀。[9]

凯恩斯对通货膨胀的反对来自于他对币值稳定的重要性的认识——他对通货膨胀和通货紧缩持同样的反对态度。当今的许多硬通货（Hardmoney）人士坚决反对通货膨胀，却不认为通货紧缩是个问题，甚至常常认为是好事。[10]凯恩斯不在此列。在他看来，通货膨胀的主要影响是对资本，实际上就是对富人征收事实上的税收。他称这些富人为食利者阶层，他们不工作，靠资本利得生活。但通货膨胀同时对企业有利，因为企业可以高于成本上升的速度提价，赚取更高的利润。[11]

通货紧缩主要危害的是工人。因为随着实际工资上升，雇主为降低劳动力成本而解雇员工，导致失业上升。最终，失业将迫使雇主按通货紧缩的程度相应降低名义工资，这是一个非常痛苦和漫长的过程。因此，虽然通货膨胀和通货紧缩都不是好事，但凯恩斯认为通货紧缩导致的财富分配问题更大，因为失业率的上升比损害食利者更为糟糕。[12]这就是为什么他如此强烈反对英国政府在一战后采取故意让英镑贬值的办法来将汇率恢复至战前水平的原因。

英国的通货紧缩始于1920年，当时政府试图将英镑对美元的汇率从3.66美元提高至4.86美元。这需要减少货币供应量，造成英镑对美元相对紧缺。英国政府认为它在经济上和道义上都有责任将汇率恢复至战前的平价，以免持有英国债券的人遭受30%的实际损失。当时英国政府还认为，如果不能按照战前平价偿还债务，英国债券的风险溢价将会提高，债券利率将上升，英国国债对外国投资者的吸引力将下降。[13]

货币供应量的减少导致物价下跌，继而对工资水平产生下行压力。但生产商不能随意降低价格，除非成本下降，而劳动力成本是任何企业的最主要成本。正如凯恩斯在1925年所述：

> 我们的问题是降低货币工资，并试图以此来降低生活成本，我们以为经过一个循环之后，实际工资水平将恢复至和以前一样或几乎一样高……在这种情况下，信贷紧缩的目标是减少雇主按当前的物价和工资水平雇用劳动力的资金。只有通过不断增加失业，直至工人在严酷的事实面前接受货币工资的必要下调时，这种政策才能达到目的。[14]

在过去，当英格兰银行通过紧缩货币来维持英镑币值时，工人没有组织，也没有多大能力对抗雇主降低工资的要求。但到了20世纪20年代，工会已经非常普遍，工人抵制减薪的能力提高了。福利制度也让工人在失业后可以继续维持生活，因此延长了罢工时间，提高了失业率。[15] 1926年，一场大规模的反对减薪的罢工让凯恩斯相信，用通货紧缩来抵消通货膨胀并维持价格稳定不再可行。通货紧缩必然导致减薪，但由于工人极力反对减薪，英国企业迫于市场力量不得不降价，同时，居高不下的人力成本将阻碍企业的发展。

凯恩斯认为，最早感受到通货紧缩影响的是企业，因为它们在成本基本不变的情况下被迫调低产品的市场价格。在初期，它们消化了损失，出让一部分利润。接着，它们减少最不盈利的产品的产量。再过一段时间后，它们才最终觉得有必要降低工资。因此实施一项完整的通货紧缩措施需要非常长的时间，时效性差。[16]

相比之下，通货膨胀的发展过程则相对平稳。当企业感觉到市场需求上升时，会马上提高价格。由于它们的成本在短期内基本上是固定的，价格的上升带来了利润的上升，鼓励企业增加资本投资。物价上升时，工人的名义工资保持不变，但实际工资下降。尽管如此，由于企业在高利润的情况下会扩大生产，工人仍可以从就业率的上升中获益。因此在两害相权的情况下，凯恩斯认为通货膨胀还会带来好处，而通货紧缩却完全一无是处。因此如果可以选择的话，轻微的通货膨胀要远胜于同等程度的通货紧缩。[17]

二战后，美国的经济衰退大多是在通货膨胀的情况下发生的。这极大帮助了经济的调整，例如，可以在名义工资不变的同时降低实际工资。2008~2009年的经济衰退造成的通货紧缩状况和20世纪30年代的大萧条一样。除非工人们愿意接受实际减薪，否则企业没有办法避免大规模的裁员和破产——这个情况在汽车行业最为明显。汽车行业的工资和福利是制造业中最高的，它受通货紧缩的影响也最大，加快了销售和利润下跌的速度。

大萧条

当大萧条开始时,凯恩斯反对采用传统的应对经济衰退的办法,即通过降低物价和工资来恢复均衡。他认为这种办法并非没有效果,而是其社会成本过高,会威胁到民主自由能否维持,还可能导致出现像前苏联一样的独裁社会。凯恩斯在1923年的一次讲座中对美国听众说:

> 公众对大幅减薪的抗议不仅丑恶而且危险,难道不是吗?有人告诉我,大幅减薪在经济刚性较小的美国等国家比较容易实施。我觉得这难以置信。但这应该由你们,而不是我来判断。我知道在我所在的国家,大幅减薪或按批发物价下跌幅度相应降低工资是完全不可能的事。这样做会动摇社会秩序的根基。在英国没有一个负责任的人敢公开建议采用这种办法。[18]

凯恩斯认为,比起迫使工资和物价随货币紧缩而调整,调整货币币值更为可行。他说,将物价提高至原来的水平比忍受高失业率和大幅减薪的痛苦更为可取。这样,不需要按照物价下降的幅度相应减薪就可以恢复经济均衡。正如凯恩斯所说,"我认为,提高价格的理由……无可辩驳。"[19]

此后不久,凯恩斯在为美国《名利场》杂志撰写的一篇文章中进一步阐述了自己的观点。他写道,价格的大幅下降已威胁了整个金融结构。虽然经济最终将自行恢复,但如果没有政府干预,最后的结果将是"一个充满浪费、动荡和社会不公的时期"。凯恩斯认为这种强制的财富再分配完全应该避免,他也担心这种再分配的随意性会强化一种观点,那就是资本主义没有可以自赎的道德基础。[20]

1933年初,凯恩斯出版了一本小册子——《繁荣的途径》(*The Means to Prosperity*)。在这本小册子中,凯恩斯对决策者无法理解经济问题的本质和采取强有力的措施来解决经济问题表示了更加强烈的失望。他强烈批评了美国在1932年大幅提高税收的措施,认为这完全适得其反。他甚至提出税率过高时税收反而会下降,这也就是后来的拉弗曲线理论。凯恩斯解释道：

> 税负过高反而会适得其反，而只要给予足够的时间，减税带来财政平衡的可能性大于增税，这种观点并不奇怪。因为，现在采用相反的观点就像一个亏损中的制造商决定提价。当销量下降，亏损上升时，制造商采取了简单的算术，认为谨慎的做法是将价格提得更高。当他最后破产时还理直气壮地说，在亏损时降价是赌徒行径。[21]

凯恩斯试图让美国总统富兰克林·罗斯福和其他决策者相信大萧条的根源在于通货紧缩。但正如上一章所述，他的努力基本上都白费了。到1934年末，只有少数人能正确判断问题的根本，其中包括欧文·费雪，而这些人对白宫、财政部或美联储的掌权者影响甚微。这促使凯恩斯思考新的解决办法，来绕过不愿采取足够扩张性的货币和财政政策来解决问题的体制障碍。

《通论》

在1935年之前，罗斯福一直都只是采取临时的经济刺激措施。尽管美国经济在1934年增长了10.8%，但以大萧条前的经济增长率来衡量，这仅仅是美国经济潜在增长的2/3。[22]政府和国会似乎不愿意采取激进的刺激措施，而是东一锤西一锤地应对着不断出现的小危机。在2009年，许多经济学家感到同样无奈：尽管经济继续恶化，政府和国会仍在激烈讨论是否有必要采取刺激措施。

凯恩斯决定更系统、更详细地阐述采取刺激措施的必要性。他在1935年开始撰写新著《就业、利息和货币通论》（以下简称《通论》），1936年该书出版。它的基本观点就是强行降低货币工资以适应货币紧缩，从而降低失业率是不可行的。[23]凯恩斯解释说，更好的办法是简单地用相应的通货膨胀来抵消通货紧缩的影响以降低（经通货膨胀调整后的）实际工资。他在书中写道：

> 虽然工人通常抵制降低货币工资，但他们通常不会每逢工

资商品价格上涨就拒绝工作。有人会说，工人抵制降低货币工资但不抵制实际工资的下降是不合逻辑的……但是不管这是否符合逻辑，经验表明工人的实际做法就是如此。"[24]

接着，凯恩斯对利用通货膨胀来降低实际工资，从而提高就业率作了更明确的说明。他写道："雇主降低货币工资会遭遇强烈抗议，而通过物价上涨逐渐、自动地降低实际工资却不会。"[25]

凯恩斯的论据可基本归结为可行性。他解释说："分析表明，灵活的工资政策和灵活的货币政策是异曲同工，只是用不同的方式来改变工资的货币数量而已。"凯恩斯承认，理论上政府可以颁布法令来降低工资，但只有独裁政府有这种权力。然而，每个国家都有权力通过货币政策改变本国货币的价值以及价格水平。他说：

> 大多数实行开放市场政策或类似措施的政府都有权力改变货币数量。从人性和政府体制的角度来说，只有愚蠢的人才宁愿选择使用灵活的工资政策，而不愿使用灵活的货币政策，除非他能指出前者具备了后者不具备的好处。同时，在其他条件相同的情况下，相对容易实施的方法胜于非常难以实施，甚至不可行的方法……只有不理智的人才会宁愿采用灵活的工资政策，而不愿采取灵活的货币政策。[26]

问题是如何将货币注入经济以发挥作用。低利率本身并不会带来投资的增加，因为当市场利率非常低时，现金和债券几乎可以互换，产生了流动性陷阱。在这种情况下，中央银行进行的公开市场操作，即用新发行的货币来购买债券，并不起作用。这就像用一种资产交换另一种几乎同样的资产，因为现金其实就是一种不支付利息的永久债券。[27]

因此，要让货币流动起来需要政府为提高市场利率而启动赤字融资，使经济摆脱流动性陷阱，让扩张性的货币政策再度发挥作用。只要政府的借债是用于购买商品和服务，那么具体买什么并不重要。收入转移和减税的效果并不明显，因为这部分钱大都转为储蓄，不能达到提高利率的目的。政府可以将借款用于有利于民生的公共工程，例如修建道路和房屋。[28]但从宏观经济的角度，这些工程能否有效益并不重要，因为这样做的主要目的是让货币政策重新发挥作用。

凯恩斯提议，为达此目的，当经济陷入流动性陷阱时，建造金字塔、地震甚至战争都可以发挥经济作用，因为这些会迫使政府迅速增加支出和实行赤字财政。他开玩笑地建议，政府甚至可以将现金埋在填满垃圾的废弃矿井里。企业家用来挖掘这些现金的资源将为社会带来经济效益，因为他们需要雇用工人、创造收入和动用资金。[29]

当然，凯恩斯只是幽默而已。他知道这些浪费资金的项目长期而言不会为社会创造财富。只有当通货紧缩导致经济放缓、利率下调，出现流动性陷阱时，才需要这样做。这些是非常少见的极端情况。凯恩斯非常清楚，在正常情况下这些做法是适得其反的。

2009年初，奥巴马政府为了顺利通过巨额的经济刺激法案，也提出了这个观点。奥巴马政府称，重要的是要迅速采取措施，即使这意味着大量的金钱可能会浪费在价值不确定的项目上。这些项目本身并不会带来经济增长，但财政赤字对整个经济的影响却会带来经济增长。但因为奥巴马政府没能解释清楚凯恩斯的观点，反而使自己受到共和党的攻击，刺激措施被揶揄成毫无理由的乱花钱。

《通论》引起的反响

经济学家们对《通论》的反响起初并不热烈。他们很快就认为凯恩斯在这本书中的观点和他以前所说的并没有多大不同。在当初不以为然的经济学家中，许多后来成为凯恩斯经济学最坚定的支持者。例如，最早为《通论》撰写书评的作者之一阿尔文·汉森（Alvin H. Hansen）在战后初期成为凯恩斯在美国的头号支持者。汉森在为《耶鲁评论》（*Yale Review*）写的文章中称，由于凯恩斯假设工资和价格相对缺乏弹性，《通论》和主流经济学几乎没有什么不一致。几个月后，在为《政治经济学杂志》撰文时，汉森再次提到《通论》没有新意。

这本书并非里程碑式的著作，并没有开创"新经济学"。该书再次强烈警告，基于与经济现实不符的假设进行思考是危险的……这本书更像是经济趋势的一个表象，而不是可以建立科学的基石。[30]

随后不久，1973年诺贝尔奖得主华西里·列昂惕夫（Wassily Leontief）也表示了同样不以为然的观点。他在《经济学季刊》中写道："凯恩斯的新的经济均衡理论和'正统的'古典经济学的根本区别在于采用了不同的假设"。[31]在同一期杂志上，20世纪最伟大的经济学家之一雅各布·维纳同样认为凯恩斯的理论和传统理论没什么大的区别，唯一的区别是凯恩斯认为通货膨胀比减薪能更好地解决失业问题："凯恩斯的观点显然是通货膨胀比减薪能更有效地解决失业问题……凯恩斯的观点和传统理论的唯一不同就是，他不认为减薪可以减少失业。"[32]

后来的经济学家也得出了相同的结论——凯恩斯只是假设工资具有"粘性"，并据此提出了一个理论。[33]这在大萧条时期并非毫无影响，但称不上惊天动地。事实上，凯恩斯的理论在短期内没有对经济政策产生任何影响。

罗斯福政府没有采纳凯恩斯的新刺激理论。事实上，罗斯福政府反其道而行之，采取了增税和收紧财政政策的措施，而不是扩张性的财政政策。1937年，财政部长亨利·摩根索甚至说服了罗斯福总统，要恢复经济增长，必须首先恢复财政平衡。同年，《社会保障法》的通过首次开征工资税，导致税负增加。由于税收收入直至1940年才用于支付社会福利，因此在实施的前三年，该法对经济的作用是取大于予。[34]

同时，通货膨胀从1936年的1.4%上升至1937年的2.9%。美联储十分担心，并错误地收紧了货币政策，结果导致美国经济在1937年出现了严重的衰退，而美国经济在此前三年均增长良好。在1934~1937年间，美国平均实际GDP增长率几乎达到10%，但在1938年却下降了3.4%。[35]

经济衰退让罗斯福感到非常懊恼，并对当时实施的"新政"的合理性产生了怀疑。罗斯福和他的顾问们最终冒着政治风险接受了凯恩斯增加财政支出的观点。历史学家查尔斯·比尔德（Charles A. Beard）作了如下解释：

> 经济崩溃的影响让罗斯福总统和他的顾问感到震惊。失业率持续上升，影响加深。工人的不满情绪越来越严重，人们对金融界的敌意日增。在政府看来，似乎有必要增加联邦财政支出来刺激经济复苏。这意味着要继续实行"赤字融资"，而赤字融资即使在许多新政拥护者眼中也只是权宜之计，并不值得提倡。罗斯福和他的顾问们产生了怀疑：也许他们此前为恢复经济增长所采取的措施是错误的，而现在他们已是黔驴技穷。[36]

当时人们仍强烈反对故意增加财政赤字的观点，因为自开国以来，维持每年的财政平衡已成为惯例，对至今出现的财政赤字人们也只是勉强容忍。因此，要让国会和美国人民支持一个规模足够大的支出计划，就必须让所有人认为这是绝对必要和合法的。增加军费开支符合这一标准，但首先必须说服美国人民，这是保证国家安全的需要。此时，罗斯福对战争的担心与凯恩斯的经济刺激方案不谋而合。[37]

民主党在1938年选举中的惨败转移了人们的视线，帮助罗斯福扫除了一些政治上的障碍。历史学家巴塞尔·劳赫（Basil Rauch）说："罗斯福总统将国内问题降至次要地位，并全力让民主党和美国人民接受其对外政策，从而有效地抑制了反对意见。"[38]左派人士马上认识到了政治和经济风向的变化。专栏作家约翰·弗林（John T. Flynn）在1938年11月的《新共和》（*New Republic*）杂志上写道：

> 美国似乎将要陷入战争恐慌，战争准备自然也要和我们的恐慌程度相匹配。美国总统已经成为推波助澜的鼓手，有意向人们灌输着敌人将要发动攻击，而我们却毫无防备的可怕观念……下一步当然就是总统已有但尚未公布的、规模空前的和平时期陆军和海军的战备计划……我们现在正试图通过这次大规模的战备来刺激经济复苏，而不是依靠消费品的生产。[39]

在欧洲，战争的乌云越来越密，罗斯福越来越确信美国将不可避免地卷入战争。但是，为避免美国再次卷入另一场欧洲战争而立法通过的中立法不允许美国进行直接干预。当初制定这些中立法是因为人们相信，来自英国的压力和军火商的游说让美国在1917年卷入了一场并非利益攸关的战争。在1937年1月的一次民意调查中，64%的美国人认为美国加入第一次世界大战是一个错误。[40]美国希望在欧洲问题中独善其身的强烈愿望阻止了罗斯福为参战作准备，而这也意味着凯恩斯的理论起作用所必需的大规模国防开支无法出台。

1939年9月第二次世界大战爆发，罗斯福更加确信美国最终将要加入这场战争。同时越来越明显的是，他需要获得足够的支持才能大幅提高支出和赤字，从而对经济产生重大影响，而国防是他唯一的借口。由共和党和南方民主党组成的保守派国会联盟在1938年大选后力量大增。他们大力提倡政府节约开支，但愿意将军费开支排除在外。在1939年的专栏中，弗林觉察到了这种趋势："我发现保守派有一个值得注意的现象，那就是虽然他们对利用赤字融资来复苏经济和实施救济的反对有增无减，但非常赞同增加国防开支，尽管这同样必须使用借款。"[41]

至1940年中，凯恩斯仍在惋惜联邦政府没有增加足够的支出，从而对经济产生实际影响。他在《新共和》发表的文章中抱怨支出"完全不够"。凯恩斯猜测，只有"战争"才能将支出提高至"足以做一项伟大的试验的规模，这个试验将证明我的理论"。[42]

大萧条的结束

第二次世界大战最终完成了新政没能够做到的事：终结大萧条。二战迫使联邦政府将赤字提高至前所未有的程度，与此同时，美联储锁定了利率，并向银行体系提供足够的流动性来阻止利率上升。[43]经济学家认为，战争带来了凯恩斯经济学理论的最终胜利，经济学家们纷纷接受了他的理论。几年之后已经很难找到一个非凯恩斯经济学学派的经济学家了。

具有讽刺性的是，在取得巨大胜利的时刻，凯恩斯却逐渐抛弃了自己的理论。1944年，经济学家弗里德里希·哈耶克发表了《通往奴役之路》（*The Road to Serfdom*）。这本书强烈反对政府职能的扩张，而凯恩斯经济理论被广泛接受对此负有部分责任。在1944年6月写给哈耶克的信中，凯恩斯宣称自己基本上同意他的意见。事实上，不仅同意，而且"深表赞同"。[44]

在他一生中所写的最后一篇文章中，凯恩斯试图复兴古典经济学，而古典经济学已经被大萧条的长度和深度所全盘否定并被凯恩斯经济学取代。凯恩斯警告，古典经济学的精华和糟粕已被一起抛弃，经济学家需要理解古典经济学中的颠扑不破的真理。他说：

> 我觉得需要再次提醒当代的经济学家，古典经济学蕴涵着一些非常重要的永恒的真理。这些真理很容易被我们忽略，因为我们将它们和我们不能毫无保留地接受的其他教条混为一谈。在经济中有多股暗流，我们称为自然的力量，或甚至称为看不见的手，它们促使经济趋向均衡。否则，我们不可能在过去的岁月中将经济发展得这么好。[45]

多年来，许多经济学家都对凯恩斯著作中出现的自相矛盾感到纳闷。但有一样东西是他的著作所共有的：强烈的影响公共政策的愿望。凯恩斯的传记作者罗伯特·斯基德尔斯基（Robert Skidelsky）说："他创造的理论都服务于他的目的。"遍览其30卷著作集的人会发现，他的大部分著作并非专业经济学，而是为报纸和大众杂志撰写的文章，以及为政府官员撰写的备忘录和政策文件。经济学家伊丽莎白·约翰逊（Elizabeth Johnson）解释称："他是一个机会主义者，对时事反应迅速而直接，而且他的反应是立刻给出答案，记录下来，然后马上发表。"[46]在这个方面，经济学家唐·帕廷金（Don Patinkin）认为凯恩斯和他的学术对手米尔顿·弗里德曼是一类人：

> 对他们两人而言，经济分析的目的不仅仅是构建理论模型，而且要导出政策建议，因此，两人都持续和深入地关注经济运行中最新的实证数据。此外，两人都认为作为经济学家，他们有责任不仅要提出政策立场，而且要为政策立场创造舆论支持。两人为此孜孜不倦地利用所有的沟通媒介：在主要报刊

杂志上发表文章；撰写著作和宣传小册；参与电台和电视节目（当然，在凯恩斯那个年代还没有电视；但如果有的话，恐怕没有人会怀疑他会是电视名人吧？）；在政府的委员会和各种机构面前陈述观点；与负责制定和执行政策的政府高官保持交往，同时避免（除非在战时）正式担任政府职位。[47]

凯恩斯提出的建议常常是针对某个特定时间的，他也很清楚这些建议完全不适合长期实行。这种时效性的最好例子也许就是凯恩斯提出的国家实现自给自足的建议。在大萧条之前，他是传统的自由贸易主义者。但后来他认为，如果各国尽可能地避免国际贸易，或许会有利于经济，这可以让各国免受外国经济和金融问题的冲击。当凯恩斯在1930年首次提出这个观点时，他的朋友罗伊·哈罗德（Roy Harrod）表示担心。凯恩斯告诉他不必担心："当这个阶段过去之后，我们可以逆转这个进程。"不过，当凯恩斯在二战末期试图这样做时，他发现要恢复旧的格局比他预料的要难。正如哈罗德所说，问题是"提倡自给自足和控制贸易的人现在已经掌权了"。[48]

凯恩斯对自己操控舆论的能力极有信心，这深深地影响了他的著作。例如，这使他没有必要保持观点的前后一致；他可以今天说出需要说的话，而第二天如果需要改口的话，他马上就改口。哈耶克认为，这是理解凯恩斯的关键，正如他在1952年评论哈罗德所写的凯恩斯传记时所说：

> 也许对凯恩斯思想的困惑，可以从他对自己可以像一个高超的乐师弹奏乐器一样操纵舆论的极度自信中找到解释。他喜欢扮演不被人相信的预言家卡桑德拉的角色。但事实上，他早期在影响公众对停战协议的意见上的成功可能让他高估了自己的能力。我永远不会忘记有一次他非常坦率地承认了这一点，这让我非常吃惊。我想那是我在1946年初最后一次见到他，当时他刚从华盛顿参加完关于英国贷款的艰难谈判回来……在谈话中，我话锋一转，问他对他的某些追随者如何解释他的理论是否完全不担心。他对相关人士作了一个并不正面的评价，接着叫我不必担心，因为他的观点在发布之时都是时势所急需

的。他叫我不必惊慌，如果他们真的构成威胁，我要相信他可以很快地改变舆论，他还挥了一下手来表示可以多快。但三个月之后他去世了。"[49]

其他经济学家也表达了同样的看法。例如，哈佛经济学家约翰·威廉姆斯（John H. Williams）在1951年就任美国经济学会主席的就职演说中说，凯恩斯"先确定当时的政策要求，然后据此提出自己的理论"。凯恩斯自己也可能会同意这个评价。他曾经说，他的政策建议常常和它们表面上的理论依据并不相关。在讨论《通论》时，凯恩斯称："我承认我的解决方案还没有完全确定，但现在的情况已经不同于我当初作分析的时候了。这些解决方案并非绝对的；它们受到各种特定假设的限制，并且和当时的具体情况密切相关。"[50]

凯恩斯非常清楚他的理论在不同的时间可有不同的应用。正如他在1939年对经济学家加德纳·米恩斯（Gardner Means）所说："我要再一次强调，我的《通论》已或多或少地被视为包医百病的理论，但它的理论与它在不同的情况、不同的现实假设下的应用不是一回事。" 斯基德尔斯基认为，这正是凯恩斯理论的真正魅力所在：它可以被轻松地用来支持政府为其他目的而采取的各种措施。[51]

当然，凯恩斯经济学和20世纪30年代、40年代在知识界占主流的自由派政治观点不谋而合，两者都认为政府应更多地干预经济。正如经济学家约瑟夫·熊彼特所说："且不管其理论本身的优点，毫无疑问，它（《通论》）的成功主要是由于它的观点代表了许多现代经济学家的一些最强烈的政治倾向。"[52]

简而言之，凯恩斯经济学是理论和实践的完美结合。它首先是时代的产物，同时也对经济学作出了一些重要的贡献。但它主要是为所有政府都想做的事提供了理论依据，例如突破保持预算平衡的限制。尽管不论有没有凯恩斯经济学，政府都要做这些事，但他的理论为政府的行为披上了科学的外衣，而不再仅仅是机会主义的行为。

凯恩斯是保守主义者

凯恩斯的不懈努力中有一点是不变的：它们都是出自维持自由资本主义秩序的目的。坦率的保守主义者都明白这一点。经济学家大卫·麦科德·赖特（David MaCord Wright）在1945年称，保守派的政治候选人"基本上只需引用《通论》"就可以轻松地进行竞选。1946年，保守的奥地利学派经济学家戈特弗里德·哈伯勒承认，凯恩斯经济学提出的政策建议一点也不具革命性，"事实上都非常保守"。[53]

《财富与贫困》的作者乔治·吉尔德（George Gilder）在1981年说，凯恩斯的著作"对供给经济学经济政策的赞同比现在的凯恩斯主义者理解得要多"。他认为凯恩斯特别值得称许的是"恢复了个人资本家的作用和行为在经济思想中应有的中心地位"。另一位支持凯恩斯的保守派经济学家彼得·德鲁克（Peter Drucker）则认为凯恩斯不仅仅是保守主义者，而且还是极端的保守主义者：

> 他有两个基本目的：一是打击工会，二是维持自由市场。凯恩斯对美国的凯恩斯主义者不屑一顾。他的整个观点是政府应是弱势政府，只需要用税收和支出政策维持自由市场的均衡即可。凯恩斯才是真正的新保守主义之父，而不是哈耶克！[54]

比凯恩斯和德鲁克更左的约翰·加尔布雷思（John Kenneth Galbraith）也同意这个评价。他写道："他的大部分主张和罗斯福一样，都是保守的，都是为了继续维持资本主义。"但加尔布雷思又说："英语国家的这种保守主义并不能被真正的保守主义者所接受。"[55]

凯恩斯的朋友和传记作者哈罗德称，在时髦的自由主义的虚假外表下，凯恩斯骨子里总是非常的保守。[56]

> 他尊重国家由来已久的制度；他高度评价中产阶级，在他看来，我们现在拥有的所有美好的东西都是中产阶级创造的；他相信知识分子领导人的价值和少数社会精英的智慧；他对英国政界和知识界的领袖来自狭小的家族范围津津乐道；他也很

爱自己的国家……他不是社会主义者。他对中产阶级、艺术家、科学家和各种脑力工作者的尊重使他不能接受社会主义的阶级分明的思想。他没有平等主义的想法；如果他想要改善穷人的生活……这不是为了平等，而是要让他们的生活更幸福、更美好……他不认为由国家来经营工商业会更好。他认为国家社会主义的观点非常过时。[57]

正如凯恩斯本人所说："如果进行阶级斗争的话，我会支持受过良好教育的中产阶级。"著名的保守主义者埃德蒙·伯克（Edmund Burke）是他的政治偶像之一。凯恩斯看不起英国的工党，认为它的成员"信仰过时的教条、宣扬着落伍的不完整的费边马克思主义"。他还称英国的工党是"非常具有破坏性的力量"，用"反资本主义的垃圾来对付反社会主义的垃圾"。[58]

尽管一些右派人士仍认为凯恩斯是秘密的共产党员，左派和苏联的人士都清楚凯恩斯是社会主义的最大敌人之一。[59]凯恩斯称国家社会主义"事实上不过是延续了一个用于解决50年前的问题的计划，而计划的基础是对在某个人一百年前的言论的误解"。事实上，凯恩斯告诉乔治·萧伯纳，《通论》的宗旨就是要摧毁马克思主义的李嘉图主义基础。[60]

凯恩斯多次对苏联社会主义表示蔑视。他写道："红色苏联拥有太多令人厌恶的东西"，共产主义是"对我们的智慧的侮辱"。凯恩斯认为，共产主义者是制造出恶，却希望产生善的人。他对卡尔·马克思嗤之以鼻，认为他是一个"可怜的思考者"，《资本论》是"一本过时的经济学课本，不仅在科学上漏洞百出，而且和现代世界毫不相关，也没有用处"。凯恩斯还说：

> 在经济方面，我没有看到苏联共产主义对任何有知识上或科学上的价值的经济问题作出任何贡献。我认为共产主义的经济手段没有，也不可能有一样是我们（只要我们愿意）不能同样成功或更加成功地运用在一个保留了所有英国中产阶级的理想，而不是19世纪个人资本主义的所有特点的社会。至少在理论上，我不认为有什么经济进步只能由革命来完成。另一方

面，暴力改革只会让我们失去一切。在西方的工业条件下，红色革命会让所有人陷入贫穷和死亡。[61]

凯恩斯非常清楚利润在资本主义体系的核心作用，这是他为什么如此强烈反对通货紧缩以及为什么提出解决失业的办法是让雇主恢复盈利的理由之一。他也懂得企业家精神的重要性，并称之为"本能冲动"："如果本能冲动减弱，信心下降……企业将消失殆尽。"他知道整体商业环境对经济增长至关重要，因此商业信心是重要的经济因素。凯恩斯承认："经济繁荣取决于是否存在对商人友善的政治和社会环境。"[62]

反对计划经济

凯恩斯《通论》的主题之一是必须允许价格自由调整，这是经济正常运转的必要条件。因此，凯恩斯强烈反对二战之后流行的国家计划经济。他写道："分散决策和个人负责制对提高效率的好处也许比19世纪想象得要多；对追求自身利益的反对有点过了。"[63]

确实，凯恩斯觉得《通论》的主旨就是保留资本主义好的和必不可少的方面，同时通过区分微观经济学（关于价格和企业的经济学）和宏观经济学（关于整个经济的经济学）来防范独裁主义的攻击。凯恩斯认为经济自由是保证效率的必要条件，为了保护微观经济中的自由，增加政府对宏观经济的干预就不可避免。尽管纯自由市场论者会不愿意看到这种情况，凯恩斯认为，如果不这样，整个资本主义将毁灭，并被某种形式的社会主义取代。他解释说：

> 尽管……政府职能的扩大……会被19世纪的政论家或当代的美国金融家视为是对个人主义的严重侵犯，我却支持，不仅因为这是避免现行的经济形式完全毁灭的唯一可行办法，而且因为这也是个人主动性得以成功运转的条件……当今的独裁主义国家体制以牺牲效率和自由为代价来解决失业问题。世界肯定不会再容忍现今的资本主义个人主义（不可避免地）带来失业。但我们可以通过对问题的正确分析，在解决问题的同时维持效率和自由。[64]

在凯恩斯看来，政府干预停留在宏观经济层面就足矣。政府干预就是通过财政和货币政策来维持总支出（有效需求），这样在促进经济增长的同时，还可以避免迫于政治压力而采取激烈措施来降低失业。凯恩斯在《通论》中写道："政府不必急于拥有生产工具的所有权，如果政府可以决定用于提高生产工具的资源总量，以及持有这些生产工具的人的基本回报率，这就足够了。"他在1940年致伦敦《泰晤士报》的信中更为清楚地说明了这个观点：

> 如果可以调控社会的总支出，个人的消费方式和满足消费需求的途径可以放心地放开，由个人自主决定。在和平时代，只有采取这种原则才能创造出可以放开个人选择和自主性的环境，正如在战争中，用复杂的强制性全面配给制……调控总支出是避免丧失选择和自主性的唯一办法。这是一种强制性措施，但结果却扩大了自由。那些仍坚持过时的、不再可行的教条的人没能看到这个更深远的目标，用美国人的话说，是没有抓住问题的关键。[65]

凯恩斯的学生阿瑟·卜伦普特（Arthur Plumptre）解释了他的理念：在凯恩斯看来，政府过多干预和过少干预都会导致哈耶克的"通往奴役之路"。凯恩斯认为，如果容忍高失业率持续过长时间将不可避免地导致社会主义——完全的政府控制，政治自由将不复存在。这种坏结果必须避免，唯一的方法是放松对自由市场制度的严格坚持，但又不能放得过松。正如卜伦普特所说，凯恩斯："试图设计出企业自由运行所需的最松政府管制。"[66]

凯恩斯在1946年4月21日去世，年仅63岁。去世前不久他刚访问了美国，参与了关于国际货币基金组织等战后经济组织的艰苦谈判。他创立的理论在20世纪60年代达到了巅峰，但他没能亲眼看到他的理论的最终成功。可是，十几年之后，"凯恩斯主义"却成为了一个贬义词，因为人们普遍将20世纪70年代的通货膨胀归咎于凯恩斯理论，并且指责他的理论对通货膨胀束手无策。

对当代的启示

当金融危机在2008年秋产生严重影响的时候，本书正处于收尾阶段。我很欣慰能完成这项研究，因为它让我清楚了解应该采取什么措施来挽救经济。

此次金融危机和大萧条的相似之处很明显，关键的不同在于美联储没有像20世纪30年代一样放任货币供应萎缩。但是货币流通速度，即人们消费时货币流转的速度，在2008年和2009年下降得非常厉害，产生的经济效应等同于货币供应量大幅下跌。消费减少及其导致的货币流通速度的下降源于房地产和股票价格下跌导致的财富缩水。根据美联储的资金流动数据，家庭净财富从2007年第三季度的64.3万亿美元下降至2008年第四季度的51.5万亿美元，导致总支出每年至少下降6000亿美元，甚至两倍于此。这已完全足以导致严重的经济衰退。[67]

为弥补货币流通速度的下降，美联储将基础货币总量从2008年9月底的900亿美元提高至2009年1月的1700亿美元，几乎翻了一倍。但这并没有导致货币供应量翻倍，由于没有贷款需求，银行的资金都贷不出去。超额准备金——私人银行存放在美联储的超过其存款准备金的存款——从2008年8月底的不足20亿美元上升至2009年1月的800亿美元。这就如同一个人将存款从生息账户取出来，存到不生息的支票账户中。

简而言之，资金不再流通，没有为消费和投资提供融资，而是囤积在超级安全的政府债券。事实上，政府债券的收益率曾降至零。[68]这就是流动性陷阱的经典表现，与20世纪30年代如出一辙。在这种情况下，我觉得联邦政府没有选择，只能通过增加政府支出来弥补私人支出的下降。[69]只有当总支出上升，货币才会开始流通，美联储的政策才能再度生效，从而缓解美国经济中核心的通货紧缩问题。

这个观点让我成为保守派中的少数，因为几乎所有的保守派都认为财政刺激措施是没有用的，而美联储刺激货币增长的措施过于轻率。但他们在20世纪30年代初也是这种观点。我现在和那时都认为凯恩斯是正确的,而保守派是错误的。

注释:

1. Mark Skousen, Vienna & Chicago: Friends or Foes? (Washington: Regnery, 2005).

2. Bruce Bartlett, "Keynes Is God", Rutgers Daily Targum, Nov. 10. 1972; "The Popularity of Keynes",Wertfrei,Spring 1974, 14-16;The Keynesian Revolution Revisited (Greenwich, CT: Committee for Monetary Research and Education, 1977).

3. 关于产业政策的发展历史,见Otis L.Graham Jr., Losing Time: The Industrial Policy debate (Cambridge: HUP, 1992).

4. Bruce Bartlett, "Keynes as a Conservative", Modern Age, Spring/Summer 1984, 128-33;"Industrial Policy: Crisis for Liberal Economists", Fortune, Nov.14, 1983, 83-86; "America's New Ideology: 'Industrial Policy' Is Splitting Economists", American Journal of Economics and Sociology, Jan. 1985, 1-7.

5. Keynes, Writings,2:148-49.

6. Frank W.Fetter,"Lenin, Keynes and Inflation", Economica, Feb.1977,77-80.

7. "Bolshevist Lenine's [sic] View of Money",Commercial and Financial Chronicle, May 3.1919, 1763. 这段引述也可参见"Lenin Pontificates", NYT, April 26, 1919.

8. Constantino Bresciani-Turroni, The Economics of Inflation (London: George Allen & Unwin,1937),5; Thomas Mann,"Inflation: The Witches' Sabbath", Encounter, Feb.1975,63; Niall Ferguson and Brigitte Granville,"'Weimar on the Volga':Causes and Consequences of Inflation in 1990s Russia Compared with 1920s Germany", JEH, Dec.2000, 1084.

9. Niall Ferguson, "Keynes and the German Inflation", English Historical Review, April 1995,368-91; Robert Skidelsky, John Maynard Keynes: The Economist as Savior, 1920-1937 (NewYork: Viking Penguin, 1994),116-29; Keynes, Writings, 4:22-23,36,45-52;27:183-184. 关于《货币改革论》的货币主义依据,见Filippo Cesarano,"Keynes's Revindication of Classical Monetary Theory", HOPE, Fall 2003, 494-98; Milton Friedman, "The Keynes Centenary: A Monetarist Reflects",The Economist, June 4, 1983,17-19; Thomas M. Humphrey,"Keynes on Inflation", FRBRER, Jan.-Feb.1981, 5-10; D.E. Moggridge and Susan Howson,"Keynes on Monetary Policy,1910-1946", OEP, July

1974,232-33; Susan Howson," 'A Dear Money Man': Keynes on Monetary Policy,1920", EJ, June 1973,456-64.

10. 例如，可参见George Selgin, Less Than Zero: The Case for a Falling Price Level in a Growing Economy (London: Institute of Economic Affairs, 1997).

11. Keynes, Writings,4:9,17.

12. Keynes, Writings,4:36; Reuven Brenner, "Unemployment, Justice, and Keynes's 'General Theory' "JPE, Aug.1979, 837-50.

13. D.E.Moggridge, British Monetary Policy,1924-1931:The Norman Conquest of $4.86(New York:CUP,1972);书名指的是蒙太古·诺曼（Montagu Norman），1920—1944年任英格兰银行行长.

14. Keynes, Writings,9:218.

15．Keynes, Writings,20:318-19；Daniel K. Benjamin and Levis A. Kochin, "Searching for an Explanation of Unemployment in Interwar Britain"，JPE, June 1979，441-78.

16. Keynes, Writings,6:163-65.

17. Keynes, Writings,6:37-45.

18. Keynes, Writings,13:360.同时参见"Keynes Says Prices Must Be Kept UP", NYT, June 16,1931.

19. Keynes, Writings,13:362.

20. Keynes, Writings,9:156-57.

21. Keynes, Writings,9:338.

22. J.R.Vernon, "World War 2 Fiscal Policies and the End of the Great Depression", JEH, Dec.1994,853.

23. 凯恩斯本来想为这本书起名为《就业的货币理论》,见Charles H. Hession, John Maynard Keynes（New York：Macmillan, 1984）, 269。

24. Keynes, Writings,7:9.

25．Keynes, Writings,7:264.

26．Keynes, Writings,7:267-68.

27．对凯恩斯理论的这层意义更详细的解释，见J.R. Hicks, "Mr. Keynes and the 'Classics': A Suggested Interpretation", Econometrica, April，1937，147-59。我认为，

"流动性陷阱"的概念是《通论》的一个无可非议的重要理论创新，我觉得希克斯（Hicks）也会同意我的看法，尽管凯恩斯本人可能没有意识到这一点。见J.R. Hicks, "A Rehabilitation of 'Classical' Economics", ET, June 1957, 278-89.

28. Keynes, Writings, 21:337.

29. Keynes, Writings, 7:129, 220.

30. Alvin H.Hansen, "Under-Employment Equilibrium", Yale Review, Summer 1936, 828-30; Alvin H.Hansen, "Mr. Keynes on Underemployment Equilibrium", JPE, Oct.1936，686.

31. Wassily W.Leontief，"The Fundamental Assumption of Mr. Keynes' Monetary Theory of Unemployment", QJE, Nov.1936, 192.

32. Jacob Viner, "Mr. Keynes on the Causes of Unemployment"，QJE, Nov.1936, 149.

33. Franco Modigliani, "Liquidity Preference and the Theory of Interest and Money", Econometrica, Jan. 1944, 76-77; Paul A. Samuelson, "A Brief Survey of Post-Keynesian Developments"，in Robert Lekachman, ed., Keyns' General Theory: Reports of Three Decades (New York: St. Martin's Press, 1964), 332.

34. John Morton Blum, From the Morgenthau Diaries: Years of Crisis, 1928-1938 (Boston: Houghton Mifflin, 1959), 380-97; Julian E. Zelizer, "Forgotten Legacy of the New Deal: Fiscal Conservatism and the Roosevelt Administration, 1933-1938"，PSQ, June 2000, 345-52; Mark Leff, "Taxing the 'Forgotten Man': The Politics of Social Security Finance in the New Deal", JAH, Sept. 1983, 359-81.

35. Blum, Morgenthau Diaries: 367-75; Melvin Brockie, "Theories of the 1937-38 Crisis and Depression", EJ, June 1950, 292-97; Marriner S.Eccles, Beckoning Frontiers (New York: Knopf, 1951), 287-323; Milton Friedman and Anna J. Schwartz, A Monetary History of the United States, 1867-1960 (Princeton:PUP,1963), 543-45; E.Carey Brown, "Fiscal Policy in the Thirties: A Reappraisal", AER, Dec.1956, 857-79; Will Lissner, "New Deal Policies Blamed for Slump", NYT, Jan.23,1938; Kenneth D. Roose, "The Recession of 1937-38", JPE, June 1948, 239-48.

36. Charles A. Beard, American Foreign Policy in the Making, 1932-1940 (New Haven: Yale University Press, 1946)，178.

37. Jesse Burkhead, "The Balanced Budget", QJE, May 1954, 191-216; Lewis H. Kimmel, Federal Budget and Fiscal Policy, 1789-1958 (Washington: Brookings 1959); James

D. Savage, Balanced Budgets and American Politics (Ithaca: Cornell University Press,1988); Keynes, Writings, 21:386.

38．Basil Rauch, Roosevelt: From Munich to Pearl Harbor(New York: Creative Age Press,1950),89; Arthur A. Ekirch Jr., Ideologies and Utopias: The Impact of the New Deal on American Thought (Chicago:Quadrangle,1969),139.

39．John T. Flynn,"Recovery Through War Scares", TNR, Nov.2, 1938, 360.

40．Wayne S. Cole, Roosevelt and the Isolationists, 1932-45 (Lincoln: University of Nebraska Press,1983); Robert A. Divine, The Illusion of Neutrality (Chicago:UCP,1962); Hazel Erskine,"The Polls: Is War a Mistake?" Public Opinion Quarterly, Spring 1970,136.

41．John T. Flynn,"Hooray for War Profits!"TNR, Nov.1, 1939, 368.

42．Keynes, Writings, 22:149.

43．Robert M. Collins, The Business Response to Keynes, 1929-1964 (New York: Columbia University Press,1981), 12; Robert Lekachman, The Age of Keynes (New York: Random House,1966), 153; Christina Romer,"What Ended the Great Depression?" JEH, Dec. 1992, 757-84; Elmus R. Wicker,"The World War II Policy of Fixing a Pattern of Interest Rates", JF, June 1969, 447-58.

44．Keynes, Writings,27:385.

45．Keynes, Writings,27:444.

46．Skidelsky, Economist as Savior, 344, 425,546; 他（224）说，对凯恩斯而言，便利性已经被"提高至治国谋略的高度"。同时参见Robert Skidelsky, John Maynard Keynes: Hopes Betrayed, 1883-1920 (New York: Viking Penguin,1986), 154; Elizabeth Johnson,"John Maynard Keynes: Scientist or Politician?"JPE, Jan.-Feb.1974, 101.

47．Don Patinkin,"Keynes and Economics Today", AER, May 1984, 99.

48．Barry Eichengreen,"Keynes and Protection", JEH, June 1984,363-73；Keynes, Writings, 9:298, 20:120-22, 21:233-46; Skidelsky, Hopes Betrayed,227-28.同时参见"Keynes Advises Economic Isolation"，NYT, June 19,1933; R.F.Harrod, The Life of John Maynard Keynes (London: Macmillan,1952), 610。

49．F.A.Hayek, review of The Life of John Maynard Keynes, in Journal of Modern History, June 1952, 198.

50．John H. Williams,"An Economist's Confessions", AER, March 1952, 10; Keynes,

Writings, 14:122.

51．Robert Skidelsky, John Maynard Keynes: Fighting for Britain, 1937-1946 (London: Macmillan,2000), 19, 26.

52．Joseph A. Schumpeter, History of Economic Analysis (New York: OUP, 1954), 1121.

53．David McCord Wright,"The Future of Keynesian Economics", AER, June 1945, 287; Gottfried Haberler, "The Place of the General Theory of Employment, Interest, and Money in the History of Economic Thought", RES, Nov.1946, 193.

54．George Gilder, Wealth and Poverty (New York: Basic Books, 1981), 32,34; Mark Skousen, "Roaches Outlive Elephants: An Interview with Peter F. Drucker", Forbes, Aug.19, 1991, 74. 同时还可参见Peter F.Drucker,"Keynes: Economics as a Magical System",Virginia Quarterly Review, Fall 1946, 532-46;"Towards the Next Economics", TPI, special issue, 1980,4-18. 凯恩斯非常不喜欢工会，称工会有着"自私和片面的要求"，我们需要"敢于对抗"。见Keynes, Writings, 9: 309。

55．John Kenneth Galbraith,"Keynes, Roosevelt, and the Complimentary Revolutions", Challenge, Jan.-Feb.1984, 7. 同时见John Kenneth Galbraith,"How Keynes Came to America", in Milo Keynes, ed., Essays on John Maynard Keynes (New York：CUP，1975)，132-41；Dudley Dillard,"The Pragmatic Basis of Keynes's Political Economy", JEH, Nov.1946, 121-52。许多右翼人士仍坚称新政是一种极左的经济措施：如，参见Gary Dean Best, Pride, Prejudice and Politics: Roosevelt versus Recovery, 1933-1938 (New York: Praeger,1991); Burton Folsom Jr., New Deal or Raw Deal? (New York: Threshold Editions, 2008)。但是左翼的人士早已意识到，新政的最大成就是它的保守派本质——阻止了社会主义在美国政界成为有生力量；Barton J. Bernstein:"The New Deal：The Conservative Achievements of Liberal Reform", in Barton J. Bernstein, ed., Towards a New Past (New York: Vintage Books, 1968),263-88; Seymour Martin Lipset and Gary Marks, It Didn't Happen Here: Why Socialism Failed in the United States (New York: Norton, 2000),205-19; Ronald Radosh, "The Myth of the New Deal", in Ronald Radosh and Murray N. Rothbard, eds., A New History of Leviathan (New York: Dutton, 1972), 146-87. 至少，有一些保守派现在也逐渐接受了这种观点，见Conrad Black, Franklin Delano Roosevelt (New York: Public Affairs, 2003), 1123-24。

56．用伊丽莎白·约翰逊（Elizabeth Johnson）的话来说："虽然凯恩斯自认为是激进派，我们可以看到他对社会的看法是保守的，甚至可以说是过时的"。Johnson,"Keynes：Scientist or Politician," 109。

57．Harrod，Life of Keynes, 331-33.

58．Keynes,Writings,9:297, 19:639-40, 21:495; Skidelsky, Hopes Betrayed, 154-157.

59．近期右派人士指责凯恩斯是亲共产主义人士的一篇文章是拉斐·莱科（Ralph Raico）的《凯恩斯是自由党吗？》（*Was Keynes a Liberal?*），刊登在《独立评论》（*Independent Review*）2008年秋季刊的第165-88页。

60．Carl B. Turner, An Analysis of Soviet Views on John Maynard Keynes (Durham: Duke University Press，1969). 关于左派人士对凯恩斯的《通论》的批评意见，见斯基德尔斯基的《要做救世主的经济学家》（*Economist as Savior*）第575页。尽管20世纪30年代的英国知识界很流行社会主义，凯恩斯总是强烈反对社会主义；见斯基德尔斯基的《要做救世主的经济学家》第438页以及《凯恩斯著作集》第9卷第209-1页和第28卷第42页。关于马克思主义包含的李嘉图理论，见熊彼特的《经济分析史》第390页。

61．Keynes，Writings, 28:34；D.E. Moggridge, Maynard Keynes: An Economist's Biography (New York: Routledge,1992), 470; Skidelsky, Economist as Savior, 520,523; Keynes，Writings, 9:258,267,309.

62．Keynes，Writings, 7:162；Roberto Marchionatti,"On Keynes' Animal Spirits", Kyklos, no.3, 1999, 415-39.

63．Keynes，Writings, 7:380.

64．Keynes，Writings, 7:380-81.

65．Keynes，Writings, 7:378, 22:123-24.

66．A.F.W. Plumptre, "Keynes in Cambridge", Canadian Journal of Economics and Political Science, Aug. 1947, 371. 同时见Harrod, Life of Keynes, 334; John A. Hall and Michael R. Smith, "The Political and Economic Consequences of Mr. Keynes", Canadian Journal of Sociology, Spring 2002, 245-67.

67．Bruce Bartlett,"The Harsh Impact on Consumption of Lost Home Equity", Forbes.com, Feb.6,2009.

68．Vikas Bajaj and Michael M. Grynbaum,"Investors Buy Federal Debt at Zero Yield", NYT, Dec.18, 2008.

69. Bruce Bartlett,"What Would Keynes Do?"Forbes.com, Dec.5, 2008; "How To Get the Money Moving", NYT, Dec.24, 2008.

第三章　通货膨胀：凯恩斯经济学的衰落

　　持续的通货膨胀击败了凯恩斯经济学，人们指责凯恩斯经济学导致了20世纪70年代的大幅通货膨胀，却没能提出行之有效的应对方案。事实上，凯恩斯对通货膨胀及抑制通货膨胀有清晰的理论，但他从未强调也未进一步发展他的理论。当通货膨胀日益严峻时，他的分析早已被人们忘得一干二净。

　　二战后，人们之所以很快普遍采纳了凯恩斯经济学，是因为当时人们害怕战争支出只能暂时结束大萧条。他们担忧一旦战争结束，经济增长和失业会瞬间返回到战前水平，并导致经济崩溃。

　　事实的确如此。二战结束后冷战发生，美国在短短几年内先是卷入了朝鲜战争，几年后又卷入越南战争。虽然我们不能因此而认为凯恩斯经济学是鼓吹发动战争来维持国内经济繁荣，但战争支出的确产生了凯恩斯经济学的效应。战争支出有助于维持经济总支出，也有助于缓解战后严重的经济衰退。[1]

　　凯恩斯经济学对宏观经济政策的影响则更为直接。一般来说，经济衰退出现时，国会会实施公共事业就业计划。不幸的是，出于制度方面的原因，公共事业就业计划实施的效果并不佳。预测者几乎从未及时预见过经济衰退，因此议会也从未及时地采取过措施。[2] 即便能及时预见衰退，实施公共事业计划耗时长，也很难保证计划能在最有需要的地方实施。结果是大多在经济衰退结束后，反周期性刺激才刚刚开始作用于经济，对失业者并没有多大的帮助。

　　凯恩斯经济学长期存在的最大问题是，他的追随者过度推广他开出的政策处方。[3]如前面几章所指出，凯恩斯经济政策总是旨在产生扩张效果，以帮助经济走出紧缩性衰退。一旦紧缩性衰退阶段结束，凯恩斯希望逆转经济政策，并主张政府保持财政盈余而非财政赤字以吸收多余的购买力，同时遏制通货膨胀。正如经济学家罗伯特·里森指出的，"凯恩斯是通货再膨胀主义者，而决不是通货膨胀主义者。"[4]

不过，凯恩斯理论的这一面不如他为经济衰退所开的处方，如"政府支出、赤字和宽松货币"那么受欢迎，政府在经济繁荣期几乎从来不会尽力保持预算盈余。这使人们误认为凯恩斯经济学是通货膨胀理论。

克林顿政府时期出现了预算盈余，但盈余并没有依据凯恩斯理论成为降低需求以预防通货膨胀的手段，而是成为降低实际利率以刺激经济增长和投资的手段。不论如何评价这一政策，它都绝对不属于凯恩斯经济学[5]。

通货膨胀是凯恩斯经济学未解决的难题，因为凯恩斯经济学的根本是如何控制通货紧缩，他主张用通货膨胀政策对抗通货紧缩。1946年凯恩斯去世后，他的追随者逐渐忘记他的政策是以通货紧缩为前提条件的。凯恩斯的政策被他们错误地运用到每轮衰退，并被用做提高经济增长率的普遍手段。这些都不是凯恩斯的本意。

凯恩斯经济学家还忘记了凯恩斯认为财政政策主要是达到目的的手段，而目的就是有效的、扩张性的货币政策。他们认为财政政策自身就足以刺激增长，而货币政策本质上是被动的。这造成的后果之一就是新凯恩斯主义缺乏完整的通货膨胀理论。

20世纪70年代，通货膨胀与失业率同时上升，新凯恩斯主义者认为本不该发生这种事情。由于当时政府庞大的预算赤字已达历史高位，再通过进一步扩大赤字来减少失业已非常不现实了。结果是，凯恩斯经济学在此后数十年内声誉尽丧。

凯恩斯的通货膨胀理论

虽然凯恩斯正确地倡导将通货再膨胀作为解决货币型通货紧缩所致失业的最好手段,但在《就业、利息和货币通论》一书中,他的分析却给人们留下了通货膨胀是解决失业的万灵药的印象。雅各布·维纳等经济学家认为如果这真是凯恩斯的本意,则这是极不可取的政策。维纳解释道,"在根据凯恩斯的说明书组建的世界里,印钞厂和工会代表总在比赛,如印钞厂可持续领先,并且人们看重的是就业数量而不是就业质量的话,失业问题大多可以解决。"[6]

很多经济学家坚持凯恩斯经济学不外乎是给通货膨胀开出了一剂药方而已。这一观点是站不住脚的,除非是忽略凯恩斯在《通论》以后所写的一切东西。凯恩斯在完成《通论》后,立即着手撰文指出:一旦经济开始稳定增长,就有必要逆转财政赤字政策。他1937年发表的论文《如何避免经济衰退》被忽略了。该文指出,已经到了政府逆转赤字政策和开始还债的时候了。尽管当时英国失业率仍高达12.5%,但仍有必要开始减少经济刺激。凯恩斯指出,经济繁荣"就是财政部紧缩财政的恰当时机"。[7]

1937年3月,凯恩斯再次强调了他对出现通货膨胀迹象的担忧。他担心如果政府不采取措施削减非国防支出来减少需求,也不放开军备的工业产能,政府将不得不动用配给制和价格管制。这是他强烈反对的。在第一次世界大战期间,英国政府很大程度上依靠配给制和价格管制对付通货膨胀。凯恩斯反对使用这两种手段,因为它们造成扭曲,也没有效率。如他在《和平的经济后果》中所提及,"用法律强制调整价格的手段来维持货币的虚假价值,本身就……埋下了经济最终衰退的种子,很快造成最终供应源的枯竭"。他接着解释,当问题实质是商品需求大于供应时,价格管制将不起作用。[8]

1939年9月,第二次世界大战在欧洲爆发,抑制通货膨胀的问题显得更加尖锐。战争不可避免地导致了商品和服务需求上升,产品也从满足消费者需求转向满足军队需要。凯恩斯认为抑制需求与通货膨胀最有效的手段是提高总税收。但这存在两个问题：一是当时的所得税率已相当高，危害了经济激励；二是如何让每个人，包括低收入者，在基本消费品匮乏的时期约束自身消费，并为战争融资作出贡献。销售税也许可行，不过凯恩斯认为，在政府官僚机构已处于高压时引进一个崭新的税种既异常困难，又耗时太长。[9]

凯恩斯也担心政府为应对战争及筹措战时资金的临时困难而启用新的征税方式会永久扩大政府规模，"在莫斯科、柏林和白厅的官僚机构之间，存在着致命的共同点，我们必须谨慎小心"，他发出警告[10]。他认为对于暂时性的问题，最好是运用临时措施来处理，而且不能损害个人积极性和激励。

在1939年11月的一份报纸上，凯恩斯第一次提出用强制储蓄解决上述所有问题的方案。所有工人将被要求储存一定比例的工资，该比例随收入水平的上升而上升。这部分工资以该工人的名义开户并存入邮政储蓄银行和支付利息。一般情况下，该存款直到战后才可提取或用做贷款担保。这样则可减少需求、控制通货膨胀、筹措战时资金和保持激励。战后，随着这些银行账户逐步解冻，该方案还可以刺激支出。甚至弗里德里克·哈耶克——可说是凯恩斯理论的最大反对者——也公开表示该方案非常出色。[11]

但英国的政治左派强烈反对凯恩斯的计划。他们认为，筹措战时资金的主要途径应是向富人征税。如果这还不足够，他们愿意接受较大幅度的通货膨胀；万一通货膨胀失控，价格管制和配给制也是可容忍的。简而言之，左派自始至终拒绝凯恩斯的提议。[12]

凯恩斯同样没有成功地让他的美国追随者接受他的反通货膨胀方案。他们太过于关注保持增长，并相信供给正在迅速扩大，能够抵消赤字和宽松货币带来的需求上涨。[13]最后跟英国一样，美国同样采用价格管制来抑制战时通货膨胀。

值得强调的是，凯恩斯解决战时经济问题的方式和他处理大萧条的基本方式是非常一致的。他意图保留最大的政治和经济自由，强烈反对直接的计划经济和价格管制，并视宏观经济政策为达到这两个目的的唯一手段。凯恩斯的传记作者罗伯特·斯基德尔斯基解释道：

> 由于人们经常不假思索地把凯恩斯列入干预主义阵营，我们有必要强调他是支持战时控制的财政理论的。更重要的是，他创立财政理论的目的就是要避免极权主义的计划经济。他认为需求管理不是计划、限价、配给制、官僚控制等有用的辅助手段，而是这一切的替代手段，无论是战时还是和平时代……凯恩斯的财政理论既是通货膨胀也是计划经济的替代方案。实际上，他相信通货膨胀不可避免会导致计划经济。他所谓的"极权主义"，指的是在现代经济中由于无力遏制通货膨胀而带来的不可避免的后果。这一结论和哈耶克1944年出版的《通向奴役之路》惊人的一致。[14]

值得记住的是，在二战期间，即便是主张自由市场的中坚分子如经济学家莱昂内尔·罗宾斯(Lionel Robbins)，也找不到替代政府控制的其他手段。但正如凯恩斯所担忧的，政府不采纳他提出的自由市场方式反而承认政府控制的必要性将带来长期后果。战后，经济长期被政府控制以避免被压制的通货膨胀导致价格暴涨。随着时间的推移，人们逐渐习惯了调控，对全面的计划经济、工业国有化和其他准社会主义的举措也不再抵触。最后，国家对工业的严格控制导致了资源错配和无效率，英国人民越来越贫穷。到20世纪70年代经济已病入膏肓。[15]

走出萧条

虽然人们庆幸经济萧条在二战爆发后结束，但都知道战争总有一天会结束。如果真如人们普遍相信的，终止萧条的唯一因素是战争，那么一旦敌对状态终止及国防支出下降，经济萧条还会再度开始。正如1943年哈佛大学经济学家阿尔文·汉森(Alvin Hansen)所写的：

> 事实上很多人担心即将面临的处境。商人、工人、白领

职员、专业人士，农民等都不约而同预期及担忧战后经济会崩溃：军队遣散，国防工业停工，失业，通货紧缩，破产，困难时期……每个地方都听到有人在说，战争结束后，所有国家包括我们的祖国都会更贫穷。[16]

汉森和其他许多经济学家都相信，资本主义已进入成熟期，长期滞涨，即永久性低增长已开始了，其原因在于人口增长下降，新发明匮乏，边境关闭及资本投资收益率下降。[17]这与凯恩斯的就业不足均衡理论相符。[18]简而言之，战争的短暂刺激一旦过去，类似萧条的经济状况则可能成为未来经济的常态。

美国的决策者深切担忧这种可能性，并尽全力维持战后经济增长，避免经济重回衰退。自战争初始，这无疑已成为战后经济计划的关键。历史学家加布里埃尔·卡尔寇(Gabriel Kolko)这样解释美国思维：

> 战后美国的和平目标深受战前全球经济萧条和20世纪30年代经历的影响。[国务卿科迪尔]赫尔……和其他政府领导人决意消除衰退给世界经济的不良后果，也许更重要的是要防止衰退重新出现。因此，美国并不是想简单地修复战前世界经济，而是希望重建世界经济。华盛顿在这一目标上空前一致，这是被最广泛讨论的和平目标，人们为这个目标而做的计划和思考超过了其他任何目标。[19]

因此，所谓的经济重建意味着为美国的出口打开外国市场，帮助饱受战争创伤的国家尽快恢复经济，以便它们有能力购买美国出口产品以及建立稳定的国际货币体系以便利贸易和资本流动。不再有要求德国和日本支付战争赔款的凡尔赛条约，不再有恶性通货膨胀或破坏性的经济紧缩以恢复战前汇率，不再有阻止外国向美国出口的《福德尼—麦坎伯关税法》(Fordney-McCumber Tariff)。换言之，世界不会再犯一战后的错误，人们普遍认为这些错误播下了二战的种子。

凯恩斯十分清楚，上述观点补充了他的理论，并解释了他试图把自己的理念运用到战后经济机构之中的努力。在这些机构中，国际货币基金组织负责管理和稳定世界汇率；世界银行为遭受战争破坏的国家提供经济发展的资金，并相应地要求这些国家开放贸易和外国投资市场；关税及贸易总协定（现为"世界贸易组织"）把建立自由贸易作为国际关系的基本原则。其他的机构如马歇尔计划和欧洲经济合作组织（现为"经济合作与发展组织"），进一步强化了这些目标。例如，马歇尔计划提供援助的前提是所有受援国必须开放贸易。[20]

决策者有充分理由认为上述举措是可行的，且不需要制造假想敌来为战后高水平的国防支出辩解。不过当时新崛起的苏联所形成的威胁，从凯恩斯经济学的角度来看，无疑是个方便的目标。在凯恩斯的模型中，政府支出没有区分国防支出和国内计划的支出，支出就是支出，经济规模由总支出（公共消费、私人消费和投资支出加上净出口）决定。[21]

战后不久，凯恩斯经济学家就对国防支出支持了战后的经济繁荣大加赞赏。大众媒体也同样意识到国防支出对国内经济繁荣的重要性。例如，1950年《美国新闻与世界报道》的"新闻电报"专栏作家说，"只要还存在战争的威胁，只要每次警报可以被用来逐步增加支出，如提供国防贷款和对外提供援助，经济就不会萧条。冷战几乎是防止经济萧条的保证"。[22]

2008年，乔治·布什总统用凯恩斯经济学术语对战争支出的诸多好处给予了赞美。当被问到伊拉克战争是否会拖经济后腿时，布什答道，"实际上，战争支出有助于就业……因为我们将会购买设备，人们将会有工作"。自由主义经济学家保罗·克鲁格曼也认同，"指责战争导致经济混乱恰恰是错误的；短期而言，战时支出实际上可以刺激经济"。保守经济学家马丁·费尔德斯坦（Martin Feldstein）也暗示提高国防支出是帮助经济走出萧条的最佳选择。[23]

加强政府干预

决策者预防大萧条重演的另一个办法是通过了1946年的就业法，以法律的形式规定联邦政府可以运用各种手段保持充分就业。[24]为了监测经济状况和提出实现这一目标的建议，政府成立了经济顾问委员会和联合经济委员会。前者是白宫的组成部分，后者是国会的委员会之一。经济顾问委员会包括3名成员，由总统任命和参议院确认。联合经济委员会包括20名成员，众议院和参议院各10名。两个机构都有专业人士协助工作。

在之后40年经济政策的变化中，经济顾问委员会和联合经济委员会发挥了关键的作用。20世纪60年代，它们推动政府采纳了凯恩斯经济学。70年代，它们支持了货币主义的兴起，从实质上结束了凯恩斯经济学。80年代，它们在供给经济学的发展中起到了关键作用，使供给经济学取代凯恩斯经济学成为联邦政府在80年代至21世纪早期制定经济政策框架的主导力量。笔者作为80年代初联合经济委员会的执行主任，在其发展中扮演了积极的角色。

20世纪50年代，联合经济委员会的作用显得更为重要。它举办了无数次听证会，提交了许多报告和研究，强调财政政策的重要性并坚决支持凯恩斯的观点。委员会成员中，伊利诺伊州的民主党参议员保罗·H.道格拉斯（Paul H. Douglas）给予委员会很大帮助。他在1948年被选为议员前是芝加哥大学著名的经济学教授，也是经济系中为数不多的凯恩斯学派人士之一。但经济顾问委员会中起主导作用的是经济学家阿瑟·F.伯恩斯（Arthur F. Burns），他对凯恩斯经济学的观点近乎敌意。[25]

在道格拉斯的领导下，联合经济委员会早期的重要工作包括在1955年举办的一系列关于税收对经济增长的影响的听证会，八十多位美国著名的税收经济学家和律师在经济学家诺曼·图尔(Norman Ture)的领导下提交了报告。在这些听证会的基础上，联合经济委员会呼吁政府更多地关注税收总水平作为经济增长因素之一的作用，并呼吁更多地运用税收政策来稳定经济。1957年也有类似的听证会，关注的重点是联邦支出，众多证人就刚性平衡预算的弊端和支出作为经济稳定器的优点，表达了凯恩斯主义的观点。[26]

但德怀特·艾森豪威尔是正统政策的坚定跟随者，他没有理会反萧条方案和减税的呼吁，并一直支持平衡预算。艾森豪威尔执政时期的第一轮经济萧条始于1953年，但证据显示艾森豪威尔及其顾问很久以后才意识到发生了萧条。艾森豪威尔在1954年1月作经济报告时说，"过去的一年，经济非常繁荣，产出超记录……经济增长很可能在今年就恢复。"之后，当经济减缓迹象已很明显时，在他的支持下，高速公路支出略有提高。萧条于1954年5月结束，但他基本上没采取过任何措施。[27]

1957年8月，艾森豪威尔面临第二轮经济萧条，同样也没有证据显示他看到萧条的来临。7月财政部长乔治·汉弗莱（George Humphrey）告诉参议院财政委员会，"我没看到任何迹象表明严重经济萧条即将发生"。[28] 政府虽未提出具体的反经济萧条立法，但也没有反对国会的立法努力。最后，艾森豪威尔签署了增加各州高速公路建设拨款及提高联邦河流和港口项目支出的立法。1958年4月16日，高速公路法案成为法律；7月3日艾森豪威尔签署了河流和港口法案。不过，经济萧条已于4月结束。

20世纪50年代后期，通货膨胀加剧，让艾森豪威尔始料不及，但凯恩斯主义者认为这不成问题。经济学家富兰克林·霍斯曼（Franklyn Holzman）最有可能表达了他们的共识，他说，"温和通货膨胀的影响当然是可忽略的，甚至有可能是积极的。"[29]

此外，凯恩斯主义者越来越认为价格很大程度上为大企业掌控，它们几乎可以随心所欲地定价。因此宏观经济政策不能有效抑制通货膨胀。货币政策更加无能为力。凯恩斯主义者倾向于仅从利率方面考虑货币政策。他们认为利率基本上是美联储设定的管制价格，与货币量无关，与完全脱于需求与供给的管制价格如出一辙。提高利率的唯一作用只不过是通过减少投资来减缓经济增长，对遏制通货膨胀并无意义。[30]

肯尼迪寻求经济增长

20世纪60年代初，阿瑟·伯恩斯告知白宫新一轮经济萧条即将到来。副总统理查德·尼克松请求艾森豪威尔尽快采取措施。尼克松是那年秋季共和党推定的总统候选人，他深知经济疲软对竞选会产生不良影响。共和党之所以在1954年失去对议会的控制，在1958年又失去众议院的48个席位和参议院的12个席位，主要原因就是经济萧条。然而艾森豪威尔与部分内阁成员持同样观点，并不认同伯恩斯的悲观预测。但最终伯恩斯是正确的，经济萧条在4月发生，并毫无疑问地成为尼克松在11月的选举中被约翰·肯尼迪击败的原因之一。[31]

肯尼迪一上任，就决定尽快提高经济增长率，经济萧条仅是原因之一。冷战持续到这个时候，很多人相信苏联找到了更好的经济增长模式。经济学家们大多相信，就算他们给苏联官方数据打个折扣，苏联的经济增长至少也和美国一样快速，甚至可能更快[32]。除非美国能清楚证明资本主义更为优越，否则有些国家会误以为苏联模式是让其国民更加富裕的最佳模式，并因此倾向于选择社会主义或共产主义制度。

另一个问题是人们开始害怕自动化将造成永久失业，这也是肯尼迪在1960年竞选中经常谈论的问题。当计算机时代开始时，很多工人担心自己的工作将为机器所取代，他们将无事可做。凯恩斯经济学家准确地预测了这点。肯尼迪的经济顾问向他保证，自动化不会引起问题，只要制定合适的宏观经济政策，就可以保持充分就业，而自动化造成的失业无关紧要。经济增长将创造新行业和新就业机会。[33]

选举后不久，肯尼迪任命了一个经济专责小组，负责他就任后应采取何种措施来刺激经济增长向他建言。诺曼·图尔是小组成员之一，他充分利用了他在过去五年领导联合经济委员会时做的很多研究。专责小组提出的建议之一就是设立"投资税抵免"。肯尼迪1961年提出该法案，国会于次年通过。资本设备的新投资成本因此减少了7%。[34]

与此同时，肯尼迪提出一个更具有传统凯恩斯经济学特色的"公共事业发展计划"。《地区再发展法》是该计划的关键，它将联邦政府援助资金投向失业率高的地区。虽然经济萧条在1961年2月已结束，但5月仍签署通过了这一立法。对这一计划的评估发现有40%的资金单纯用于补偿其他政府机构。经济萧条地区的所有项目几乎都符合《地区再发展法》的援助条件,即便这些项目没有这些援助也会动工。经济学家萨尔·莱维坦(Sar Levitan)发现,虽然经济萧条地区有7100英里的道路是在《地区再发展法》资金援助下建成的,但联邦高速公路管理局"无法指出哪一英里的道路是因经济萧条地区获得的优先待遇而建造的"。[35]

1962年,国会通过了包含更多反经济萧条立法的加快公共事业发展计划。后来的分析显示,直到经济萧条结束后的第39个月,即1964年6月,这项计划创造的就业高峰才姗姗来迟。事实上该计划下的项目资金的支出一直拖延到1971年。[36]

美国审计总署(现更名为政府问责局)的一份报告发现,负责管理上述两个计划的地区再发展管理局所创造的就业量被夸大了1.28倍。另一项研究发现该局所创造的就业量被夸大了94%。美国审计总署还发现加快公共事业发展计划创造并提供给项目所在地工人的就业量仅占55%。大多数的工作提供给了承包商的固定雇员,而没有给当地失业者。[37] 1965年,国会撤销了地区再发展管理局,部分原因源于这方面的批评声音。

肯尼迪和凯恩斯

肯尼迪的经济思想常被看做是彻底的凯恩斯主义。如约翰·肯尼思·加尔布雷思所说,"肯尼迪时代的政策是毋庸置疑的、公开的凯恩斯主义。"但这显然言过其实。实际上肯尼迪时常表达他对平衡预算的支持,甚至在1961年建议用增税来支付增加的国防开支,后来在部下的劝阻下才放弃这一建议。他的国际金融政策也总是非常保守。肯尼迪深切关注国际收支逆差和外国对美国黄金需求的上升,[38] 这也严重束缚了他推行以增长为导向的经济政策时的手脚。

外汇汇率在当时几乎是固定的,意图改变汇率非常困难和痛苦。由于汇率缺乏调整,当其他国家持有的富余美元兑现时,国际收支逆差将导致黄金外流。但因为黄金价格被固定在每盎司35美元,因此造成了美国黄金储备流失和美元贬值的压力。

解决国际收支问题的方法包含了令人头疼的选择，具体表现在：高利率可吸引外国资本，但会减缓经济增长；贸易保护可减少贸易逆差，但会导致外国报复行动而使美国出口减少，并减缓经济增长；资本管制可防止资本外流，但很难真正实行，也会增加贸易成本。[39]

20世纪60年代初肯尼迪所面临的两难困境，是如何同时提高经济增长、降低失业率、减缓通货膨胀和稳定美元。他的经济顾问认为这是不可能的，他必须在提高经济增长和减少失业与价格和汇率稳定两者之间作出选择。只有他任命的驻印度大使加尔布雷思告诉他可通过工资与价格管制同时达成上述目标，这样可通过扩张性财政政策刺激经济发展，而不会产生通货膨胀。[40]

肯尼迪采取的方式是样样都稍稍尝试一点。他实施资本管制，以利率平衡税的形式阻碍外国借贷。虽然劳动力成本在上升，他仍要求企业特别是钢铁企业保持低价。他回绝了自由派设立新的社会福利计划的要求，白宫也很不情愿地支持美联储提高利率。[41]这些措施虽可取得一定的成效，但显然并非永久方案，它们会造成经济增长缓慢，直接威胁到肯尼迪在1964年的连任。

肯尼迪因此采纳了1962年8月6日阿肯色州民主党人和众议院筹款委员会主席威伯·米尔斯(Wilbur Mills)的建议，即采取永久削减所得税而非临时减税措施来防止肯尼迪一直担心的经济衰退（在1962年6月7日的记者招待会上，肯尼迪要求有随时减税的权力，以便他"在发生新一轮的经济衰退时能即刻有效地使用"）。米尔斯解释道："给予经济这一暂时的注射，可能有效，但注射效果过后就如药物一样。"肯尼迪赞成永久减税的主张，但担心坚持平衡预算主张的国会保守派会阻挠他。[42]

保守派的反对会导致预算不平衡的大幅减税，肯尼迪的应对办法是提出一个非常保守的税收计划。他知道凯恩斯经济学是通过预算赤字运作的，至于是通过提高支出还是减少收入来增加赤字并不重要，重要的是赤字，因为这才是凯恩斯模式下刺激经济增长的因素。因此肯尼迪的想法是降低二战时期的高税率，这些税率当时仍有效并高达91%。这对保守派和自由凯恩斯学派都相当具有吸引力。

尽管保守派非常厌恶政府支出，肯尼迪和富兰克林·罗斯福一样，在提高国防支出方面争取了保守派的支持。令加尔布雷思觉得非常有趣的是，众多保守派的商人一如既往地反对政府支出和凯恩斯经济学，却从没意识到他们对这两者是如此依赖。如他在1967年所写："重要的企业高管已经多年没有谴责挥霍无度的国防支出。在各种节约公共开支的呼吁中，国防支出被小心翼翼地排除……有些人怀疑它带有凯恩斯财政政策的色彩，但是他们没有看到，它精确地识别和支持了那项政策的重点。"[43]

肯尼迪认为，永久减税可以起到凯恩斯经济学刺激经济增长的作用，同时不会像提高等量的支出一样导致通货膨胀或危及美元。换言之，他相信相比增加支出导致的赤字上升，永久减税导致的等量赤字上升引发通货膨胀的可能性更小。正如肯尼迪所解释的：

> 联邦政府支持经济增长的行动中，最直接和有效的是想办法提高私人消费和投资需求，也就是解除对私人消费的束缚。在过往，这可部分地通过加强运用信用和货币工具实现。但是，目前的国际收支状况限制我们使用这些扩张性工具。这也可通过过快地提高联邦支出来实现，但这会有损政府和经济。政府要确保人们的信心，就应按国民需求或最高效率原则来安排支出。[44]

肯尼迪同时认为，相比等量的国内支出上升，国防支出上升引致通货膨胀的可能性更小。因此，减税和国防支出成为肯尼迪经济增长政策的两大基石。20年后罗纳德·里根也采取了相同的政策。

通货膨胀愈演愈烈

强调经济增长使通货膨胀愈演愈烈。幸亏黄金外流随着国际收支状况改善而放缓了。加上柏林危机后冷战升温，肯尼迪成功说服了美国的盟国在只有美国才有能力抗衡苏联侵略的时候为美国贸易逆差融资，帮助美国分担国防负担。然而，这种输出通货膨胀的办法只不过推迟了通货膨胀的发生。只要所有大国同时发生通货膨胀，汇率就能保持固定，避免金融危机。

美国的凯恩斯主义者在理论上曾深受英国经济学家菲利普斯在1958年发表的一篇论文的影响。该论文表明历史上，失业率与货币工资变化率密切相关。失业率低，则工资加快上升，高失业率减缓工资增长。[45]这就是有名的菲利普斯曲线，它后来发展成为一种观点，即通货膨胀和失业率两者之间存在简单的取舍关系——此消彼长。

进一步发展菲利普斯曲线的关键是1960年由两名获诺贝尔经济学奖的经济学家保罗·萨缪尔森和罗伯特·索洛所撰写的一篇论文。他们假定工资对价格变化过于敏感，而且上涨速度过快，与宏观经济状况不相匹配，因此当工人要求提高工资，以及雇主为了追上潜在的通货膨胀而过度提价时，就出现了成本推动型的通货膨胀。[46]

萨缪尔森—索洛公式在将菲利普斯曲线变成可操作的政策中发挥了举足轻重的作用。决策者只需判断通货膨胀和失业哪个问题更严重，就能使用恰当的补救措施。美联储经济学家托马斯·汉弗莱（Thomas Humphrey）解释："这为相机干预和积极微调提供了现成的理由，使菲利普斯曲线广泛受到了凯恩斯主义政策顾问的欢迎。"[47]

没多久，一些凯恩斯主义者很快意识到菲利普斯曲线理论没有任何凯恩斯的影子，事实上，它和凯恩斯的想法恰恰相反。经济学家席德尼·温特罗伯(Sydney Wentraub)写道，"如失业是通货膨胀的解决之道，那么作为社会哲学的凯恩斯主义早就死亡，确切地说是凯恩斯主义者离奇地以他们导师的名义将之埋葬了。"[48]

20世纪60年代通货膨胀失控的一个重要因素是1966年的信用紧缩。美联储已在担心通货膨胀，并认为有必要提高利率来遏制通货膨胀。但林登·约翰逊及其经济顾问却坚信通货膨胀主要是财政问题，他们保证用增税来换取美联储的宽松货币政策。⁴⁹约翰逊政府立法通过了10%的所得税附加税，美联储则下调了利率。但通货膨胀不降反升，并大大帮助了理查德·尼克松在1968年的获选。

不幸的是，尼克松的经济顾问也大多倾向凯恩斯经济学，继续执行约翰逊政府的高税收和宽松货币政策。尽管尼克松承诺附加税会期满失效，但其有效期还是延长了。时任美联储主席的阿瑟·伯恩斯迫于白宫的巨大压力，在通货膨胀上升的情况下仍维持扩张性货币政策。到1971年，通货膨胀已非常严重。为防止通货膨胀在他1972年获得连任前继续恶化，尼克松不得不实行全面的工资和价格管制政策。⁵⁰

价格管制有着不可持续的本性，原因之一在于基础商品，如石油和农产品，都是无法真正控制的。这使得政府的价格管制最终不再产生任何效果。到1974年，尼克松的价格管制已在快速瓦解，压抑已久的通货膨胀终于爆发。⁵¹同时，战后最为严重的经济萧条也开始了。已采纳菲利普斯曲线的部分凯恩斯经济学家这时真正失去了公信力，因为他们曾表示，经济衰退及所导致的高失业率可迅速降低通货膨胀。当通货膨胀反而更为严重时，凯恩斯经济学家已江郎才尽了。

反周期政策的失败

到20世纪70年代中期，事实清楚地表明凯恩斯开出的处方已不再有效。1973年11月，经济衰退开始；1975年3月，反经济衰退的立法——退税获得通过，就在这个月，经济衰退正式结束了。根据这项价值228亿美元的立法（约等于现在的1840亿美元），纳税人1974年所交的税款可获得10%的退税，但以每位纳税人200美元（约等于现在的1700美元）为上限，退税将在1975年第二季度支付。该立法还扩大了失业救济的范围，将投资税抵免从7%提高到10%，并作了其他税收调整。该立法的目的是通过把美元放到人民口袋里以刺激需求。然而，由于这部分钱大多被人们储存起来，其对消费的影响几乎可以忽略。⁵²

1976年，鉴于经济衰退的后患，特别是对州和地方政府的负面影响，国会相信有必要进一步采取反经济萧条措施。虽然被杰拉尔德·福特否决，1976年国会仍通过了"反衰退财政援助计划"。《1976年公共事业就业法》也获通过，并设立了"地方公共事业发展计划"。"反衰退财政援助计划"根据地方失业率核定援助金额，在税收共享方面，将各州的税收分成提高了12.5亿美元（约等于现在的95亿美元）。"地方公共事业发展计划"将对州和地方政府的公共事业项目的援助提高了20亿美元（约等于现在的150亿美元）。

一直到1977年，国会还在用立法手段应对衰退造成的负面影响，如卡特政府早期通过的《1976年地方公共事业资本发展和投资法》。这一立法给"地方公共事业发展计划"增加了40亿美元（约等于现在的260亿美元）。"反衰退财政援助计划"也延长了一年，资金增加了17.5亿美元（约等于现在的110亿美元）。

后来的分析表明，这些计划均没有实现它们的初衷。财政部对"反衰退财政援助计划"的研究发现，由于资金直到经济萧条结束后才拨付，该计划在经济最需要资金的时候没有及时提供援助，而到了经济扩张期，又很可能形成了通货膨胀压力。研究还发现，州和地方政府不但没有尽快使用联邦资金，反而有把钱存起来的倾向。这一时期的州和地方政府预算盈余皆有上升，减弱了联邦政府计划的刺激效果。美国审计总署发现，"反衰退财政援助计划"资金大多投向了未受到衰退影响地区的政府。因此，该计划并没有发挥反周期工具应有的作用。[53]

"地方公共事业发展计划"同样无甚成效。虽然经济萧条在1975年3月结束，该计划的支出20%发生在1977年，61%发生在1978年，18%发生在1979年，1%发生在1980年。据估计，每创造一个直接就业的成本是95000美元（约等于现在的30万多美元）。25%～30%本应由州和地方政府投入的资金被联邦政府资金替代，还有9%的资金挤出了本应发生的私人支出。在"地方公共事业发展计划"下的项目中，仅有12%的工人在之前已失业，其中一半人失业不超过五周。平均工作期限仅2.6个月。此外，根据《戴维斯—培根法》（Davis-Bacon Act），联邦政府投资的项目必须按当时的现行工资（基本上相当于工会协议工资）支付工人工资，部分工人在"地方公共事业发展计划"得到的报酬超过了以往同样的工作，因此减少了每一美元支出创造的工作数量。[54]

对于"地方公共事业发展计划"，最严厉的批评来自密歇根大学的经济学家爱德华·葛兰里奇（Edward Gramlich）。1978年，他提出由于缺乏资金分配公式、不要求配套资金以及仅对90日内可开工的项目予以融资，该计划实质上是保障了州和地方政府本来就要建设的项目的资金。他进一步强调，对于仅20亿美元的联邦资金，商务部收到了价值220亿美元的项目申请，这意味着"地方公共事业发展计划"推迟了220亿美元建设支出，因此减少了300亿美元（约等于现在的1950亿美元）的GNP。因此，"地方公共事业发展计划"实际上起到了紧缩效应而非刺激经济发展。[55]

"地方公共事业发展计划"在1976年中获立法通过，但6个月后，该计划的第一期仍没有创造任何就业。尽管如此，1977年吉米·卡特上任后采取的第一项措施仍然是致力于扩大该计划。尽管国会预算办公室认为这一行动至少在一年内不会对经济产生积极影响，但这没有改变卡特的想法，他于1977年5月13日签署了此项立法。[56]

卡特错误地强制实施信贷调控导致了1980年另一轮经济衰退。信贷调控取消之后，经济衰退在当年年中结束，但卡特仍要求投入更多的资金到公共事业领域以应对经济衰退。这时政府才发现，之前的项目约有1000亿美元（约等于现在的5000亿美元）的空闲资金可马上用于公共事业建设，这是卡特所要求资金的50倍有余。根据分析家百登·乔特（Pat Choate）的分析，州和地方政府的无能，加上联邦监管增加了拨款的难度，使这些项目被搁置起来了。[57]

尽管不喜欢政府支出，里根政府仍然采用了两个计划，专门应对

1981年7月至1982年11月的经济衰退。第一个计划是《1982年路面交通援助法》，将汽油税提高了5美分，并在5年内增加335亿美元（约等于现在的1360亿美元）的高速公路和公共交通支出。第二个计划是《紧急就业法》，为77个不同的项目增加90亿美元（约等于现在的370亿美元）的支出。

里根政府预计这项交通援助法可创造320000个就业机会，但实际数字大大少于此。该法通过的次年，高速公路建设的就业增幅少于总就业，但支付给高速公路建设工人的工资则急速上升。[58]

有趣的是，在里根敦促尽快通过作为促进就业计划的交通援助法时，其行政管理和预算办公室提交的一份研究显示，联邦政府增加的公共事业建设援助资金实际上导致了公共事业建设总量的下降。究其原因，在于这导致州和地方政府减少了自身的公共事业支出。虽然这些以及其他研究报告揭示了这些促进就业计划的负面效果，但仍不能阻止国会通过这些计划。其实，在1982年的交通法签署之前，也早在它产生任何政府支出之前，经济衰退早已于1982年11月结束。但迫于不可抵抗的政治压力，国会和政府仍摆出应对衰退的样子。[59]

在交通法墨迹未干之际，国会就敦促尽快通过《1983年紧急就业法》。该法案空有创造就业之名，其实基本上是国会用各色各样的地方建设项目拼凑而成。获得融资的项目大多在众议院和参议院拨款委员会成员们的选区。6个月后，没有任何证据显示该法案已创造任何就业机会。大约一年后，仍然没有任何这种证据。[60]

美国审计总署关于紧急就业法的一项研究报告严厉批评了该立法。该报告指出，直到经济萧条开始整整21个月后，该法案才得以通过。到1984年6月，该法案实施一年半后，仅使用了三分之一的拨款，还有一半资金迟至1985年仍未使用。该法案创造的就业量在1984年达到高峰，但仅占私人部门在法案通过后创造的总就业量的1%。且仅30%的就业机会给予了失业者。[61]

长期后果

上述反经济萧条的措施不仅仅是浪费了金钱,虽然这就够糟糕了,但有充分的证据显示,这些反萧条措施实际上可能损害了经济,尤其是长期经济。经济学家列举的部分理由如下:

1. 由于逐渐习惯由政府立法通过反周期计划,公共事业的建设者和供应商总是趋于在经济好转时期投资不足,这提高了通货膨胀风险和公共事业成本。[62]

2. 在反周期计划的实施过程中,即便很小的时滞也具有高度破坏性;时滞越长,破坏性越强。简言之,政府应对经济萧条的种种努力反而有可能会增加经济萧条的深度和发生频率。[63]

3. 公共事业计划人为地刺激了对特定商品和服务的需求,因此推迟了最终结束经济萧条的经济调整进程。[64]

4. 反周期政策增加了经济好转时期的通货膨胀压力,并为未来的经济萧条创造了条件。由于不一定准确预测经济周期的转折点,因此财政刺激政策不一定见效果,加上政策实施的时滞,往往等到经济步入好转期,刺激才姗姗来迟。[65]

5. 反周期计划有可能放缓经济增长,因为这些计划导致了更高的税负和赤字。高税负会减少激励和消费支出,而赤字有可能因取代私人借贷和提高利率而在金融市场制造挤出效应。[66]

虽然鲜有经济学家会说,政府从来就不应采取措施来应对经济萧条,特别是深度经济萧条,但事实非常清楚,反周期计划无法有效实施的最主要障碍是时滞,即从政府察觉到经济下滑到及时实施反周期计划之间的时差。导致时滞的部分原因是错误的预测,经济学家无法准确预测经济周期转折点是常见的错误,还有部分原因是国会反萧条立法的速度太慢。[67] 1997年纽约时报社论表示,"国会总在察觉经济下滑方面反应迟钝,在作出及时反应时又不够敏捷。"[68]

最关键的是，大型公共事业项目的设计、计划、签订合同和开工需漫长的时间，甚至数年才能完成。罗斯福政府在利用公共事业降低失业方面曾经备受称赞，但即便在他执政期间，也存在同样问题。因此在整个战后阶段，公共事业支出始终是顺周期性的。这不但无助于缓和商业周期，反而令情况更糟。[69]

另一个根本问题在于联邦政府必须通过州和地方政府才能使用公共事业支出。短期而言，这些支出几乎全部变成了州和地方政府的预算盈余。[70]未使用的资金当然不会在凯恩斯的模型中产生有效刺激。更为严重的问题是，在联邦政府和州与地方政府支出之间存在替代效应，联邦援助往往替代了州与地方政府本来应支出的部分支出。因此，在提高公共事业支出和就业的总量上，联邦支出的有效性打了大大的折扣。

针对联邦公共事业和就业计划的替代效应的无数研究发现，长期替代率是60%至100%。[71]后者意味着根本没有创造任何就业。对于项目所在地而言，由于参与投标的承包商未必来自当地，而且一般都有自己的员工队伍，所以联邦援助几乎没有降低当地的失业率。每项公共事业在所在地创造的就业数仅占该项目所创造全部就业量30%。[72]

凯恩斯本人也意识到反周期政策的局限性。他在晚年说道："有组织的公共事业……也许能解决长期缺乏有效需求的问题。但由于组织工作不够迅速（最重要的是在后期无法逆转或取消），这些计划无法成为防止商业周期最有用的工具。"[73]战后的美国经验充分证明了这一结论。

2009年的经济刺激法案

2009年初，国会对奥巴马政府的经济刺激法案进行辩论。当时这一法案已非常明确地存在很多过往的反周期计划曾遭遇的问题，如州和地方政府出于对联邦资金的预期而削减支出、工程的及时性问题、程序导致的时滞，以及在失业严重地区投入的资金不能创造当地就业等。

1.有证据显示，一旦有迹象显示联邦政府可能投入资金，州和地方政府会削减它们自身的公共事业建设项目。《纽约时报》12月报道，"加州和其他州明确希望候任总统巴拉克·奥巴马会把部分联邦资金注入到已停工的基础设施项目中。有些州甚至推迟开工，以便有机会争取联邦资金"。单单纽约州就有造价420亿美元的州建筑工程项目因地方政府在争取40亿美元的联邦援助而推迟开工。[74]

2. 有人质疑刺激支出能否及时缓和经济下滑，还是要到经济自我恢复后才发挥作用。根据国会预算办公室，刺激法案的支出只有21%在2009年生效，很大一部分支出将迟至2013年才会生效。[75]

3. 虽然很多公共事业项目被认为是"万事俱备，只欠东风"，只需政府支票一到即可开工，但事实并非如此。从合同征集、收集标书、选择承包商到动工需要相当长的时间。对简单项目如铺路而言，从收到资金到动工至少要三个月，更复杂的项目所需时间就更长。国会预算办公室估计，仅27%的高速公路资金一般可在当年使用，而仓促开工的项目会造成无谓的浪费。[76]

4. 基本上没有证据显示，刺激经济的资金流向了失业率最高的地区。根据新闻调查公司Propublica的分析，如按每失业者获得的基础建设资金计算，排在前三名的是怀俄明州、北达科他州和南达科塔州，但这三个州的失业率仅略高于3%。[77]当时全国的失业率几乎是它的三倍。[78]

奥巴马政府预计这项刺激计划将在2010年前创造出370万个工作机会。即使支持这一刺激计划的人也对计划是否有如此重大的效果心存疑问。国会预算办公室的结论是，只有在最乐观的条件下，政府的预计才能实现。

注释：

1. L.J. Griffin, M. Wallace, and D. Devine, "The Political Economy of Military Spending: Evidence from the United States", Cambridge Journal of Economics, March 1982, 1-14; Alex Mintz and Alexander Hicks, "Military Keynesianism in the United

States, 1949-1976: Disaggregating Military Expenditures and Their Determination", American Journal of Sociology, Sept. 1984, 411-17.

2. 例如，萧条虽然在2007年12月已开始，但即便前任美联储主席格林斯潘在2008年1月也没看到萧条迹象； Krishna Guha, "Greenspan Sees No Clear Proof of Recession Among U.S. Data", FT, Jan. 25, 2008。

3. 即便接近凯恩斯的人也担忧《通论》对通货膨胀和失业的分析过于普遍化。见D.G. Champernowne, "Unemployment, Basic and Monetary: The Classical Analysis and the Keynesian", Review of Economic Studies, June 1936, 201-16; John Hicks, The Crisis in Keynesian Economics (New York: Basic Books, 1974), 60-61; A.C. Pigou, "Mr. J.M. Keynes' General Theory of Employment, Interest and Money", Economica, May 1936, 115-32; D.H. Robertson, "Some Notes on Mr. Keynes' General Theory of Employment", QJE, Nov. 1936, 168-91.

4. Robert Leeson, "Keynes and the 'Keynesian' Phillips Curve", HOPE, Fall 1999, 497.

5. Alan S. Blinder and Janet L. Yellen, The Fabulous Decade (New York: Century Foundation, 2001); Anton Burger and Martin Zagler, "U.S. Growth and Budget Consolidation in the 1990s: Was There a Non-Keynesian Effect?" International Economics and Economic Policy, July 2008, 225-35; CEA, ERP, 2001, 79-93.

6. Jacob Viner, "Mr.Keynes on the Causes of Unemployment", QJE, Nov. 1936, 149.

7. Keynes, Writings, 21:390.

8. Keynes, Writings, 21:404-409, 2:151, 22:43.

9. Keynes, Writings, 22:42-46.

10. Keynes, Writings, 21:46.

11. Keynes, Writings, 9:367-439; F.A. Hayek, The Collected Works of F.A. Hayek, v.10, ed. Bruce Caldwell (Chicago: UCP, 1997), 164-72.

12. Robert Skidelsky, John Maynard Keynes: Fight for Britain, 1937-1946 (London: Macmillan, 2000), 58-60.

13. Byrd L. Jones, "The Role of Keynesians in Wartime Policy and Postwar Planning, 1940-1946", AER, May 1972, 125-33.

14. Skidelsky, Fighting for Britain, 67.

15. Lionel Robbins, The Economic Problem in Peace and War (London: Macmillan, 1950), 29-56; Derek H. Aldcroft, "The Effectiveness of Direct Controls in the British Economy, 1946-1950", Scottish Journal of Political Economy, June 1963, 226-42; T.W. Hutchison, Economics and Economic Policy in Britain, 1946-1966(London: George Allen & Unwin,1968) 55-67; Robert Bacon and Walter Eltis, Britain's Economic Problem: Too Few Producers (London: Macmillan, 1978); Samuel Brittan, "How British Is the British Sickness?" JLE, Oct. 1978, 245-68; Barry Supple, "British Economic Decline Since 1945", in Roderick Floud and Donald McCloskey, eds., The Economic History of British Since 1700, 2nd ed. (New York:CUP,1994), 3:318-46.

16. Alvin H. Hansen,"The Postwar Economy", in Seymour E. Harris, ed., Postwar Economic Problems (New York: McGraw-Hill, 1943), 12-13。也见Paul A. Samuelson, Unemployment Ahead, TNR, Sept. 18, 1944, 333-35; George Soule, "That Post-War Depression," TNR, July 20, 1942, 74-76.

17. Alvin H. Hansen, "Economic Progress and Declining Population Growth", AER, March1939, 1-15; Alan Sweezy, "Secular stagnation?" in Harris,Postwar Economic Problems 67-82; Robert W.Fogel, Reconsidering Expectations of Economic Growth After World War II from the Perspective of 2004", IMF Staff Papers,special issue, 2005,7.

18. 凯恩斯之前的经济学家认为，自由市场经济总是倾向充分就业。凯恩斯认为经济有可能在高失业水平下保持长期稳定。见William Guthrie and Vincent J. Tarascio, "Keynes on Economic Growth, Stagnation, and Structural Change: New Light on a 55-Year Controversy," HOPE, Summer 1992, 381-412。

19. Gabriel Kolko, The Politics of War (New York: Random House, 1968), 245.

20. Wendy Asbeek Brusse,"Liberalizing Intra-European Trade," in Richard T. Griffiths, ed., Explorations in OEEC History (Paris: OECD, 1997), 127-37; J. Bradford Delong and Barry Eichengreen, "The Marshall Plan: History's Most Successful Structural Adjustment Program," in Rudiger Dornbusch, Wilhelm No lling, and Richard Layard, eds., Postwar Economic Reconstruction and Lessons for the East Today (Cambridge: MIT Press, 1993), 189-230; Ronald I. McKinnon, "The Marshall Plan's True Purpose," WSJ, July 16, 1991.

21. Herb Gintis, "American Keynesianism and the War Machine", in David Mermelstein, ed., Economics: Mainstream Readings and Radical Critiques (New York: Random House, 1970), 245-48; Paul A. Samuelson, Economics: An Introductory Analysis, 7th ed. (New York: McGraw-Hill, 1967), 767-68.

22. Robert L. Heilbroner, "Will Our Prosperity Last?" Harper's, Dec. 1948, 54; U.S, News & World Report, May 19, 1950, 7.

23. Daniel Dombey, "Crisis Cushioned", FT, Fec. 19, 2008; Paul Krugman, "Taming the Beast", NYT, March 24, 2008; Martin Feldstein, "Defense Spending Would Be Great Stimulus", WSJ, Dec. 24, 2008.

24. Stephen K. Bailey, Congress Makes a Law: the Story Behind the Employment Act of 1946 (New York: Columbia University Press, 1950), 14-28; James E. Murray, "A Program to Prevent 'Boom or Bust'", NYT, Dec. 29, 1946; G.J.Santoni, "The Employment Act of 1946: Some History Notes", FRBSLR, Nov. 1986, 5-15.

25. George S. Tavlas, "The Chicago Traditional Revisited: Some Neglected Monetary Contributions: Senator Paul Douglas (1892-1976)", JMCB, Nov. 1977, 529-35; Arthur F. Burns, "Economic Research and the Keynesian Thinking of Our times", in The Frontiers of Economic Knowledge (Princeton: PUP, 1954), 3-25; Arthur F. Burns, "Keynesian Economics Once Again", RES, Nov. 1947, 252-67; Wyatt C.Wells, Economists in an Uncertain World: Arthur F. Burns and the Federal Reserve, 1970-1978 (New York: Columbia University Press, 1994),12-16.

26. JEC, Federal Tax Policy for Economic Growth and Stability, 84th Cong., 1st sess. (Washington: USGPO, 1956); Sen. Rep. 1310, 84th Cong., 2nd sess. (Washington: USGPO, 1956); JEC, Federal Expenditure Policy for Economic Growth and Stability, 85th Cong., 1st sess. (Washington: USGPO, 1958).

27. Milton Friedman, Dollars and Deficits (Englewood Cliffs, NJ: Prentice-Hall, 1968), 73; CEA, ERP, 1954, IV; A.E. Holmans, "The Eisenhower Administration and the Recession, 1953-5", OEP, Feb. 1958, 34-54.

28. 引用在Christopher Cerf and Victor Navasky, The Experts Speak (New York: Villard, 1998), 61。

29. Franklyn D.Holzman, "Creeping Inflation", RES,Aug.1959,324.On the view that

moderate inflation was no problem,也见Sumer H.Slichter,"Argument for 'Creeping' Inflation", NYTM,March8,1959,23ff.

30. Gardner Ackley, "Administrated Prices and the Inflationary Process", AER, May 1959, 419-30; John Kenneth Galbraith, The Affluent Society（Boston： Houghton Mifflin, 1958）, 210-25, 226-38。英国Radcliffe 委员会在1959年的报告中强烈反对货币政策的重要性，并影响了凯恩斯经济学家；John G. Gurley, "The Radcliffe Report and Evidence", AER, Sept. 1960, 672-700; Nicholas Kaldor, "The Radcliffe Report", RES, Feb. 1960, 14-19。同样的观点还可见于JEC, Employment, Growth, and Price Levels, Sen. Rep. 1043, 86th Cong., 2nd sess.（Washington： USGPO, 1960）, 以及Richard D. Mooney, "Report Criticizes U.S. Fiscal Policy",NYT, Dec. 29, 1959。

31. James L. Sundquist, Politics and Policy: The Eisenhower, Kennedy, and Johnson Years（Washington： Brookings, 1968）, 431-41, 456-66; Richard Nixon, Six Crises（Garden City, NY： Doubleday, 1962）, 309-10; Walter Heller, New Dimensions of Political Economy（Cambridge: HUP 1967）, 12.

32. "Soviet Closing Output Gap, Allen Dulles Warns U.S.", NYT, Nov. 14, 1959; Abram Bergson, The Real National Income of Soviet Russia Since 1928（Cambridge: HUP,1961）; Calvin B. Hoover, "Soviet Economic Growth",Foreign Affairs, Jan. 1957, 257-70; JEC, Comparisons of the United States and Soviet Economies, 86th Cong., 2nd sess.（Washington： USGPO,1960）.

33. 参议院商务委员会, The Speeches of Senator John F. Kennedy: Presidential Campaign 1960, Sen. Rep. 994, pt. 1, 87th Cong. 1st sess.（Washington： USGPO, 1961）, 113, 124, 280, 288, 602, 605, 616, 820-22, 893, 1035, 1141; A.H. Raskin, "Goldberg Studies Automation Move", NYT, Jan. 15, 1961。国会联合经济委员会和总统经济顾问委员会提交的报告得出同样的结论，即如果能维持总需求，没有必要未来会出现担心失业；CEA, ERP, 1964, 165-90; JEC, Higher Unemployment Rates,1957-1961: Structural Transformation or Inadequate Demand, 87th Cong. 1st sess（Washington : USGPO, 1961）。有关这一时期关于自动化的争论的调查，见布鲁斯·巴特利特, "Is Industrial Innovation Destroying Jobs?" Cato Journal, Fall 1984, 625-43; Amy Sue Bix, Inventing Ourselves Out of Jobs? America's Debate over

Technological Unemployment, 1929-1981（Baltimore: Johns Hopkins University Press, 2000）.

34．Julian E. Zelizer，Taxing America: Wilbur D. Mills, Congress, and the State, 1945-1975（New York：CUP，1998），180；Bernard D. Nossiter，"Business Tax Break Urged" WP，Jan. 28, 1961.

35．Sar Levitan, Federal Aid to Depressed Areas（Baltimore：Johns Hopkins University Press, 1964），50-51.

36．William J. Tobin, Public Works and Unemployment: A History of Federally Funded Programs（Washington: U.S. Department of Commerce, Economic Development Administration, 1975），116；Nancy Teeters，"The 1972 Budget: Where It Stands and Where It Might Go"，BPEA, no. 1，1971，233.

37．GAO，Letter to Senator Carl Hayden, Rep. no. B-146910，June 3, 1964；Letter to Senator A. Willis Robertson, Rep. no. B-153449，May 3, 1965；"Information Relating to Local Employment Created by the Accelerated Public Works Program"，Rep. no. B-153449, Feb. 1966.

38．John Kenneth Galbraith, A Journey Through Economic Time（Boston：Houghton Mifflin，1994），172；Heller，New Dimensions of Political Economy，32；John S. Odell，U.S. International Monetary Policy（Princeton：PUP, 1982），106-109；Theodore Sorenson, Kennedy（New York: Harper& Row，1965），406-8.

39．1961年2月6日，肯尼迪本人在致国会的特别信函中详细地解释了自己的选择。

40．John Kenneth Galbraith, Letters to Kennedy, ed. James Goodman (Cambridge: HUP，1998)，43-45.

41．关于利息平衡税的失败，见John R. Griffith Jr., "The Effect of the Interest Equalization Tax and the Interest Equalization Tax Extension Act on Purchases of Long-Term Bonds of Selected Countries Marketed in the United States: 1959 to March 1966"，JF，June 1966，538-39。肯尼迪的强烈呼吁导致钢铁行业利润下降，钢铁行业因此减少新技术投资，造成该行业长期萧条；Richard M. Duke et al., The United States Steel Industry and Its International Rivals, Staff Report, Bureau of Economics, Federal Trade Commission (Washington: USGPO, 1978)，251-66；William H. Peterson，"Steel Price Administration:

Myth and Reality", in Helmut Schoeck and James W. Wiggins, eds., Central Planning and Neomercantilism (Princeton: Van Nostrand, 1964), 155-78。美联储勉强同意支持财政部的"利率操作"(Operation Twist), 即在降低长期利率以刺激投资的同时, 寻求提高短期利率以支持美元。财政部的债务融资更多地转向短期国债, 并减少长期债券销售。但这个政策不是很成功; Donald F. Kettl, Leadership at the Fed (New Haven: Yale University Press, 1986), 98-101; Myron H. Ross, "'Operation Twist': A Mistaken Policy?" JPE, April 1966, 195-199。

42. Timothy Naftali, ed., John F. Kennedy: The Great Crises, v.1 (New York: Norton, 2001), 238, 247.

43. John Kenneth Galbraith, The New Industrial State (Boston: Houghton Mifflin, 1967), 229。保守派商人为何如此强烈支持国防支出而反对政府的国内支出, 原因之一是自身利益; 见Earl A. Thompson, "Taxation and National Defense", JPE, July-Aug.1974, 755-82.

44. John F. Kennedy, "Address to the Economic Club of New York", Dec. 14, 1962.

45. A.W. Phillips, "The Relation Between Unemployment and the Rate of Change of Money Wage Rates in the United Kingdom, 1861-1957", Economica, Nov. 1958, 283-99.

46. Paul A. Samuelson and Robert M. Solow, "Analytical Aspects of Anti-inflation Policy", AER, May 1960, 177-94.

47. Thomas A. Humphrey, "The Early History of the Phillips Curve", FRBRER, Sept.-Oct.1985, 24.

48. Sydney Weintraub, "The Keynesian Theory of Inflation: The Two Faces of Janus?" IER, May 1960, 154.

49. Albert E. Burger, "A Historical Analysis of the Credit Crunch of 1966", FRBSLR, Sept. 1969, 13-30; Kettl, Leadership at the Fed, 107-109; John W. Sloan, "President Johnson, the Council of Economic Advisers, and the Failure to Raise Taxes in 1966 and 1967", PSQ, Winter 1985, 89-98.

50. 关于附加税的延期, 见Nigel Bowles, Nixon's Business (College Station: Texas A & M University Press, 2005), 38-43; Allen J. Matusow, Nixon's Economy

(Lawrence: University Press of Kansas, 1998), 34-45。关于美联储政策, 见Burton A. Abrams, "How Richard Nixon Pressured Arthur Burns: Evidence from the Nixon Tapes", JEP, Fall 2006, 177-88; Richard F. Janssen and John Pierson, "Easier Money Policies Are Key to Plan to Spur Economy, White House Aides Say", WSJ, Nov. 9, 1970; William Poole, "Burnsian Monetary Policy: Eight Years of Progress?" JF, May 1979, 473-84; Sanford Rose, "The Agony of the Federal Reserve", Fortune, July 1974, 90ff; William Safire, Before the Fall (Garden City, NY: Doubleday, 1975), 492-96; Hugh Rockoff, Drastic Measures: A History of Wage and Price Controls in the United States (New York: CUP, 1984), 200-33.

51. CBO, Incomes Policies in the United States (Washington: USGPO, 1977), 61-80; George P. Shultz and Kenneth W. Dam, Economic Policy Beyond the Headlines (New York: Norton, 1977), 65-85; Alan S. Blinder and William J. Newton, "The 1971-1974 Controls Program and the Price Level", JPE, July 1981, 1-23.

52. Alan S. Blinder, "Temporary Income Taxes and Consumer Spending", JPE, Feb. 1981, 26-53; Alan S. Blinder and Angus Deaton, "The Time Series Consumption Function Revisited", BPEA, no.2, 1985, 465-511; Franco Modigliani and Charles Steindel, "Is a Tax Rebate an Effective Tool for Stabilization Policy?" BPEA, no.1, 1977, 175-203.

53. U.S. Treasury Department, Federal-State-Local Fiscal Relations: Report to the President and Congress (Washinton: USGPO, 1985), 372; Edward M. Gramlich, "State and Local Budgets the Day After It Rained: Why Is the Surplus So High?" BPEA, no.1, 1978, 191-216; GAO, "Antirecession Assistance Is Helping But Distribution Formula Needs Reassessment", Rep. no.GGD-77-76, July 20, 1977; "Antirecession Assistanc—An Evaluation", Rep. no. PAD-78-20, Nov. 29, 1977.

54. Chase Econometrics, Local Public Works Program: Evaluation of the National Impact of the Local Public Works Program (Washington: U.S. Department of Commerce, 1980), ii; Program Evaluation Division, Local Public Works Program: Report on the Characteristics of LPW Employees (Washington: U.S. Department of Commerce, 1980), 10, 50-1, 60; Daniel P. Kessler and Lawrence F. Katz, "Prevailing Wage Laws and Construction Labor Market", Industrial and Labor Relations Review, Jan. 2001, 259-74.

55. Gramlich, "State and Local Budgets", 208-9.

56. Clyde Farnsworth, "Rise in Public Works Spending Would Not Affect Jobless This Year, Congressional Expert Asserts", NYT, Jan. 25, 1977; James C. Hyatt, "The Public Works Controversal", WSJ, Feb. 14, 1977.

57. Stacey L. Schreft, "Credit Controls: 1980", FRBRER, Nov.-Dec. 1990, 25-55; John Herbers, "$100 Billion Is Found Approved but Unused in Public Works Plan", NYT, June 30, 1980.

58. Ronald Reagan, "Remarks on Signing the Surface Transportation Assistance Act of 1982", Jan. 6, 1983; Bruce Bartlett, "Sure Enough, Gas Tax Wasn't a Jobs Bill", WSJ, Jan. 26, 1984; Bill Paul, "Road Repair Bill Is Doubtful Job-Creator in an Industry Shrunk by a Lack of Work", NYT, Dec. 1, 1982.

59. John Herbers, "Study Says More U.S. Aid May Hurt Public Works", NYT, Dec. 20, 1982; Richard Corrigan, "If Jobs Programs Don't Work, Why All the Clamor in Congress?" National Journal, Jan. 29, 1983, 214-17.

60. Diane Granat, "House Appropriations Panel Doles Out Cold Federal Cash, Chafes at Budget Process", Congressional Quarterly, June 18, 1983, 1209-15; Iver Peterson, "3-Month-Old Emergency Act Has Created Few Jobs as Yet", NYT, July 5, 1983; Patricia Cohen, "Is the Jobs Bill Creating Jobs?" Washington Monthly, Dec. 1983, 26-29.

61. GAO, "Emergency Jobs Act of 1983: Funds Spent Slowly, Few Jobs Created", Rep.no.GAO/HRD-87-1, Dec. 1986; "Antirecessionary Job Creation: Lessons from the Emergency Jobs Act of 1983", Rep.no.GAO/HRD-92-13, Feb. 1992.

62. Julius Margolis, "Public Works and Economic Stability", JPE, Aug. 1949, 293-303.

63. William J. Baumol, "Pitfalls in Contracyclical Policies: Some Tools and Results", RES, Feb. 196, 21-26.

64. Sumner Slichter, "The Economics of Public Works", in Arthur Smithies and J. Keith Butters, eds., Readings in Fiscal Policy (Homewood, IL: Richard D.Irwin, 1955), 38-50.

65. Milton Friedman, "The Supply of Money and Changes in Prices and

Output",in JEC,The Relationship of Prices to Economic Stability and Growth, 85th Cong. 2nd sess (Washington: USGPO, 1958); Thomas Mayer, "The Keynesian Legacy: Does Countercyclical Policy Pay Its Way?" in Thomas D.Willett, ed., Political Business Cycles (Durham: Duke University Press, 1988),129-44; Allan Meltzer, "Limits of Short-Run Stabilization Policy",EI, Jan. 1987, 1-14.

66. CEA, ERP, 1983, 41; David B.Gordon and Eric M. Leeper, "Are Countercyclical Fiscal Policies Counterproductive?" NBER Working Paper no. 11869, Dec. 2005.

67. Prakash Loungani, "How Accurate Are Private Sector Forecasts? Cross-Country Evidence from Consensus Forecasts of Output Growth",IMF Working Paper WP/00/77, April 2000; Stephen K. McNees, "How Accurate Are Macroeconomic Forecasts?" New England Economic Review, July-Aug. 1988, 15-36; Stephen K. McNees, "How Large Are Economic Forecast Errors?" New England Economic Review, July-Aug. 1992, 25-42; Scott Schuh, "An Evaluation of Recent Macroeconomic Forecast Errors",New England Economic Review, Jan.-Feb. 2001, 35-56; Charles Wolf, "Scoring the Economic Forecasters", TPI, Summer 1987, 48-55; Joseph Minarik, "Countercyclical Fiscal Policy: In Theory, and in Congress",NTJ, Sept. 1991, 251-56; Paul Portney, "Congressional Delays in U.S. Fiscal Policymaking",Jounal of Public Economics, April-May 1976, 237-47.

68. "Balanced-Budget Politics",NYT, Jan. 29, 1997.

69. Ann F. Friedlaender, "The Federal Highway Program as a Public Works Tool",in Albert Ando, E. Carey Brown, and Ann F. Friedlaender, eds., Studies in Economic Stabilization (Washington: Brookings, 1968), 61-116; Ronald L. Teigen, "The Effectiveness of Public Works as a Stabilization Device", in W.L. Smith and R.L. Teigen, eds., Readings in Money, National Income, and Stabilization Policy (Homewood, IL: Richard D. Irwin, 1974),305-10; George Vernez and Roger Vaughn, Assessment of Countercyclical Public Works and Public Services Employment Programs (Santa Monica, CA: Rand, 1978), 49; Sherman Maisel, "Timing and Flexibility of a Public Works Program",RES, May 1949, 147-52; Leland S. Burns and Leo Grebler, "Is Public Construction Countercyclical?" Land Economics, Nov. 1984, 367-77.

70. Urban Institute, "Effects of Economic Cycles" Policy and Research Report,

Summer 1983, 1-3.

71. Alan Fecher, Public Employment Programs (Washington: AEI, 1975); George E. Johnson, "Structural Unemployment Consequences of Job Creation Policies", in John L. Palmer, ed., Creating Jobs (Washington: Brookings, 1978), 123-52; George E. Johnson and James D. Tomola, "The Fiscal Substitution Effect of Alternative Approaches to Public Service Employment Policy", Journal of Human Resources, Winter 1977, 3-26; Alan L. Webster, "Alternative Methods of Measuring Displacement Within Public Employment Programs", Review of Regional Economics and Business, April 1982, 16-22; Michael Wiseman, "Public Employment as Fiscal Policy", BPEA, no. 1, 1976, 67-104.

72. George Vernez, Roger Vaughn, Burke Burright and Sinclair Coleman, Regional Cycles and Employment Effects of Public Works Investments (Santa Monica, CA: Rand,1977), xvi.

73. Keynes, Writings, 27:122.

74. Jennifer Steinhauer, "In Budget Crises, California and Other States Reluctantly Halt Road Projects", NYT, Dec. 23, 2008; Nicholas Confessore, "$4 Billion in Stimulus, $41.8Billion in Request", NYT, March 5, 2009.

75. CBO, Letter to the Honorable Nancy Pelosi, Feb. 13, 2009.

76. Michael M. Phillips, "Shovels Are There, but the Readiness May Not Be", WP, March 17, 2009; Donald Marron statement, House Committee on Transportation and Infrastructure, March 27, 2007,7; Erik Sofge, "Why Shovel-Ready Infrastructure Is Wrong (Right Now)", www.popularmechanics.com, Feb. 5, 2009.

77. Jennifer La Fleur and Michael Grabell, "Stimulus Infrastructure Funding Short-Changes States with High Unemployment", www.propublica.org, Feb.15, 2009.

78. Christina Romer and Jared Bernstein, "The Job Impact of the American Recovery and Investment Plan", published by the Obama transition office on Jan. 9, 2009; CBO, Letter to the Honorable Charles E. Grassley, March 2, 2009.

第四章　保守派的反对运动

凯恩斯经济学对政策的影响在20世纪60年代初期达到顶峰。约翰·肯尼迪任命著名的凯恩斯主义者沃尔特·赫勒（Walter Heller）和詹姆斯·托宾（James Tobin）为经济顾问，并根据凯恩斯经济学在1963年推行大规模的减税。1965年12月31日，凯恩斯出现在《时代》杂志的封面上，虽然这时候他已经去世二十多年。

但是，一场反对运动已经开始，它以芝加哥大学为中心，以米尔顿·弗里德曼和罗伯特·蒙代尔为领军，两者后来都成为诺贝尔经济学奖得主。他们的研究领域互为补充，弗里德曼主要研究国内货币政策和微观经济学；蒙代尔主要关注国际经济学和财政政策。两人的研究很好地涵盖了经济学前沿。

20世纪60年代的凯恩斯理论有一个弱点：其追随者忘记了财政政策是实现目的的手段，而目的是向经济注入额外流动性从而抵御通货紧缩。但在凯恩斯提出其理论三十年后，他的追随者开始相信扩张性的财政政策自身足以刺激增长。凯恩斯主义者几乎忘记了财政政策与货币政策的重要联系。用菲利普斯曲线解释通货膨胀很受欢迎，但它强化了对货币政策的忽视。

对凯恩斯学派来说，关键的经济变量是联邦预算赤字。他们认为赤字源于减少税收还是增加政府支出并不重要。减税引起的赤字与增加支出引起的赤字效果是一样的。这种仅仅关注赤字的观点带来另一后果：经济学家几乎不关注税收或支出的结构。如前一章所指出的，国防支出和社会福利支出在凯恩斯模型中具有同样的刺激经济作用。

但当通货膨胀和失业率在20世纪70年代同时上升时，凯恩斯经济学除了控制工资和价格外别无他法，但理查德·尼克松在1971年实行这些措施时遭到严重的挫败。要了解通货膨胀的根源，必须重新关注货币政策，而弗里德曼正是这一领域的佼佼者。但是货币主义关于经济增长的建议并不多。蒙代尔补充了这一缺憾，他主张在紧缩银根的同时减税。减税可刺激生产，并同时减少失业和通货膨胀。

20世纪70年代后期，共和党的政客已完全赞同用紧缩银根来对付通货膨胀和用减税来增加产出和减少失业，这后来被称为供给经济学。由于仍然受到凯恩斯经济学的影响，民主党顽固地反对这一新兴的二元经济理论。他们认为用紧缩银根对抗通货膨胀是无效的，对增长也极度有害，因为这会提高利率，而减税会加重通货膨胀，对增长也只有温和的刺激作用。大部分凯恩斯主义者认为，同时紧缩银根和减税就像把一只脚同时踩在刹车和油门上。耶鲁大学的经济学家威廉·诺德豪斯（William Nordhaus）在1981年说："我不知道有什么经济学理论说你可以用抑制货币增长来对付通货膨胀，同时运用财政政策来刺激增长。"[1]

但是，由于缺乏对低增长和通货膨胀，即"滞胀"问题的连贯对策，凯恩斯学派不战而败。货币学派和供给学派逐渐取得影响力，并得到罗纳德·里根的强力支持。1981年就任美国总统后，他鼓励美联储维持紧缩的货币政策，即使在当年末出现严重经济衰退时也不改变。[2] 里根还压倒了对全面减税措施的强烈反对意见，并使之在1981年8月成为法律。

虽然有许多分析家继续坚称别的政策组合可能更有成效，20世纪80年代通货膨胀和失业的快速下降仍被广泛视为保守经济学的胜利，正如第二次世界大战期间大萧条的结束被视为确认了凯恩斯经济学的地位。

货币主义

凯恩斯经济学的顶峰，即其影响力在急剧下跌之前达到最高点的时刻，可以被准确记录。这一时刻发生在1971年1月6日。那天，理查德·尼克松正在录制一段与ABC新闻的霍华德·K.史密斯（Howard K. Smith）的访谈。在访谈后的一段即兴评论中，尼克松随意地提到他"现在在经济方面是凯恩斯主义者"。史密斯对此言论感到诧异，因为历史上共和党对凯恩斯经济学和赤字支出抱有持续的敌对态度。对史密斯而言，尼克松皈依凯恩斯主义相当于一个基督教徒说："考虑到所有因素，我认为穆罕默德（伊斯兰教的创始人）是对的。"[3]

具有讽刺意味的是，就在尼克松接受访谈前一周，经济学家哈利·约翰逊（Harry Johnson）在给美国经济学会做著名的理查德·T.伊利讲座时，警告说凯恩斯经济学在处理日益严重的通货膨胀时的无能为力使其易受货币主义的反击。[4] 弗里德曼领军的货币学派认为通货膨胀几乎完全是个货币问题，与预算赤字、失业或经济刚性基本没有关系，与凯恩斯经济学设想的不一样。

弗里德曼在他的回忆录里说，直到第二次世界大战后，他都是一个传统的凯恩斯主义者。我们不清楚货币政策什么时候成为他的主要兴趣，但可以肯定的是芝加哥大学在这一课题上有着久远的传统，可以追溯到J.劳伦斯·劳克林（J. Laurence Laughlin）的著作。劳克林曾经积极参与联邦储备体系的创建。由于远离凯恩斯思想的温床马萨诸塞州剑桥市和华盛顿特区，芝加哥大学无疑更容易寻求另一条路径。但也是在芝加哥，对于凯恩斯经济学一些基本概念的反对比人们通常认为的要少。[5]

1962年出版了《资本主义与自由》后，弗里德曼开始与共和党保持一致，并在巴利·戈德华特（Barry Goldwater）1964年的竞选中担任顾问。[6] 弗里德曼很快成为之后三十年制定共和党经济政策的主要人物。1963年，他的著作《美国货币史》出版，巩固了他作为美国货币主义经济学领军人物的声誉。他经常被要求在国会各委员会前就此议题作证，他的言论也经常被国内媒体引用。

与凯恩斯这位他经常被拿来比较的经济学家一样，弗里德曼并非象牙塔里的学究。在《美国货币史》出版后，他的论著逐渐从科学探索转向更大众化，包括《新闻周刊》的一个专栏和1980年一套极其流行的电视系列节目"自由选择"。

20世纪60年代后期和70年代初期弗里德曼专业工作的核心是驳斥菲利普斯曲线。他认为菲利普斯曲线既不能充分解释通货膨胀，也不是有效的通货膨胀应对政策。通货膨胀与失业无关，它只与美联储放任货币过度增长有关。即使通货膨胀和失业之间存在某种取舍关系，那完全是暂时的。随着时间的流逝，通货膨胀实际上会制造错误投资和经济错误配置，从而增加失业。[7]

也许我们可以恰当地说，弗里德曼的最终胜利并非因为其思想的威力，而更主要的是因为凯恩斯经济学明显无法应对日益增长的通货膨胀问题。在这个意义上，他不战而胜。凯恩斯经济学的最后成就是1968年的一项附增税立法，其目的是吸收剩余购买力。弗里德曼等货币主义者认为这不会奏效，因为它没有触及通货膨胀的货币根源。的确，由于货币政策依然宽松，他们预计通货膨胀会恶化。当事实如此时，弗里德曼获得了极大的信任。[8]

具有讽刺意味的是，尼克松对凯恩斯经济学的欣然接受导致一些自由经济学家重新考虑他们对这一学派的支持。1973年，经济学家梅尔维尔·伍玛（Melville J. Ulmer）被迫承认"尼克松政府的经济策略或多或少是纯粹的凯恩斯主义……与民主党所支持的一样"。因此，凯恩斯经济学未能实现没有通货膨胀伴随的充分就业，并不是因为政客不愿意全面实施这一理论。这一定意味着凯恩斯经济学存在内在的缺陷，伍玛总结道。[9]

到1976年，弗里德曼的思想已被广泛接受，他也被授予诺贝尔经济学奖。同年，在就任美国经济学会主席的演讲中，经济学家弗朗哥·莫迪利安尼（Franco Modigliani）摇起了投降的白旗。他曾是著名的凯恩斯主义者，后来在1985年获得诺贝尔奖。他宣称"我们全部都是货币学派"。[10]

供给经济学

货币主义虽然解释了通货膨胀，但没有什么刺激经济增长的见解。为货币主义补充经济增长内容的是蒙代尔。他相信通货膨胀主要是通过其与税收体系的相互作用来减缓增长。工人收入增加，被推向更高的税级，即使他们的购买力并没有获得实际增长；企业发现按历史成本计算的折旧免税额不足以置换旧设备，而纳税额是根据并不存在的存货利润算出来的；投资者发现他们资本利得的大部分仅仅体现了通货膨胀，但却被当做实际所得征税。[11]例如，在1977年，投资者为出售企业股票的名义收入交纳了57亿美元的税，但经通货膨胀调整后，这笔收入实际上是一笔35亿美元的损失。[12]

蒙代尔称，结束滞胀需要采取二元的策略。首先，货币增长需要严格控制，最好盯住黄金价格——黄金价格上升将是美联储收紧银根的信号。因此，蒙代尔对货币政策的观点与弗里德曼的观点吻合，虽然弗里德曼认为与黄金挂钩的做法早已过时并且是低效的。[13]其次，需要用减税来恢复激励和增加货币需求。虽然弗里德曼对减税没有意见，但这也从来不是他学术研究的关注点。在1971年一份由普林斯顿大学国际金融系出版的论文中，蒙代尔首次阐明这一紧缩银根加减税的政策主张：

> 货币扩张刺激对商品的名义货币需求，但如果没有刚性需求或骗人的假象，它不会产生实际的需求扩张。但是，实际产出的增长增加实际货币需求，促使实际货币扩张被经济吸收，且不产生通货膨胀。减税提高就业和推动增长，增加对货币的需求，因此使美联储能够为经济提供额外的实际货币，并避免宽松货币环境带来的低利率。货币增长加速会导致通货膨胀，但当失业存在时减税能刺激经济扩张。[14]

亚瑟·拉弗（Arthur Laffer）当时在芝加哥大学商学院任教，并开始了解蒙代尔的研究工作。对国际货币问题的共同兴趣让他们走到了一起，而且拉弗吸收了蒙代尔的思想。1974年拉弗组织了一场由美国企业研究所主办的会议，讨论全球通货膨胀问题。[15]这是华盛顿政客们第一次有机会听到后来被称为供给经济学的理论。

虽然此次美国企业研究所的会议大都在讨论货币问题，蒙代尔重申了他在1971年的论文里关于减税在对付通货膨胀方面的重要作用。这很重要,因为当时人们普遍认为预算赤字导致通货膨胀。确实,现在很少人还记得70年代后期众议员杰克·肯普首先开始倡导大规模减税时,对他的主要攻击就是:这样的政策会扩大赤字,从而引起严重的通货膨胀。[16]

裘德·万尼斯基(Jude Wanniski),当时《华尔街日报》的社评作者,参加了美国企业研究所的会议并为会议讨论的内容深深吸引。他立即为日报撰写了一篇文章,解释拉弗—蒙代尔的观点。这篇文章可能是使蒙代尔获邀参加1974年12月19日的白宫会议的原因。在会上,蒙代尔倡议用紧缩货币政策应对通货膨胀和用大规模减税刺激增长。[17]

同月,万尼斯基安排拉弗与白宫办公厅主任唐纳德·拉姆斯菲尔德(Donald Rumsfeld)及其副手迪克·切尼(Dick Cheney)会面。会面时拉弗在一张餐巾上首次绘制了他那著名的曲线。但不幸的是,杰拉尔德·福特和他的经济顾问拒绝减税,反而选择了一次性退税。[18]

1975年,万尼斯基为《公共利益》(一本由欧文·克里斯托尔(Irving Kristol)担任编辑的准学术刊物)撰文,详述了他的蒙代尔—拉弗分析。有趣的是万尼斯基仅仅在一个脚注里讨论了他们对税收的研究。这是著名的拉弗曲线的第一次公开发表,拉弗曲线表示减税理论上可以增加政府收入。万尼斯基写道:

> 只有在一种特殊条件下,才应该减税和通过赤字融资维持政府支出,而蒙代尔和拉弗认为这一条件现在出现了。"总是存在两个可以产生等额税收的税率",拉弗说,"例如,当税率为零时,收入为零。当税率为100%时,没有产出,因此收入也为零。在这两个极端值之间,存在一个可最大化政府税收的税率"。任何高于此税率的税率都会减少总产出和税基,因此对政府税收是适得其反的。他们认为,美国目前的边际税率就在这个无产出的范围内,蒙代尔称经济"被税收阻塞、窒息"。通货膨胀通过作用于税收体制的累进制而自动提高了税率。如果税率低于最大化税收的税率,减税会降低充分就业下的税收。但是如果经济未达到充分就业,乘数效应会产生作

用，减税从而提高产出和税基，并且使经济更有效地运行。即使出现更大的赤字，仍可以征收充足的税收以支付为赤字融资而发行的政府债券利息。因此，未来不必增税，未来的产出也不会减少。所以，减税实际上是偿还公共债务的一种方法。[19]

万尼斯基此后写了第一本关于供给经济学的书——《世界运作方式》（1978）。他也给《华尔街日报》写了很多不署名的社评，阐明供给经济学理论的各个方面，并帮助该学派的人物如拉弗和保罗·克雷格·罗伯茨（Paul Craig Roberts）在日报上发表文章，提高了他们作为经济评论员的知名度和地位。[20]当万尼斯基1978年离开《华尔街日报》去创立一家名为Polyconomics的私营咨询公司后（我后来在那家公司工作），罗伯茨被《华尔街日报》聘用以接替他的社评版工作。

万尼斯基对克里斯托尔和鲍勃·巴特利（Bob Bartley）从《华尔街日报》社评版的编辑转变成供给经济学家起了很大作用。克里斯托尔承认，他自己那时对经济学几乎一无所知。但是他看到了供给经济学的政治潜力，它能将共和党经济思想从关注稳定转向关注增长。退休时，巴特利把他对供给经济学的支持引为其最重大的成就之一。[21]

凯恩斯经济学的死亡

至20世纪70年代中期，通货膨胀已经造成了整个西方国家的经济危机。即使政治左派也被迫承认凯恩斯经济学无法为物价上升和增长缓慢的双重问题指明出路。医治其中一个问题只会把另一个问题弄得更糟。通货膨胀造成失业，而并非如菲利普斯曲线所假定的能解决失业，这一观念越来越为经济学家和决策者所接受。1976年7月，国际货币基金组织总裁约翰·内斯维特芬（Johannes Witteveen）说："最近人们对通货膨胀产生了不同寻常的敏感，以至于任何价格的加速增长都极可能对需求、产出和就业产生严重的负面影响。"他的话代表了许多人的心声。[22]

不久之后，来自工党的英国首相詹姆斯·卡拉汉（James

Callaghan）生动地表达了他对凯恩斯经济思想缺乏政策工具的失望。1976年9月28日，卡拉汉在一次工党会议上说：

> 我们过去认为花钱可以走出衰退，减税和增加政府支出可以增加就业。我坦率地告诉你们，这些政策选择不复存在。二战以来，这些政策曾经奏效，但方法是向经济注入更大剂量的通货膨胀，下一步随之而来的是更严重的失业。[23]

几个月以后，来自社会民主党的德国总理赫尔穆特·施密特宣称："由于当今世界的问题是通货膨胀，凯恩斯思想的时代过去了。"1977年底，主要媒体已经宣告了凯恩斯主义的死亡。[24]

逐渐地，经济学家纷纷效仿。美国经济学会发行的、旨在反映专业人士共识的《经济文献杂志》，在1978年的一篇文章中指出："看来通货膨胀和失业之间不存在长期的取舍关系。"[25]这标志着菲利普斯曲线在职业经济学家中的死亡。

这也标志着凯恩斯经济学的死亡。"到大约1980年的时候，很难找到一个40岁以下自称是凯恩斯主义者的美国宏观经济学家"，普林斯顿大学的经济学家艾伦·布林德（Alan Blinder）写道。[26]

1981年，哈佛大学的马丁·费尔德斯坦（Martin Feldstein）在为《公共利益》撰文时称，尽管凯恩斯思想在30年代可能奏效，"但非常明确的是，尽管这些思想在当时获得了最大程度的接受和影响力，但它们并不适合60年代、70年代的美国经济。"[27]

同年，2006年的诺贝尔奖得主、哥伦比亚大学的埃德蒙·费尔普斯（Edmund Phelps）在美国经济学会年会上发言时说，虽然有一天凯恩斯经济学可能会复活，"但在当前，凯恩斯关于财政刺激的旧理念面对如此多的怀疑，以至于财政政策即使不是真正的无能为力，也是处于停用状态。"[28]

资本利得和税收估计

在这些理论的发展过程中，发生了一场重要的立法争论。这场争论一方面凸现了凯恩斯经济学财政政策的缺陷，另一方面也指出标准的税收估计方法无法解释税收变化产生的供给经济学效应。争论的焦点是降低长期资本利得税率。

关于资本利得的争议可追溯到1969年，当时最高长期资本利得税率从25%提高至35%。1978年4月13日，威斯康辛州共和党众议员威廉·施泰格（William Steiger）提交了把最高税率恢复为25%的法案。随后发生的辩论对供给经济学的发展极为重要，原因有二：一是费尔德斯坦等众多德高望重的经济学家坚决主张，降低资本利得税率通过释放和增加投资几乎可以立刻补偿静态税收损失。二是降低资本利得税具有明显的扩张潜力，清楚证明了供给学派的论点，即减税因增加激励而具有刺激作用，而且不会对可支配收入造成任何凯恩斯式的影响。因此，1978年关于资本利得的争论在供给经济学理论的发展和被主流经济学家接受的过程中具有开创性的意义。[29]

当然，降低资本利得税未必降低联邦税收的理念并不是新鲜事物。人们早就认识到资本利得是一种特定的收入形式，因为纳税人可以出于纳税的目的，自由决定何时以及是否实现资本利得。当税率高时，投资者会继续持有潜在的应税所得，从而助长收入锁定效应，减少税收。因此，减税可以快速释放过往收入，加快税收增加。[30]

费尔德斯坦直言不讳，他坚信施泰格法案几乎可以立刻增加联邦税收，并就此在国会作证。他的证词的依据是1978年6月期间在国会山流传的一份美国经济研究局的报告。其他预计施泰格法案会产生更高税收的著名经济学家包括美林经济公司的加里·奇米内罗（Gary Ciminero）和大通计量经济公司的迈克尔·埃文斯(Michael Evans)。虽然官方认为施泰格法案会带来税收损失，但在1978年该法案成为法律后，联合税务委员会承认该法案可能会增加税收，后来的研究也证实了这一点。[31]

这项资本利得的提案掀起了一场关于如何评估税收政策变化产生的税收效应的激烈争论。这次争论对发展供给经济学和削弱凯恩斯经济学起到至关重要的作用。争论的焦点在于经济学家用来预测经济的数学模型。这些模型过去通常用来评估公共政策，基本上全都有凯恩斯主义的色彩，因此会使公共政策在凯恩斯主义的政策失势很久后仍偏向于它们。[32]

《1974年预算法》通过后，这个问题尤为突出，因为除非在年度预算决议中已有相应的拨备，任何税收法案都不能提交国会审议。这意味着国会需要在投票前准确知道减税预计带来的税收损失。虽然很多年以前已经开始作税收估计，但这从未成为税收立法审议的基本要求。

虽然财政部的估计已足以满足国会的需要，但联合税务委员会仍为其提供税收估计。[33]会计师通常会估计未来一两年的税收。但到20世纪70年代的时候，经济学家已经取代会计师从事这项工作，计算机也开始取代计算器。此外，预算法通常要求五年的税收估计，增加了对作为估计依据的经济预测的需求。

这些预测由国会预算办公室准备，且通常不包括税收变化引起的宏观经济效应。联合税务委员会的税收估计大致上是国会预算办公室基线预测的一个函数。联合税务委员会同样没有在其税收估计中考虑行为效应。认为经济变量不因税改提案的力度而变化的想法，有时会导致荒谬的结果。例如，俄勒冈共和党参议员、参议院财政委员会前主席鲍勃·帕克伍德（Bob Packwood）曾经问联合税务委员会，如果对所有高于20万美元的收入征收100%的税收，税收可以增加多少。联合税务委员会的报告说，1990年可以增加2040亿美元，1991年可以增加2320亿美元，1992年可以增加2630亿美元，1993年可以增加2990亿美元。[34]当然，真正的税收会是零，因为没有人愿意在自己不能保留任何收入的情况下，实现任何超过20万美元的应税收入。

供给学派的主张是如果减税提高了GDP，税基会变大，因此减税造成的某些税收损失可以得到补偿。反过来，增税可能降低GDP，因此降低潜在税收。也就是说，税率下调10%可能仅仅会降低6%或7%的税收，税率上调10%可能仅仅增加6%或7%的税收。

国会预算办公室的预测有赖于商业性的计量经济模型，例如数据资源公司、沃顿计量经济学预测协会和大通计量经济公司。大部分模型都基于凯恩斯主义的假设，得出的结果往往是减税的预算成本高于同等的政府支出项目，因此使立法程序偏好旨在刺激消费的暂时性减税，而不选择供给学派的减税政策例如降低边际税率。

国会预算办公室最早的研究中有一份关于不同财政政策如何减少失业的报告，从中可以看出国会预算办公室的预测在实际中如何运作。因为对这些政策选择的评估带上了凯恩斯主义的色彩，即财政支出推动增长，储蓄阻碍增长，所以增加政府支出比减税更可取。预算赤字每增加10亿美元，直接的政府支出能够比减税创造更多就业岗位，因为前者全部都花掉了，而后者有部分成了储蓄。因此，用政治术语来说，相对于凯恩斯风格的公共服务就业岗位方案，供给学派的减税方案处于劣势。相对于暂时性的退税，永久性的减税也被认为成本高、效率低。[35]

预算程序带来的机会

保罗·克雷格·罗伯茨是供给学派里第一个意识到凯恩斯主义体系的瓦解和新国会预算程序的实施为提倡供给学派财政政策提供机会的人。[36]由于有计量经济学模型和预算程序的约束，能够说明某些类型的减税导致的赤字增加少于政府直接支出项目突然变得很重要。

传统的税收政策制定者，如来自路易斯安那州的民主党参议员、参议院财政委员会主席罗素·龙（Russel Long），现在发现他们相对国会拨款委员会处于劣势。国会预算办公室在计算政府支出项目的经济效应时采用了凯恩斯乘数，但联合税务委员会计算的减税效应是静态的，忽略了它们对经济增长或激励的经济影响。

龙不是供给学派，但他已经在国会工作很长时间，并近距离观察了一系列税收变化及其影响。他的经验告诉他，供给学派关于减税造成的税收损失少于静态预测的结果是有一定道理的。在1977年的一次听证会上，龙说：

由于无法预计一切，税收估计可能与实际情况大相径庭……现在，如果我们实行投资税抵免，我们预计将会损失大约50亿美元……但是企业所得税税收不仅没有损失，反而有所增加。我们因此认为这使得经济过热，所以又废止投资税抵免。我们以为这样政府可以有更高的收入。但我们不仅没有赚到50亿美元，反而损失了50亿美元。过了一阵子，我们认为自己做错了，所以再次启用投资税抵免。它非但没有造成损失，反而增收了。然而，过了一阵子，我们再次将其废止。它再次带来与预计相反的结果，金额也大致相同。在我看来，如果我们考虑所有的因素，我们最终的结论是投资税抵免自身并没有对我们造成金钱损失。因为我从中得到的印象是它刺激经济和带来额外投资，是在创造收入而非造成损失。[37]

龙委托迈克尔·埃文斯这位经验丰富的计量经济学建模者为参议院财政委员会建立一个供给学派的模型。但当埃文斯完成其作品时，来自堪萨斯州的参议员鲍勃·多尔（Bob Dole）成为委员会主席，委员会的控制转移到共和党手中。财政委员会的新任主管鲍勃·莱特希泽（Bob Lighthizer）亲自告诉我他对那个项目没有兴趣，因为那是民主党发起的。当我问埃文斯有关模型的情况时，他书面回复我说，他做了一份正本，寄给财政委员会以完成合约，但没有保留其他副本。[38]

理性预期学派经济学家也在削弱凯恩斯经济学基础的过程中起到一定的作用。供给学派认为他们批判的关键在于计量经济学模型。他们认为人们会从政策变化中吸取教训，并相应改变他们的行为。对于同一政策，人们第一次和第二次的反应可能有所不同。有趣的是，凯恩斯基本赞成这一观点。[39]

国会的供给学派

正是在这种氛围下，肯普和来自特拉华州的共和党参议员威廉·罗斯（William Roth）提交了奠定供给经济学地位的法案。这源于肯普希望复制肯尼迪减税方案的愿望，他希望纯粹地、全面地降低个人所得税率，这与他早期的减税努力主要涉及许多有关企业的规定不同。

1976年我加入他的工作团队的时候，肯普已经在起草与他早期税收提案相似的建议，如约翰·F.肯尼迪批准的、面向企业的创造就业机会法。[40]诺曼·楚尔（Norman Ture）是肯普的顾问，与肯尼迪的减税方案有重要联系，因为他曾经为威尔伯·米尔斯（Wilbur Mills）工作过，而米尔斯曾经在肯尼迪减税时期担任众议院筹款委员会主席。

1976年8月，肯普从国会研究处获得肯尼迪减税政策导致的预计税收损失的相关数据。将这些税收损失数字与60年代以来的实际税收相比较，肯普得出肯尼迪减税政策增加了联邦税收的结论。他的论点更多的是一种推断，而非确凿的证据，因为他没有如果不实施肯尼迪减税政策的预期总税收数据。但有趣的是，曾经担任肯尼迪经济顾问委员会主席的沃尔特·赫勒（Walter Heller）不久就为他提供了旁证。1977年2月7日，赫勒在联合经济委员会作证。来自纽约的共和党参议员雅各·贾维茨（Jacob Javits）要求他评价肯普对国会研究处的备忘录作的分析。当时我正在听证室里，赫勒回答说：

> 很难确定1965年减税政策的确切效果，但在我们能分离其影响的范围内，看来它确实产生了巨大的刺激作用，为经济带来多重影响。这是我们在1965年中期在越南战争升级之前实现30亿美元财政盈余的主要因素。减税政策涉及120亿美元，大约换算成今天的330亿美元或340亿美元。而且在一年之内，财政部的收入已经超过减税之前……增税是否意味着成本已经弥补？我认为证据已经非常有力地证明了这一点。[41]

此后，赫勒对向供给学派提供了他们所缺乏的证据感到尴尬，并尝试将之收回。[42]但作为这事件的见证者，我没有理由认为他不是在表达诚挚的看法。确实，回顾肯尼迪及其顾问和支持者当时的声明，可清楚看到他们预期减税实际上会增加联邦税收。1962年12月14日，肯尼迪在纽约经济俱乐部演讲中说："这是一个矛盾的事实，当前的税率过高，税收过低，而提高长期税收最明智的方法是马上减税。"

在1963年9月24日的国会辩论中，众议院肯尼迪减税政策的主管威尔伯·米尔斯说："在我的脑海里，毫无疑问这份减税提案自身在接下来几年内可以使国民生产总值增加约500亿美元（约等于现在的3500亿美元）。如果真如此实施，减税可以增加至少120亿美元的额外收入（约等于现在的840亿美元）。"[43]

经济顾问委员会和经济学家亚瑟·奥肯（Arthur Okun）和劳伦斯·克莱因（Lawrence Klein）的同时期分析显示米尔斯的估计基本恰当。[44]当肯尼迪减税政策的影响在70年代末期成为一个政治问题时，政府作了更深入的分析。数据资源公司和沃顿计量经济学预测协会受雇研究肯尼迪减税的影响。[45]在看了他们的研究成果后，国会预算办公室作出以下结论：

> 关于1964年的减税对联邦赤字的影响一直存在争议……减税的直接效应是在初期税收快速下降后，减少税收约120亿美元（每年）。根据模型，减税引起的产出增加和此后的价格上升，在两年后收回30亿美元至90亿美元的税收。因此，联邦赤字的净增长只是120亿美元的25%至75%。[46]

因此，虽然肯尼迪减税政策可能没有立刻弥补其成本，大量的证据表明联邦政府税收损失少于预期，原因是减税对经济产生扩张的作用。[47]

税收反馈论据的真正意义在于弄清楚减税需要增加多少额外的联邦借贷。如果它们导致利率上升，就可以认为减税激励的大部分有益影响被抵消了。为此，弄清楚减税是否会增加私人储蓄同样重要。如果储蓄增加了，就应当将其计入税收反馈估计。

1981年在为联邦储备银行旧金山分行作的一份研究中，经济学家保罗·埃文斯得出肯尼迪减税政策实际增加的储蓄大于总减税额的结论。也就是说，家庭储蓄大于减税额的100%。因此，由于联邦预算赤字的增加，肯尼迪减税政策不会给利率水平施加上行的压力。当人们就里根减税政策对联邦借贷和利率水平的影响提问时，供给学派经常以此为论据。[48]因此，罗纳德·里根在1981年10月新闻发布会中直言肯尼迪减税政策损益相抵，是很中肯的。

《肯普—罗斯法案》的起源

有关该法案的工作始于1977年初。鉴于自1964年林登·约翰逊在国会强行通过肯尼迪的减税政策以来税率结构发生了巨大的变化，我的工作是弄清楚什么是"复制"肯尼迪的减税。我与来自罗斯办公室的布鲁斯·汤普森（Bruce Thompson），来自联合税务委员会的皮特·戴维斯（Pete Davis）、诺曼·楚尔等人一起工作，我们最终决定将最高的法定税率由70%降至50%，将最低税率由14%降至10%。我们感觉这大致相当于肯尼迪减税方案将最高法定税率由91%降至70%，最低税率由20%降至14%。

肯普—罗斯的建议大概在一年后开始得到关注。有意思的是，刺激增长足以补偿一定静态税收损失的想法一开始并不特别带争议性。确实，吉米·卡特的行政管理和预算办公室主任贝特·兰斯（Bert Lance）曾在《肯普—罗斯法案》提出类似观点前不久作证：

> 我个人的观察是在永久性减税的过程中，有充分的论据说明政府税收实际上在某个时间增加了。我认为这点在过去已经得到证实。我完全接受这类事情。[49]

财政部长迈克尔·布卢门撒尔（Michael Blumenthal）同样赞同减税可以提高收入的想法："在这一切背后有着简单的理念，即如果这行之有效，我期待会有更大的'蛋糕'和更活跃的经济活动，并产生更多的税收。"[50]

当国会预算办公室审查《肯普—罗斯法案》时，它预计税收反馈效应第一年可以补偿14%至19%之间的静态税收损失，第四年升至26%至38%之间。这与供给学派的预计一致。与流行的观点，包括罗纳德·里根的观点相反，供给学派从来不认为不会出现任何税收损失。显而易见，短期内会有大规模的税收损失。但是供给学派认为净税收损失可能会比静态估计预测的小很多。[51]

虽然供给学派认为降低边际税率肯定可以提高经济增长、投资和劳动力供给，但这绝非他们预期补偿税收的唯一途径。他们预计很多行为方式的改变会产生提高应税收入的效果。根据他们的预计，可扩大税基的最重要领域之一是所谓地下经济的收缩。我清楚地记得经济学家彼得·古特曼（Peter Gutmann）1977年写的那篇开创性的文章。他在文中估计地下经济约等于有记录的国民生产总值的10%。虽然逃税并非地下经济的唯一原因，高税率无疑大大助长了地下经济。因此，降低税率可以使一部分地下经济活动转移到所谓的地上进行，并成为纳税对象。[52]

供给学派还预计工人会改变他们的薪酬结构以增加工资的应税部分。例如，免税的小福利会变得不如现金工资那么吸引人。有大量的证据表明70年代的增税是健康保险之类的小福利增长的原因。[53]

供给学派还预计投资者会改变他们的投资组合，并同时提高应税收入。例如，当税率较低时，纳税造成的收入减少和其他减免税项目，如个人退休账户缴款，不再像原来那么有价值。与租房相比，具有许多优惠税率的自有住房不再那么吸引人。与更低税率的资本利得和免税的市政债券相比，应税的红利和利息会变得更有吸引力。即使降低税率不产生任何增长效应，仍可以预计所有这些因素会对提高应税收入产生重要影响。[54]

亚瑟·拉弗的观点

供给学派相信如果扩张性的减税政策成为立法，政府支出会有一定程度的自动下降。他们认为政府用于失业补偿和福利之类的支出大部分都是低增长的代价，当就业增加，这些支出会少很多。[55]因此，供给学派相信《肯普—罗斯法案》之类的建议对赤字的影响可以同时解释税收回流和周期性支出项目的自动削减。这就是为什么拉弗经常强调《肯普—罗斯法案》对赤字的影响，而不仅仅是对税收的影响。1978年他对该法案的立法程序首次发表正式声明，他说，"《肯普—罗斯法案》可以部分纠正现行税率的反产出性结构，大幅度增加产出，并很可能在几年内降低政府总赤字本会达到的规模。"[56]

拉弗还经常谈到税收回流对各级政府的影响。[57]因为州和地方政府总体具有产生预算盈余的趋势，它们较高的税收会增加国民储蓄。在1978年国会作证中，拉弗说：

> 在我看来，《肯普－罗斯法案》在三年内全面减税约30%……在联邦的层次上，很有可能在非常短的时间内，一年或两年或三年，减税不但可以产生更多的产出和就业，而且收入、利润和税收会因税基的扩大而实际有所增长。我非常清楚，按你的提议，降低这些税率……会大幅增加州和地方税收。这没有任何含糊之处。收入、生产力和产出的任何增加会大幅增加州和地方税收。如果你把政府看做一个整体，有可能会增加更多的税收。[58]

在一份1979年的学术论文中，拉弗总结了上述几点。减税产生的预期税收回流包括更高的联邦税收、更高的州和地方政府税收、更低的政府支出和更高的私人储蓄。"相关的问题，"他写道：

> 不是税收是否实际增长，而是税率变化能否"自求平衡"。因此，不仅应关注税率已变化的项目的收入，还应关注其他收入、支出和储蓄。如果一种税率降低，其他收入必然增加。经济活动的扩张会产生更大的税基，所有其他不变的税率会产生更多的税收。各级政府支出会下降，因为失业率降低与贫困减少导致福利支出减少。同样，政府雇员要求的实际工资会减少，因为当税率较低时，同一实际工资水平的税后工资更高……最后，减税会产生更高的储蓄从而为赤字提供融资。宽泛地说，这些税率和税收基本上就应该是指税率变化的自求平衡性质。[59]

拉弗从来没有精确估计《肯普—罗斯法案》或里根1981年的减税政策产生的经济或税收影响。他说过的最接近于说里根的减税可求平衡的话是在一份1981年的学术论文中：

> 可以合理地得出这样的结论：按照建议，税率每下调10%，总税收两年内可以自求平衡。此后每期收入可以为总税收作出正面的贡献。到减税计划的第三年，该计划第一期的净税收收益很

可能完全抵消最后10%的减税产生的税收减少。应该指出的是，这些收入的很大一部分会集中在州和地方政府，可以大大地，即使不是完全地，缓解这些政府明显的财政压力。[60]

但是，这些关于全面减税带来较快税收回流的含糊言辞与诺曼·楚尔和迈克尔·埃文斯所作的详细估计形成鲜明对比，后者明确包括了供给经济学效应。楚尔在1978年对《肯普—罗斯法案》的结果作了估计，并发现在剔除税收反馈后仍有大量的税收损失，即使在该法颁布10年后，税收仍比基线少530亿美元（以1977年的美元计）。[61]埃文斯的数字与之相近，显示以当时的美元计，1987年的赤字增加了610亿美元。[62]

大卫·斯托克曼

在国会，密歇根州的共和党众议员大卫·斯托克曼（David Stockman）是《肯普—罗斯法案》最强烈的支持者。他在1981年成为里根政府的行政管理和预算办公室主任，并因与里根在赤字问题上意见相左而闻名。[63]斯托克曼经常在众议院内和委员会发表讲话，支持通过全面的减税政策和反对为减少预算赤字而增税。例如，他在1978年3月1日说：

> 为实现预算平衡而提高税率更不适当。这样的举动无疑会"挤出"产出，就如政府刺激经济的市政投资无疑会"挤出"投资一样。议长先生，这些考虑清楚表明将这几十年来唯一的新财政政策思想贯彻实施的时机已经成熟：为减少政府对经济中的生产性部门造成的负担而主动地全面下调边际税率。[64]

1978年7月14日在参议院财政委员会作证时，斯托克曼明确地反驳了《肯普—罗斯法案》会导致更大的赤字和通货膨胀的指责：

> 这些指责是基于对《肯普—罗斯法案》的全面误解。我们倡议的不是作为选举年噱头的简单减税。相反，我们认为这项措施仅仅是一套完整的、崭新的财政政策计划迈出的一步。这一计划是基于经济的供给方，基于消除政府壁垒和障碍可以为经济注入更多的劳动力、资本、创新、风险承担和生产力的观

念。我在此向委员会提出，最大的政府壁垒和障碍就是刚刚肯普众议员提到的快速上升的边际税率……我想向委员会建议，如果我们提出的这份提案得到恰当的考虑，那些关于可怕的财政后果，即赤字的恐怖故事完全不会出现。如果你们理解我们是在用减税和一种激励性的供给经济学的方法取代刺激经济的政府投资和需求刺激的话，四年之内这个计划就可以产生巨大的财政盈余。[65]

斯托克曼还在许多其他场合为单边减税辩护。[66]那时，我曾经跟他密切共事，但我从来没听他表示过对供给经济学基本论点不完善有一丁点儿的担忧。这还是在里根有可能当选或斯托克曼有可能成为行政管理和预算办公室主任之前很久的事。而且别忘记斯托克曼在初选时支持的是前得克萨斯州州长约翰·康纳利（John Connally），只是在康纳利退出总统竞选后才转而支持里根。所以我认为他对减税的支持不是为了取得内阁任命而摆出的姿态，而是在表达真诚的信念。

1980年，里根实质上采用了《肯普—罗斯法案》作为他竞选时的主要经济主张。当选后，他最先的行动之一是在1981年2月17日向国会建议通过一项以《肯普—罗斯法案》为蓝本的减税计划。该计划显示在第一年会产生539亿美元税收损失，到1986年末升至2217亿美元。税收反馈没有计入其中。[67]

有趣的是，对于里根减税政策产生的潜在税收回流，老资格的凯恩斯主义经济学家比白宫还要乐观。例如，美国现代财政学之父、哈佛的经济学家理查德·马斯格雷夫（Richard Musgrave），1981年初在联合经济委员会前证实，里根计划有可能以扩大需求来补偿18%的静态税收损失，以扩大供给来补偿另外的30%至35%。[68]林登·约翰逊时期的经济顾问委员会主席加德纳·阿克利（Gardner Ackley）认为里根的计划优于肯尼迪的计划，他说：

> 我认为对里根减税提议的反应与肯尼迪的相似。我认为，一般情况下，如果只考虑减税本身，而不考虑其他一切，这

两个方案产生的反应是一样的。我认为我们会发现总需求会对减税产生重大反应，这会如1963年之后的那样，刺激额外的产出、就业和投资。这种情况今天会再次发生。结果将大有裨益。[69]

拉弗在作证时说里根的减税将需要10年的时间弥补成本，与他对《肯普—罗斯法案》的观点一致。[70]自由派的布鲁金斯学会的约瑟夫·A.佩克曼（Joseph A. Pechman）与拉弗的观点基本一致。在同一场国会听证会的发言中，佩克曼说他很高兴听到亚瑟·拉弗没有夸大一些被归因于供给经济学家的事情。他告诉我们的是，如果减税或者增加储蓄和劳动力的净回报，工作和储蓄的积极性会有所提升。我认为每一位经济学家，不管他属于什么学派，都会同意这一点。[71]

斯托克曼再一次有力地说明在控制预算的同时减税的必要性。因为税级攀升和仍然高企的通货膨胀率，未来税收的预测总是倾向显示会在几年后达到预算平衡。但是支出增长总是大于税收增长。因此，减税是遏制支出增长必不可少的措施，这才是里根政府的目标，而非预算平衡。正如斯托克曼在其行政管理和预算办公室主任任命听证会上对参议院财政委员会所说的：

> 我非常强烈地相信，如果我们不减税，我们将没有希望在未来三到四年内达到预算平衡，也没有希望削减我们今年再次面对的巨大赤字。当然，有一些人在纸上推算，用计算机计算，试图证明如果我们保持高通货膨胀率和允许企业和个人税率继续攀升，我们将自然而然地在1983年或1984年财政年度实现预算平衡。但那只是神话。那只是计算机作的预测。那仅仅是纸上谈兵，在现实中不可能实现。过去四五年我们每年都有这些预测数字，但当我们向目标年份推进时，预算平衡都像晨雾般消失了。这是有原因的。主要原因是当今的税负过重，阻碍经济增长，而没有经济增长，我们根本不可能希望实现预算平衡。[72]

最终，斯托克曼因财政赤字的问题而与里根分道扬镳。但他经常承认减税并非赤字的真正原因，因为它只是抵消通货膨胀自然带来的增税。在他1986年的著作《政治的胜利》里，斯托克曼写道：

> 卡特的税收估计假设了美国历史上所得税税级攀升的最长存续期。但如果你以因通货膨胀和税级攀升而上涨的税收水平为起点，未来四五年后再拿出税收结果，财政奇迹很容易出现……高通货膨胀水平下，里根的减税政策大抵相当于使财政状况跟上通货膨胀水平；肯普—罗斯的减税仅仅抵消税级攀升。[73]

一些分析家指出里根的减税计划规模不够大，未能全面抵消税级攀升，《纽约时报》也因此而对其进行抨击。之后的分析确认里根的减税大体相当于让税收系统跟上通货膨胀水平，并阻止宏观税负水平上升。[74]确实，联邦宏观税负水平在80年代实际上高于70年代，略低于90年代。根据国会预算办公室的数据，70年代的宏观税负水平平均是17.93%，80年代是18.25%，90年代是18.56%。

里根政府的财政赤字

里根的减税政策在1981年获得通过后，大规模预算赤字出现，减税政策的供给经济学效应问题在许多人的脑海里得到解答。显而易见，其中存在简单的因果关系：减税成为立法，赤字出现，因此减税导致赤字。[75]

经济学家劳伦斯·林赛（Lawrence Lindsey）是事后第一个评估里根减税政策对税收的影响的人，他的数据来源于经济的实际表现而非基于预测和假设的推断。在他最初的努力中，他的结论是：以净值来计，减税通过行为效应产生了约25%的静态税收损失回流。一些国会预算办公室经济学家的估计也得到类似的结论。[76]林赛最后的计算结果是税收回流大致弥补减税政策三分之一的直接成本，包括凯恩斯的需求方效应和供给方效应。"所以，关于税率变化的经济效应，谁是对的"，林赛问，"凯恩斯学派还是供给学派"？

答案是两者均是，至少在一定程度上如此。凯恩斯学派宣称如此大幅度的削减税率会有力地增加需求，这是正确的，这一点供给学派从来没有否认但可能低估了。需求方税收反馈大致相等于供给方和金钱效应共同产生的行为反馈。另一方面，税收结果证实了供给学派最重要的主张：减税使纳税人行为产生颇大的改变。这一主张得到结果的有力印证，却与凯恩斯理论和大部分凯恩斯学派的预测完全相反。供给方和金钱效应的共同作用补偿了超过三分之一的《经济复苏税法》预期的直接成本，这是非常有说服力的反应。[77]

因此，如果减税规模太小，不足以全面抵消税级攀升而税收反馈效应只弥补了三分之一的静态税收损失，那么巨大的预算赤字从何而来？很明显，大部分来自国防和其他项目的高额支出，还有1981年和1982年的严重经济衰退。但保罗·克雷格·罗伯茨认为大部分的赤字讽刺性地产生于谁也没有预计到的反通货膨胀的巨大胜利。[78]

请记住，传统智慧认为即使没有减税这个额外需求刺激，通货膨胀水平需要多年才能从1980年的两位数字下降到较小的一位数字。的确，简单的奥肯法则计算表明需要类似大萧条的事件才能使通货膨胀降到可容忍的水平上。[79]

由于税收是按名义收入而非实际收入征收的，当通货膨胀由1980年的12.5%下降到1982年及以后整个80年代的大约4%时，预期税基瓦解了。讽刺的是，虽然经常被指过于乐观，里根政府仍指望通货膨胀会非常缓慢地下降，这样，就算减税，税级攀升还是会增加税收。里根政府预计在1981至1986年间GNP平减指数会上升36%，实际上，却只有21%。[80]当通货膨胀下降的速度大大快于政府内外人士的预计时，税收不可避免地少于预期。

考虑到这一效果，卡特政府最后一次的财政预算预测通货膨胀在1981年为12.6%，1982年为9.6%。它还估计，通货膨胀比预测水平每下降1个百分点会减少收入达110亿美元。[81]当实际通货膨胀水平在1981年为8.9%和1982年为3.8%时，这意味着低于预期的通货膨胀自身就增加赤字达50%，使赤字在1981年增加了410亿美元（约等于现在的1800亿美元），在1982年增加了640亿美元（约等于现在的2700亿美元）。

有人认为，预算赤字抵消了1981年减税政策全部的刺激效应。[82]但是，这一极端的观点没有得到大部分经济学家的认同。许多里根的政治对手也承认，如此快速地以低于原本想象的经济成本降低通货膨胀水平是了不起的成就。此外，在经过了70年代委靡不振的经济之后，80年代的经济增长和生产力的反弹至少部分来自减税政策的刺激作用。

1989年诺贝尔经济学奖得主麻省理工大学教授保罗·萨缪尔森承认，"历史学家会承认20世纪80年代的后半段是段经济胜利的历史"。即使比尔·克林顿的经济顾问委员会也承认1981年的减税政策是刺激经济增长的重要因素。"不可否认，80年代早期的大幅减税是经济增长的强大动力"，1994年的总统经济报告如是说。[83]

注释：

1. "The Great New Monetary Experiment"，Business Week，July 13, 1981, 48。1981年之前，这一理论没有表面看来那么有争议性：例如，见Martin Feldstein and Kathleen Feldstein, "Tight Money and Tax Cuts: A Mix That Works",WP, July 21, 1981.

2. Robert J. Samuelson, The Great Inflation and Its Aftermath (New York: Random House, 2008), 105-17.

3. "Nixon Reportedly Says He Is Now a Keynesian",NYT，Jan. 7, 1971。尼克松的话经常被误引用为："我们现在全部是凯恩斯主义者。"实际上，这一引述出自经济学家米尔顿·弗里德曼，最初出现在《时代》，1965年12月31日。在1966年2月4日给编辑的一封信中，弗里德曼称这一引述有点断章取义。他说的是："在某种意义上，我们现在都是凯恩斯主义者；在另一种意义上，没有人仍旧是凯恩斯主义者。"

4. Harry G. Johnson, "The Keynesian Revolution and the Monetarist Counter-Revolution", AER, May 1971, 1-14.

5. Milton Friedman and Rose D. Friedman, Two Lucky People: Memoirs (Chicago:

UCP, 1998), 112-13; George Tavlas, "Was the Monetarist Tradition Invented?" JEP, Fall 1998, 211-22; J. Ronnie Davis, The New Economics and the Old Economists (Ames: Iowa State University Press, 1971), 38-63; 也见 Davis, "Chicago Economists, Deficit Budgets, and the Early 1930s", AER, June 1968, 476-82, and "The Last Remake of the New Economics and the Old Economists: Comment", SEJ, Jan. 1979, 919-25; Talvas, "Chicago, Harvard, and the Doctrinal Foundations of Monetary Economics", JPE, Feb. 1997, 153-77.

6. Milton Friedman, "The Goldwater View of Economics", NYTM, Oct. 11, 1964, 35ff; Alan Otten, "Barry's Boys", WSJ, July 17, 1964; Frank C. Porter, "Blunt Views from a Barry Aide", WP, Sept. 11, 1964; M. J. Rossant, "A Talk with a Goldwater Man," NYT, Oct.8, 1964.

7. Milton Friedman, "The Role of Monetary Policy", AER, March 1968, 1-17; Friedman, "Inflation and Unemployment", JPE, June 1977, 451-72; Friedman, Unemployment versus Inflation (London: Institute of Economic Affairs, 1975).

8. "The New Attack on Keynesian Economics", Time, Jan. 10, 1969; Alfred L. Malabre Jr., "Milton Friedman's Ideas Gain Wider Acceptance Among Policy-Makers", WSJ, Nov. 4, 1969; Hobart Rowen, "Friedman's Views Gaining Credence", WP, Dec. 29, 1968.

9. Melville J. Ulmer, "The Collapse of Keynesianism", TNR, May 5, 1973, 18-21.

10. Franco Modigliani, "The Monetarist Controversy or, Should We Forsake Stabilization Policies?" AER, March 1977, 1.

11. 关于通货膨胀与个人所得税，见Henry Aaron, Inflation and the Income Tax（Washington：Brookings, 1976）；CBO, Indexing the Individual Income Tax for Inflation（Washington：USGPO, 1980）；George von Furstenberg, "Individual Income Taxation and Inflation", NTJ, March 1975, 117-25。关于边际税率的上升，见附录六和Robert J. Barro and Chaipat Sahasakul, "Measuring the Average Marginal Tax Rate from the Individual Income Tax", Journal of Business, Oct. 1983, 419-52；Jane Gravelle, The Economic Effects of Taxing Capital Income（Cambridge：MIT Press, 1994）, 20；John Seater, "Marginal Federal Personal and Corporate Income Tax Rates in the US, 1909-1975", JME, Nov. 1982, 361-81。关于资本利得，见

Robert Eisner,"Capital Gains and Income: Real Changes in the Value of Capital in the United States, 1946-77", in Dan Usher, ed., The Measurement of Capital (Chicago: UCP, 1980), 175-342; Martin Feldstein and Joel Slemrod, "Inflation and the Excess Taxation of Capital Gains on Corporate Stock", NTJ, June 1978, 107-18。关于公司, 见Solomon Fabricant, "Accounting for Business Income Under Inflation: Current Issues and Views in the United States", RIW, March 1978, 1-24; Nicholas J. Gonedes, "Evidence on the 'Tax Effects' of Inflation Under Historical Cost Accounting Methods", Journal of Business, April 198, 227-70; John B. Shoven and Jeremy I. Bulow, "Inflation Accounting and Nonfinancial Corporate Profits: Physical Assets", BPEA, no. 3, 1975, 557-98; John B. Shoven and Jeremy I. Bulow, "Inflation Accounting and Nonfinancial Corporate Profits: Financial Assets and Liabilities", BPEA, no.1, 1976, 15-57.

12. U.S. Treasury Department, Report to Congress on the Capital Gains Tax Reductions of 1978 (Washington: USGPO, 1985), 11.

13. Milton Friedman, "Real and Pseudo Gold Standards", JLE, Oct. 1961, 66-79.

14. Robert Mundell, The Dollar and the Policy Mix: 1971 (Princeton: International Finance Section, Department of Economics, Princeton University, 1971), 24-25.

15. Arthur B. Laffer, "Economist of the Century", WSJ, Oct. 15, 1999; David Meiselman and Arthur B. Laffer, The Phenomenon of Worldwide Inflation (Washington: AEI, 1975).

16. Robert Mundell, "Inflation from an International Point of View", in Meiselman and Laffer, Phenomenon of Worldwide Inflation, 143。关于此次会议的重要性,见Howard R. Vane and Chris Mulhearn, "Interview with Robert A. Mundell", JEP, Fall 2006, 102-3。关于减税的通货膨胀效应,见艾伦·布林德(Alan Blinder)、约翰·布里坦(John Brittain)、爱德华·丹尼森(Edward Denison)、奥托·埃克斯坦(Otto Eckstein)、马丁·费尔德斯坦、约翰.肯尼思·加尔布雷思、爱德华·格拉姆利克(Edward Gramlich)和约瑟夫·A.佩克曼(Joseph A. Pechman)在众议院筹款委员会的陈述, Tax Reductions: Economists' Comments on H.R.8333 and S.1860 (The Kemp-Roth Bill), 95th Cong., 2nd sess. (Washington: USGPO, 1978); CEA, ERP, 1981, 493-99。

17. Jude Wanniski, "It's Time to Cut Taxes", WSJ, Dec. 11, 1974; James P. Gannon, "Tax Cut to Stimulate Economy Is Urged at White House Meeting of Economists", WSJ, Dec. 20, 1974.

18. Arthur B. Laffer, Stephen Moore, and Peter J. Tanous, The End of Prosperity (New York: Simon & Schuster, 2008), 23-24; Dick Cheney discussed this meeting in a Fortune interview on its website, Nov. 26, 2007; John Robert Greene, The Presidency of Gerald R. Ford (Lawrence: University Press of Kansas, 1995), 73-74.

19. Jude Wanniski, "The Mundell-Laffer Hypothesis—A New View of the World Economy", TPI, Spring 1975, 49-50.

20. Jude Wanniski, The Way the World Works (New York: Basic Books, 1978); Arthur B. Laffer, "The Iniquitous 'Wedge'", WSJ, July 28, 1976; Paul Craig Roberts, "The Economic Case for Kemp-Roth", WSJ, Aug. 1, 1978.

21. Irving Kristol, Neoconservatism (New York: Free Press, 1995), 34-37; Robert L. Bartley, "Thirty Years of Progress—Mostly", WSJ, Nov. 20, 2002.

22. Edwin Dale Jr., "A New Theory: Inflation Triggers Recession", NYT, July 18, 1976.

23. "Mr. Callaghan Talks Business", NYT, Oct. 10, 1976.

24. Leonard Silk, "Germany Intends to Keep Economy 'in Good Shape'", NYT, Jan. 24, 1977; "Is Keynes Dead"? Business Week, June 20, 1977, 74-75; "Keynes Is Dead", WSJ, Jan. 31, 1977; Alfred L. Malabre Jr., "May His Ideas Rest in Peace", WSJ, Nov. 17, 1977.

25. Anthony M. Santomero and John J. Seater, "The Inflation-Unemployment Trade-Off: A Critique of the Literature", JEL, June 1978, 533.

26. Alan S. Blinder, "The Fall and Rise of Keynesian Economics", Economic Record, Dec. 1988, 278.

27. Martin Feldstein, "The Retreat from Keynesian Economics", TPI, Summer 1981, 93.

28. Edmund S. Phelps, "Cracks in the Demand Side: A Year of Crisis in Theoretical Macroeconomics", AER, May 1982, 378.

29. 关于资本利得税率变化的历史，见Leonard Burman, The Labyrinth of

Capital Gains Tax Policy（Washington：Brookings, 1999）：26-27；资本利得税率和变现的有关数据见附录V；Martin Feldstein, "American Economic Policy in the 1980s: A Personal View", in Martin Feldstein ed., American Economic Policy in the 1980s（Chicago：UCP, 1994）, 14。

30. Charles C. Holt and John P. Shelton, "The Lock-In Effect of the Capital Gains Tax", NTJ, Dec. 1962, 337-52; Harley H. Hinrichs, "An Empirical Measure of Investors' Responsiveness to Differentials in Capital Gains Tax Gains Tax Rates Among Income Groups", NTJ, Sept. 1963, 228.

31. 马丁·费尔德斯坦的陈述，参议院财政委员会，《1978年税收法》, 95th Cong., 2nd sess. (Washington: USGPO, 1978), 3:687-90；Martin Feldstein, Joel Slemrod, and Shlomo Yitzhaki, "The Effects of Taxation on the Selling of Corporate Stock and the Realization of Capital Gains", QJE, June 1980, 777-91；Gary L. Ciminero, Economic Impact Analysis of a Capital Gains Tax Reduction（New York：Merrill Lynch Economics, 1978）；Michael K. Evans, The Economic Effects of Reducing Capital Gains Taxes（Bala Cynwyd, PA：Chase Econometric Associates, 1978）；JCT, General Explanation of the Revenue Act of 1978 (Washington: USGPO, 1979), 252；CBO, How Capital Gains Tax Rates Affect Revenues: The Historical Evidence(Washington: USGPO, 1988), 43；Lawrence B. Lindsey, "Capital Gains Rates, Realizations, and Revenues", in Martin Feldstein ed., The Effects of Taxation on Capital Accumulation（Chicago：UCP, 1987）, 69-100；Treasury Department, Capital Gains Tax Reductions, 178, 184。确实，财政部最终改变了其税收估计方法，以显示降低资本利得税可以提高税收；Kenneth Gideon 在众议院财政委员会的陈述, Tax Incentives for Increasing Savings and Investments, 101st Cong., 2nd sess. (Washington: USGPO, 1990),209-37.

32. Michael K. Evans, "The Bankruptcy of Keynesian Econometric Models", Challenge, Jan.-Feb. 1980, 13-19; and "Confessions of an Economic Forecaster", NYT, Feb. 17, 1980.

33. John F. Manley, "Congressional Staff and the Public Policy-Making: The Joint Committee on Internal Revenue Taxation", Journal of Politics, Nov. 1968, 1046-67。关于税收估计程序的回顾，见Michael D. Bopp, "The Roles of Revenue Estimating and

Scoring in the Federal Budge Process", Tax Notes, Sept. 21, 1992, 1692-52; Emil M. Sunley and Randall D. Weiss, "The Revenue Estimating Process", American Journal of Tax Policy, Fall 1992, 261-98.

34. Congressional Record, Nov. 14, 1989, S15534 (daily ed.).

35. CBO, Temporary Measures to Stimulate Employment: An Evaluation of Some Alternatives (Washington: USGPO, 1975), 69.

36. Paul Craig Roberts, "The Breakdown of the Keynesian Model", TPI, Summer 1978, 20-33.

37. Senate Finance Committee, Incentives for Economic Growth, 95th Cong., 1st sess. (Washington: USGPO, 1977), 242。有趣的是，经济学家肯尼思·贾德(Kenneth Judd)此后证实了龙的非正式说法，即投资税抵免可能会盈亏相抵：Judd, "The Welfare Cost of Factor Taxation in a Perfect-Foresight Model", JPE, Aug. 1987, 675-709.

38. Juan Cameron, "The Economic Modelers Vie for Washington's Ear", Fortune, Nov. 20, 1978, 102-5；1981年5月21日，迈克尔·K.埃文斯致布鲁斯·R.巴特利特的函（作者所有）。当然，埃文斯完全是假装不知道的。他知道由于财政委员会对他的工作没有进一步的兴趣，他可以随意处置，但无意把模型免费送人。但是，研究的大部分成果最终收录于《供给经济学的真相》，迈克尔·K.埃文斯（New York：Basic Books, 1983）。

39. Robert E. Lucas, "Econometric Policy Evaluation: A Critique", in Karl Brunner and Alan Meltzer, eds., The Phillips Curve and Labor Markets (New York: North-Holland, 1976), 19-46; Robert E. Lucas and Thomas J. Sargent, "After Keynesian Macroeconomics", FRBMQR, Spring 1979, 1-16; Keynes, Writings, 7:297-98, 14:295-301. 也见 Robert Leeson, "'The Ghosts I Called I Can't Get Rid of Now': The Keynes-Tinbergen-Friedman-Phillips Critique of Keynesian Macroeconomics", HOPE, Spring 1998, 51-94.

40. The memo is reprinted in Bruce Bartlett, Reaganomics: Supply-Side Economics in Action (Westport, CT: Arlington House, 1981), 213-14.

41. JEC, The 1977 Economic Report of the President, 95th Cong., 1st sess. (Washington: USGPO, 1997), 161.

42. Walter W. Heller, "'Supply-Side' Tax Reductions", NYT, Dec. 17, 1980.

43. Congressional Record, Sept. 24, 1963，17907。请注意，肯尼迪和里根的官方税收估计全都显示重大的税收损失；见财政部长亨利·福勒(Henry Fowler)的陈述，众议院银行和货币委员会，Meetings with Department and Agency Officials，90th Cong., 1st sess. (Washington: USGPO,1967），2-17.

44. CEA, ERP, 1965, 65-66; Arthur M. Okun, "Measuring the Impact of the 1964 Tax Reduction", in Walter W. Heller, ed., Perspectives on Economic Growth (New York: Random House, 1968), 25-49; Lawrence B. Klein, "Econometric Analysis of the Tax Cut of 1964", in James Duesenberry et al., The Brookings Model: Some Further Results (Chicago: Rand McNally, 1969), 459-72.

45. Published in House Budget Committee and JEC, Economic Stabilization Policies: The Historical Record, 1962-76, Joint Committee Print, 95th Cong., 2nd sess. (Washington: USGPO, 1978).

46. CBO, Understanding Fiscal Policy (Washington: USGPO, 1978), 25.

47. 维克托•A.肯图(Victor A. Canto)，道格拉斯•H.乔伊纳(Douglas H. Joines)和罗伯特•I.韦伯(Robert I. Webb)把州和地方政府累积的高税收包括在联邦政府税收之内，基本可以证明肯尼迪的减税方案盈亏相抵，见"The Revenue Effects of Kennedy Tax Cuts"，in Canto，Joines and Arthur B.Laffer, ed., Foundations of Supply-Side Economics: Theory and Evidence（New York：Academic Press，1983），72-103。

48. Paul Evans, "Kemp-Roth and Saving", Federal Reserve Bank of San Francisco Weekly Letter, May 8, 1981; Paul Craig Roberts, "The Tax Cut Will Help Savings", Fortune, Aug. 24, 1981, 44-45; Michael K. Evans, "The Source of Personal Saving in the U.S.", WSJ, March 23, 1981.

49. JEC, The 1977 Economic Report of the President, 95th Cong., 1st sess. (Washington: USGPO, 1977), 478.

50. Hobart Rowen, "Treasury Chief Favors Uniform, Lower Income Tax Rate", WP, Jan.23, 1977.

51. CBO，An Analysis of the Roth-Kemp Tax Cut Proposal (Washington: USGPO, 1978），43；Douglas Brinkley，ed., The Reagan Diaries（New York：HarperCollins，2007），58。但是，所有的政府官方税收预测都清楚地显示减税带来的税收损失与标

准税收估计方法相一致。

52. Peter M. Gutmann, "The Subterranean Economy", Financial Analysts Journal, Nov.-Dec. 1977, 26-27, 34. 古特曼的研究是1979年三次国会听证会的议题,并产生大量的文献,见Friedrich Schneider and Dominik H. Enste, "Shadow Economies: Size, Causes, and Consequences",JEL, March 2000, 77-114。说明降低税率可以显著减少逃税的文章包括: James Alm, "Compliance Costs and the Tax Avoidance-Tax Evasion Decision", PFQ, Jan. 1988, 31-66; Charles T. Clotfelter, "Tax Evasion and Tax Rates: An Anaysis of Individual Returns", RES, Aug. 1983, 363-73; Reinhard Neck, Friedrich Schneider, and Markus F. Hofreither, "The Consequences of Progressive Income Taxation for the Shadow Economy: Some Theoretical Considrations",in Dieter Bös and Bernhard Felderer, eds., The Political Economy of Progressive Taxation (New York: Springer-Verlag, 1989), 149-76; Roger N. Waud, "Tax Aversion and the Laffer Curve", Scottish Journal of Political Economy, Aug. 1986, 213-27。

53. 见Henry S. Farber, "Individual Preferences and Union Wage Determination: The Case of the United Mine Workers", JPE, Oct. 1978, 923-42; Werner Z. Hirsch and Anthony M. Rufolo, "Effects of State Income Taxes on Fringe Benefit Demand of Policemen and Firemen",NTJ, June 1986, 211-19; James E. Long and Frank A. Scott, "The Income Tax and Nonwage Compensation," RES, May 1982, 211-19; James E. Long and Frank A. Scott, "The Impact of the 1981 Tax Act on Fringe Benefits and Federal Tax Revenues",NTJ, June 1984, 185-94; Frank A. Sloan and Killard W. Adamache, "Taxation and the Growth of Nonwage Compensation", PFQ, April 1986, 115-37; Susan Vroman and Gerard Anderson, "The Effect of Income Taxation on the Demand for Employer-Provided Health Insurance",Applied Economics, Feb. 1984, 33-43; Stephen A. Woolbury, "Substitution Between Wage and Nonwage Benefits", AER, March 1983, 166-82; Stephen A. Woodbury and Daniel S. Hammermesh, "Taxes, Fringe Benefits and Faculty",RES, May 1992, 287-96.

54. Victor A. Canto and Marc A. Miles, "The Missing Equation: The Wedge Model Alternative",Journal of Macroeconomics, Spring 1981, 247-89; Charles T. Clotfelter, "Tax-Induced Distortions and the Business-Pleasure Borderline: The Case of

Travel and Entertainment", AER, Dec. 1983, 1053-65; James Gwartney and James Long, "Tax Rates, Tax Shelters, and the Efficiency of Capital Formation", in Dwight R. Lee ed., Taxation and the Deficit Economy (San Francisco: Pacific Research Institute, 1986), 107-39; James Gwartney and James Long, "Income Tax Avoidance and an Empirical Estimation of the Laffer Curve", Office of the Assistant Secretary for Economic Policy, U.S. Treasury Department, July 1984; James E. Long, "The Income Tax and Self-Employment", NTJ, March 1982, 31-42; James E. Long, "Income Taxation and the Allocation of Market Labor", Journal of Labor Research, Summer 1982, 259-76; James E. Long, "Tax Rates and Tax Losses: A Preliminary Analysis Using Aggregate Data", PFQ, Oct. 1984, 457-72; James E. Long, "Marginal Tax Rates and IRA Contributions", NTJ, June 1990, 143-53。请注意，这次降低最高税率自动降低了资本利得税率，因为60%的资本利得免征税，而余下40%的应税税率为一般所得税税率。

55. Darwin G. Johnson, "Sensitivity of Federal Expenditures to Unemployment", PFQ, Jan. 1981, 3-21; Office of Income Security Policy, "The Cyclical Behavior of Income Transfer Programs: A Case Study of the Current Recession", Technical Analysis Paper no. 7, Office of the Assistance Secretary for Planning and Evaluation; Department of Health, Education and Welfare, Oct. 1975.

56. House Ways and Means Committee, Economists' Comments, 64.

57. 关于包含州和地方政府效应，见Michael R. Baye and Darrell F. Parker, "The Consumption Tax and Supply Side Economics: Some Short-Term Revenue Effects", Cato Journal, Fall 1981, 629-32.

58. JEC, The 1978 Midyear Review of the Economy, 95th Cong., 2nd sess. (Washingtion: USGPO, 1978), 129.

59. Arthur B. Laffer, "An Equilibrium Rational Macroeconomic Framework", in Nake M. Kamrany and Richard H. Day, eds., Economic Issues of the Eighties (Baltimore: Johns Hopkins University Press, 1979), 54-55。出版物中有一些拼写错误，拉弗私下向我纠正了。

60. Arthur B. Laffer, "Government Exactions and Revenue Deficiencies", Cato Journal, Spring 1981, 21。费尔德斯坦引用这一段话以反驳马丁·安德森(Martin

Anderson),安德森说里根政府从未预计减税会产生更高的税收。当然,拉弗并非政府官员,他只是里根总统经济政策顾问委员会的成员之一,该委员会由一群民间经济学家组成,偶尔与总统会面并提供非正式建议。Martin Anderson, Revolution(New York: Harcourt Brace Jovanovich, 1988), 140-63; Martin Feldstein, "American Economic Policy in the 1980s: A Personal View", in Martin Feldstein ed., American Economic Policy in the 1980s(Chicago: UCP, 1994), 25.

61. House Ways and Means Committee, Economists' Comments, 96。虽然楚对《肯普—罗斯法案》税收效应的估计是合理的,他通常不会如此保守。1976年,楚估计肯普之前提出的减税方案,即就业创造法,可以立刻盈亏相抵,并在此后每年产生净税收;见Reducing Unemployment: The Humphrey-Hawkins and Kemp-McClure Bills(Washington: AEI, 1976), 30-32。

62. House Budget Committee and Senate Budget Committee, Leading Economist's Views of Kemp-Roth, Joint Committee Print, 95th Cong., 2nd sess. (Washington: USGPO, 1978), 76.

63. 关于斯托克曼的过失,见William Greider, "The Education of David Stockman", Atlantic Monthly, Dec. 1981, 27-54。

64. Congressional Record, March 1, 1978, E919 (daily ed.).

65. Senate Finance Committee, Individual and Business Tax Reduction Proposals, 95th Cong., 2nd sess. (Washington: USGPO, 1978), 101-4.

66. Congressional Record, Aug. 10, 1978, H8358 (daily ed.); David A. Stockman, "Why the Economic Doctors Failed", WP, March 2, 1980; Stockman, "Our Grand New Platform", WP, July 15, 1980.

67. White House, A Program for Economic Recovery (Washington: USGPO, 1981), 16.

68. JEC, The 1981 Economic Report of the President, 97th Cong., 1st sess. (Washington: USGPO, 1981); 3:17-21.

69. House Ways and Means Committee, Tax Aspects of the President's Economic Program, 97th Cong., 1st sess. (Washington: USGPO, 1981), 449.

70. House Ways and Means Committee, Tax Aspects of the President's Economic Program, 97th Cong., 1st sess. (Washington: USGPO, 1981), 469.

71. House Ways and Means Committee, Tax Aspects of the President's Economic Program, 97th Cong., 1st sess. (Washington: USGPO, 1981), 430。

72. Senate Finance Committee, Nomination of David A. Stockman, 97th Cong., 1st sess. (Washington: USGPO, 1981), 24-25.

73. David A. Stockman, The Triumph of Politics (New York: Harper & Row, 1986), 67, 94-95.

74. Richard B. McKenzie, "An introduction to the Personal Tax 'Cuts'", WSJ, Jan. 8, 1982, and "Supply-Side Economics and the Vanishing Tax Cut", FRBAER, May 1982, 20-24; Stephen A. Meyer and Robert J. Rossana, "Did the Tax Cut Really Cut Taxes?" FRBPBR, Nov.-Dec. 1981, 3-12; "Why Only a Popgun Tax Cut?" NYT, Feb. 26, 1981; "Kemp-Roth: Too Large and Too Small", NYT, April 27, 1981; Dimitri Andrianacos and Ali T. Akarca, "Long-Run Impact of Tax Rate Changes on Government Receipts", PFQ, Jan. 1998, 80-94; Charles T. Clotfelter, "Tax Cut Meets Bracket Creep: The Rise and Fall of Marginal Tax Rates", PFQ, April 1984, 131-52; Stephen A. Meyer, "Tax Cuts: Reality or Illusion?" FRBPBR, July-Aug. 1983, 3-15; Sylvia Nasar, "After Tax Changes of 80's, Burden Is No Lighter", NYT, Oct. 1, 1992; John A. Tatom, "The 1981 Personal Income Tax Cuts: A Retrospective Look at Their Effects on the Federal Tax Burden", FRBSLR, Dec. 1984, 5-17.

75. 关于这种想法的典型例子，见Hobart Rowen, "Deficits Prove Supply Side Theory False", WP, Dec. 20, 1981。

76. Lawrence B. Lindsey, "Individual Taxpayer Response to Tax Cuts: 1982-1984" ,Journal of Public Economics, July 1987, 173-206; Rosemarie M. Neilsen, Frank J. Sammartino, and Eric Toder, "CBO Replies to Lindsey" ,Tax Notes, May 4, 1987, 496-501.

77. Lawrence B. Lindsey, The Growth Experiment: How the New Tax Policy Is Transforming the U.S. Economy (New York: Basic Books, 1990), 76.

78. Paul Craig Roberts, "How the Defeat of Inflation Wrecked the U.S. Budget", LAT, Jan. 27, 1987, and "What Really Happened in 1981", Independent Review, Fall 2000, 279-81.

79. 亚瑟·奥肯说将基本通货膨胀率降低1%的成本是一年国民生产总值的

10%，见"Efficient Disinflationary Policies"，AER, May 1978, 348-52。

80. White House, Program for Economic Recovery, 25.

81. OMB, Budget of the United States Government, Fiscal Year 1982 (Washington: USGPO, 1981), 3, 59.

82. M. A. Akhtar and Ethan S. Harris, "The Supply-Side Consequences of U.S. Fiscal Policy in the 1980s" ,Federal Reserve Bank of New York Quarterly Review, Spring 1992, 1-20.

83. Paul Samuelson, "The '80s Are an Economic Success Story" ,Christian Science Monitor, Oct. 4, 1989; CEA, ERP, 1944, 88.

第五章 供给经济学的兴衰

在供给经济学的评论家眼里，供给经济学就是一堆为大幅减轻富人税负而辩解的"废话"。一些评论家甚至暗示，供给经济学学者是在减税得益者的要求下创造出这一理论的[1]。

事实上，供给经济学的起源是可敬的。这样说是因为我是见证人。我在前面的章节讲过，罗伯特·蒙代尔等著名的经济学家在无名的学术期刊上发表理论文章，为供给经济学播下种子。但是供给经济学的思想来源于历史。肯尼迪的减税政策给了他们最重要的历史影响，但其他减税事件，如20世纪20年代发生的减税事件也影响了他们。

虽然人们普遍认为20世纪80年代的赤字宣告了供给经济学的失败，但事实上，其基本论点已经完全融入主流的经济学。如今的经济学家比供给经济学兴起前的经济学家对征税的激励效果更加敏感。但与凯恩斯经济学一样，供给经济学的模型也被误用和滥用。这在乔治·布什执政期间非常明显。他和其他政府高官时常断言所有的减税措施都会增加税收，但这一点从未被最初的供给经济学认同。他们认为某些特定的减税会立刻盈亏相抵，其他减税减少的税收会少于静态估计，但是他们也知道，许多减税根本没有增长或行为效应，而是纯粹减少税收。在布什执政的后期，供给经济学已成为一种自嘲，大大地脱离了最初的原则。

供给经济学的思想来源

令许多人惊讶的是，供给经济学的思想来源可以追溯到14世纪一位名叫伊本·卡尔敦（Ibn Khaldun）的穆斯林哲学家。在其著作《历史绪论》中，他提出高税率经常是引起国家崩溃的原因之一，因为高税率只产生低税收。"众所周知，朝代开始之初，低税率带来了高税收。到了朝代末期，高税率带来的是低税收"，卡尔敦写道。[2]

也许没人相信，这位哲学家能对20世纪70年代的美国决策者们产生直接的影响。然而，有书面材料可以证实。1971年，《政治经济期刊》发表了经济学家简·大卫·布拉基亚（Jean David Boulakia）撰写的关于卡尔敦的文章，该文章就引用了上面一段话。当时蒙代尔还是这家杂志社的编辑，就是他同意发表这篇文章[3]。1978年9月29日，《华尔街日报》发表了一篇《历史绪论》长篇幅的摘录。很可能就是这篇摘录吸引了罗纳德·里根的注意。他在1981年10月1日的记者招待会上提及卡尔敦的名字。

另一个不太可能的影响来自乔纳森·斯威夫特，著名的讽刺家和《格列弗游记》的作者。在1728年的一篇文章中，他指出高税率对政府税收的负面作用。"在征重税的事情上，二加二从来就不大于一。"他的这句名言影响了许多18世纪的思想家对税率危害税收的看法[4]，包括大卫·休谟、亚当·斯密和亚历山大·汉密尔顿。

这些18世纪思想家对供给经济学的发展无疑影响巨大。供给经济学家经常比较他们和美国开国之父对减税的观点[5]。美国开国之父和供给经济学家对亚当·斯密的著作都耳熟能详，《国富论》（1976）中的这段话特别合他们的心意："高税率，有时通过减少征税商品的消费，有时通过鼓励走私，带给政府的税收少于适当的税率。"[6]

开国之父也从政治哲学家孟德斯鸠的作品中获得灵感。他在《论法的精神》中写道："自由带来重税，重税的后果是形成奴役，奴役则导致税收减少。"[7]

另一个影响供给经济学家的人物是19世纪经济学家让·巴蒂斯特·萨伊（Jean-Baptiste Say）。我在1981年出版的《里根经济学》第一章写道："在许多方面，供给经济学仅仅是重新发现了萨伊所说的市场法则。"[8]我的意思是萨伊认为供给的经济重要性高于需求。印钞票可以轻易地刺激总需求，但增加工作和生产要困难得多。因此，比起刺激需求，经济政策应更多地关注商品和服务的产出。正如萨伊所说，"仅仅鼓励消费对商业是没有任何好处的,因为困难在于供给,而不是在于刺激消费需求……好政府的目标是刺激生产,不合格政府的目标才在于鼓励消费。"[9]

约翰·穆勒(John Stuart Mill)的观点也大致相同。我在书里除了引用萨伊和穆勒的话,还留意到20世纪与我同时代的人,如托马斯·索维尔(Thomas Sowell)和赫特,为萨伊定律[10]正名。萨伊对生产激励的关注,使他容易相信高税率会抑制产出、减少税收。他写道:

> 极端的征税会产生让个人更贫穷的可悲效果,也没有使国家富裕……供给的减少必然伴随着需求的减少,相应地,应缴税的商品就减少。因此,纳税人被剥夺了享受,生产者被剥夺了利润,国库被剥夺了税收……这就是为什么某个税种不能给国库带来与其税率相匹配的税收,为什么二加二在财政上并不等于四成为一句格言。过高的税率……压制了生产和消费,也压制了纳税人。[11]

19世纪贸易理论家也明白高税率将减少税收,他们指出高关税会减少关税收入。美国政治家约翰·卡尔豪(John C. Calhoun)就这一观点作了最清晰的阐述。1842年他任职美国参议院期间,就关税的收入效应作了以下的阐述:

> 所有可征税的商品,都有一个被称做税收最大值的税率,即可征收最高税收的税率。如果税率高于这一点,商品进口的下跌速度快于税收;如果低于这一点,就出现相反的效果:税收减少速度快于商品进口。如果税率高于这一点,显然最大值与该税率之间的中间地带起了保护作用,但对税收却不尽然……就任何商品而言,除最大值以外的任何数量的税收都可以通过两个不同的税率征收——最大值以上的税率和最大值以下的税率。[12]

这种观点被广泛接受,1861年《纽约时报》就说这是"政治经济学上一个著名的原则,即过高的关税与过低的关税一样,都不能带来税收的增长"。事实上,19世纪80年代贸易保护主义者明确支持以高关税减少进口,并进而减少税收[13]。如今提倡提高烟草税也是同样的道理。他们说其目标更多是为了减少抽烟而不是增加税收。按照纽约市长迈克尔·彭博（Michael Bloomberg）的话说，"如果全部由我来决定，我将提高烟草税率至很高程度，使烟草税收成为零。"[14]

20世纪许多经济学家从税收的角度说明税率上限的问题。早期有这方面贡献的人包括经济学家爱德温·坎南（Edwin Cannan），他指出100%的税率将不会产生任何税收，提出了另一版本的拉弗曲线。二战期间关于税率上限的讨论很多，主要集中在劳动力供给方面。战后，经济学家科林·克拉克（Colin Clark）认为过高税负（即超过国民生产总值25%以上）会引起通货膨胀。约翰·梅纳德·凯恩斯支持克拉克的观点，即"25%的税负应该是可轻松承受的上限。"在此之前凯恩斯表示，"过高的税率将减少可征税收入，从而不能达到目的。"[15]

1949年奥地利经济学家路德维希·冯·米塞斯在《人类行动》一文中加入了这场争论，他写道："税收问题的真正核心是矛盾，即税率越高，其对市场经济和税收体制本身的破坏越大……每一特定税种和国家整体税制，在超过一定税率后都是自拆台脚。"[16]

因提出"工作在最后期限到来前是不可能被完成"这一定律而著称的政治学者诺斯科特·帕金森（C. Northcote Parkinson）提出了第二个定律，即支出会不断提高至与收入齐平。在《法则和利润》（1960）一文中，他指出一旦税收达到国民收入的20%，收益就会逐渐减少。经济学家理查德·麦肯齐（Richard B. McKenzie）在1973年的一篇文章中指出，"提高法定税率将导致某些类别的税收减少（即有效税率更低），这在理论上是完全可能的"。[17]

简而言之，在第一位供给经济学家证明过高的税率会减少政府税收，低税率在一定条件下反而会增加税收之前，早已有人证明了这一点。

历史事件

影响供给经济学理论的并不仅仅是有关于降低税率可以提高税收的理论讨论。实践经验也有影响,而这些经验集中出现在20世纪20~60年代的美国。赫伯·斯坦(Herb Stein)于1969年出版的《美国财政革命》是有关这些事件的宝贵历史资料。事实上,裘德·万尼斯基告诉我,斯坦有关20世纪20年代美国政客相信降低税率可以提高税收想法的讨论,是他生平第一次听到这种观点[18]。

联邦所得税在1913年开始永久征收,当时的最高法定税率为7%。然而,由于第一次世界大战超常的税收需求,税率被大幅度提高。一战结束后,最高税率已上升到77%。尽管降低战时税率主要归功于20年代共和党的几位总统,但是,首先提出这一想法的却是威尔逊总统[19]。事实上,1919年威尔逊总统在国情咨文的演讲中使用了供给经济学的观点以敦促减税:

> 国会应该认真考虑,更高的所得税率和利得税率在和平时期是会产生相应的收入,还是会破坏经济活动以及造成浪费和效率低下。在和平时期,较高的所得税率和利得税率将削弱活力、消除对新企业的激励、鼓励奢侈消费以及造成工业停滞不前,从而导致出现失业以及其他弊端。

曾在哈定、柯立芝和胡佛政府担任财政部长的安德鲁·梅隆(Andrew Mellon)首先作出减税的努力。到1929年,他成功将法定最高税率降至24%。在他1924年出版的《税收:人民的业务》里,梅隆说明了自己的观点,即对富人执行较高的税率将减少政府税收,而降低税率将提高政府税收。在书中,他是这样说的:

> 税收的历史表明,人民不会缴纳过高的税负。高税率必然对纳税人造成压力,迫使他们从生产业务中撤出资金,将资金投入到免税证券中,或者迫使他们寻找其他合法的避税方法。这样做的结果就是税收来源干涸、财富不承担税负,以及资金

分流到一些既不会为政府产生税收也不会对公众产生收益的渠道[20]。

事实证明，20世纪20年代的减税的确提高了政府从受影响最大的人群征收的税收。历史学家本杰明·雷德（Benjamin Rader）得出这样的结论："尽管对较高收入人群实施大幅度减税……但富裕人群在十年后承担的联邦税负大于十年前"。[21] 经济学家基恩·斯迈里（Gene Smiley）和理查德·H.肯恩（Richard H. Keehn）证实了这一结论：

> 尽管最高收入纳税人的边际税率降幅比较大，但征税的有效负担却从低收入的纳税人转移到高收入的纳税人。尽管在1921年至1926年期间实行了大幅度减税措施，但避税行为的降低，加上经济增长，导致个人所缴纳的所得税上升。因此，降低税率所产生的效果与梅隆以及其他早期供给经济学的观点一致。[22]

供给经济学家也意识到，在州和地方政府层面，由于居民较容易移居到其他辖区，税制变化对经济的影响被放大了。例如，1980年，经济学家罗恩·格里森（Ron Grieson）得出这样的结论：由于费城的所得税很高，市政府的税收低于低税率可能产生的税收[23]。

联合经济委员会加入到供给经济学的行列

20世纪70年代后期，得克萨斯州民主党参议员劳埃德·本特森（Lloyd Bentsen）领导下的国会联合经济委员会支持了供给经济学的发展。五六十年代的时候，联合经济委员会奉行凯恩斯经济学，因此这一学派的理论崩溃沉重地打击了委员会，使委员会的成员和职员共同进行自我反省[24]。1979年，联合经济委员会有了突破。在进行了一系列的听证会和参考了许多职员研究报告之后，委员会开始越来越重视供给对经济的作用，并得出这样的结论：隐藏在国家经济问题背后的就是对储蓄和投资的激励不足。

到1980年，尽管该委员会大部分的成员是自由民主党人，如麻省参议员爱德华·肯尼迪、南达科他州参议员乔治·麦戈文（George McGovern），但委员会已经全面支持供给经济学的观点。委员会当年的年度报告就以《引进供给经济学》为题。本特森在他写的前言中归纳了委员会的新观点：

> 1980年的年度报告标志着一个新经济思想时代的开端。过去，仅强调经济中的需求方的经济学家占了上风，结果，他们陷入了这样的观念，即失业和通货膨胀之间存在不可避免的取舍关系。委员会1980年的报告则表示，伴随着一段时期内稳定的财政政策和货币供给增速的逐步下降，生产力提高带来的稳定的经济增长在80年代能够在大幅度降低通货膨胀的同时不加剧失业。要实现这个目标，委员会推荐了一系列政策，以增加经济中的产出，也就是供给[25]。

委员会也主动加入计量经济学模型的讨论。1980年的一场听证会强烈支持了这一观点：现有的模型过于依赖凯恩斯主义的假设，完全不考虑供给经济学。可能是迫于委员会的压力，商业计量经济学公司——数据资源公司，修改了它的模型，以更多地融合供给经济学的特点[26]。

联合经济委员会向供给经济学的转变，增加了公众对这一理论的尊敬，也体现了两党的合作。例如，《纽约时报》经济专栏作家莱昂纳德·斯尔克（Leonard Silk）赞成这一新哲学，写道："经济理论和政策正在发生一个重大的改变；这个改变将更深层次地融合供给经济学和需求经济学，以及短期和长期思维。这个改变早就应该发生了。"[27]

即使在里根总统当政以及自由的威斯康星州民主党众议员亨利·罗伊斯（Henry Reuss）取代较为保守的本特森当选联合经济委员会主席之后，委员会对凯恩斯主义仍然保持怀疑态度。罗伊斯在1981年表示："我们从过去的失误当中吸取教训。我们已经放弃盲目追求凯恩斯主义的需求理论。"供给经济学剥夺了需求经济学"不应该得到的首要地位"，他补充说道[28]。

供给经济学的胜利

20世纪80年代后,关于供给经济学的听闻少了,因为大多原先供给经济学支持者试图达到的目标都已达到。也就是说,在20世纪70年代,当供给经济学最初出现时,它的许多观点带有很大争议性,但现在已被职业经济学家列为传统智慧。

1.现在有大量的研究显示税率和政府规模是经济增长的关键决定因素,大部分研究表明税率高、政府规模大将减缓经济增长[29]。

(1) 尽管所有大国的税收占国内生产总值的比重有所增长,但是大多数国家的税收结构朝着供给经济学方向发生了巨大变化。个人和公司的边际税率明显下降,税负从资本转向消费,相比于20世纪70年代[30],税收制度对于其对企业家精神、风险承担和创新的影响更为敏感。

(2) 世界银行、国际货币基金组织及经济合作与发展组织现在仍经常建议各国税制改革应符合供给经济学原理[31]。

2.美国税收体制中的福利成本或无谓损失,即因产出减少而造成的税负高于税收,目前普遍被认为非常高[32]。在20世纪60年代,经济学家们并不把这一成本当成问题。常用的估计是所得税的福利负担仅为税收的2.5%[33]。

(1) 经济学家马丁·费尔德斯坦1999年的研究发现,税收体制的无谓损失占税收的32%,但是每额外征收1美元税收的无谓损失可能高达2.06美元[34]。

(2) 经济学家伊恩·帕里(Ian Parry)2002年的研究表明所得税体系的税收抵免造成经济扭曲,每征收1美元产出减少30~50美分。然而,每征收1美元产出损失甚至可能高达2美元。[35]

(3) 2005年美国审计总署的一份调查显示20世纪90年代中期联邦税收体制的效率成本介于GDP的2%~5%之间。[36]

3.累进税制和征收资本税的经济成本目前被认为远远高于之前所设

想，越来越多的著名税务专家支持对消费征收单一税率及完全取消对资本征税。[37]

(1) 布鲁金斯学会经济学家约瑟夫·A.佩克曼实际上为一个时代定义了税收经济学的主流。在无数的书和报纸上，他强烈支持对综合收入征收高累进税率的税收体制。佩克曼1989年在美国经济协会作就职演讲时说：

> 过去10多年，联邦所得税遭受了经济界人士的抨击。这种抨击来自两个方面：一是供给经济学认为累进所得税会削弱经济激励；二是更为传统的经济学家主张以累进支出税取代所得税。如今可以公平地说，许多经济学家赞成支出税或单一税率所得税。[38]

(2) 过去30年，财政部、总统和国会委员会以及私人机构推出的税改方案几乎无一例外地明确支持供给经济学原理：呼吁降低税率，取消歧视投资决策的特别税收条款，减少资本税及增加消费税[39]。

4. 拉弗曲线被普遍认为是表现税率与政府税收逆向关系的一种分析模式，并且在著名学术周刊中成为广泛讨论的话题。[40]尽管最高边际所得税率从1980年的70%下调至2003年以来的35%，所得税占比和高收入纳税人的有效税率已大幅上升，与供给经济学所预计的一样。[41]事实上，国际货币基金组织早已在外国发现相当多的证据支持"拉弗曲线"的效应。

(1) 1997年的一份研究得出这样的结论："模拟结果……显示出现了'自我融资'的现象，即降低税率在长期会减少财政预算赤字，原因是税基扩大了，失业保险支出也减少了。[42]

(2) 根据1999年国际货币基金组织一次研讨会的结论，"许多国家的关税税率超过税收最大化水平。这些国家可以降低关税，至少在最初阶段不会对贸易税收产生显著不良结果。[43]

(3) 2000年的一项研究指出应纳税所得的弹性已达到足够高的水平，降低税率可以提高净税收。[44]

(4) 2005年对俄国税改的研究发现，13%的单一税率取代所得税可使税收增长26%。[45]

(5) 2008年的一项研究表明高税率产生相当多的逃税，撇开任何增长因素的影响，[46]降低税率可以因逃税减少而增加净税收。

5. 过去经济学家一贯认为劳动力供给和储蓄率对税率变动不敏感。[47]今天，普遍认为它们的反应比以前认为的更敏感。[48]

（1）自20世纪70年代以来，各主要国家工作小时数都在下降而税率都在上升。2004年诺贝尔经济学奖获得者爱德华·普雷斯科特（Edward Prescott）认为几乎所有工作时间的下降可以归因于高税率。[49]

（2）供给经济学是最先呼吁关注有收入审查的福利计划提高穷人隐含税率问题的学派之一。隐含税率是指随着收入增长，福利被收回，对福利受领人的影响就如税率提高。[50]如今，这个问题已被广泛认识，其对劳动力供给有显著影响。[51]

（3）如今企业家和小商人的劳动力供给对税负的敏感度大于从前。[52]

6. 根据目前的预测，降低税率可通过宏观经济效应及行为效应补偿30%～50%的静态税收损失。[53]相反，提高税率可能只能征收到增加静态估计的税收的一半，因为静态估计没有考虑纳税人行为发生变化。[54] 2004年国会预算办公室的研究显示，经济学家现在已达成共识，收入对税负变化的弹性约为40%。[55]甚至供给经济学的批评家也承认降低税负和关税可以产生可观的税收回流，减少净成本；增税产生负回流，提高净成本。

（1）《纽约时报》的专栏作家及2008年诺贝尔经济学奖获奖者保罗·克鲁格曼曾说："动态评分的基本想法是合理的。"[56]

（2）大通计量经济公司与华顿计量经济预测公司前首席经济学家劳伦斯·奇默林（Lawrence Chimerine）指出，"有可靠的证据有力地证明每减税1美元产生的税收反馈是35美分。"[57]

（3）前众议院少数派领袖、密苏里州民主党人理查德·格普哈特（Richard Gephardt）指出："减税的目的不仅仅是在特别时期减税，其主要目的还是拉动经济增长。假使你能提高经济增长，那么你将给政府带来更多的钱。这个协同过程将推动预算与经济向前发展。"[58]

(4) 尽管克林顿政府通常批评税收预测吸收了供给经济学的因素，它仍然认为乌拉圭回合贸易谈判带来的关税下调可提高联邦税收。美国贸易代表米奇·坎特（Mickey Kantor）在1994年的国会听证会上说："我认为今天在这里的所有人都会同意，当然经济学家也会同意，由于关税下调，出口增长、就业率上升，相比关税下调带来的损失，联邦财政的收益将会多得多。"[59]

1999年罗伯特·蒙代尔获得诺贝尔经济学奖，这或许是供给经济学成为主流的最有力证据。尽管对他的表彰没有提及他这方面的相关著作，但不要想当然地认为诺贝尔委员会没有意识到这点，因为大众报刊经常把蒙代尔称为供给经济学的"领袖"。[60]众所周知，诺贝尔委员会在颁奖前要完全了解候选人的生活和工作的方方面面。因此，有理由认为委员会给蒙代尔颁发诺贝尔奖是意识到他在国际宏观经济学和货币理论方面的成就，也认可他在供给经济学方面的功绩。[61]

供给经济学还可以把1995年诺贝尔奖获奖者罗伯特·卢卡斯（Robert Lucas）视为供给经济学的代表人。在1990年一篇不起眼的文章中，他宣称自己是个重生的供给经济学家：

> 我把这篇论文称为"供给经济学"的分析评论。在美国，这个词意味着过分主张税收结构变化对资本积累的影响。在某种意义上，我现在评论的这篇分析支持以下观点：根据保守的假设，我预计取消资本利得税可使资本存量上升大约35%……供给经济学家，如果这个词是描述那些研究我所讨论内容的人的恰当名词的话，就给大家提供了我在这个行业25年里见到的最大的真正免费午餐。我认为如果按照他们的建议做，我们的社会更加美好。[62]

到1996年，甚至克林顿政府都说政府在奉行供给经济学，美国国会经济顾问委员会主席约瑟夫·斯蒂格利茨（Joseph Stiglitz）宣称"我们的增长政策是供给经济学理论"。[63]

当然，供给经济学也遭受批判。2001年，伦敦《金融时报》经济专栏作家杰勒德·贝克(Gerard Baker)提到,"供给经济学关于减税的理论是庸医理论"。[64] 然而,《纽约时报》专栏作家弗洛伊德·诺里斯(Floyd Norris)的评述就稍微仁慈:

> 20年前,供给经济学提供了宝贵的服务。他们说服了一位受欢迎的、原本是财政保守派的新总统实行减税,并声称不会出现财政赤字。他们认为减税可奇迹般地带来更高的税收,事实后来证实这完全是个错误,但是它仍不失为一个好主意。美国那时正处于经济萧条时期,减税舒缓了大多数美国人的压力,使他们避免成为美国企业为增强竞争力而进行裁员的牺牲品。这一经济刺激有助于结束严重的经济衰退。[65]

乔治·布什是供给经济学的支持者吗?

尽管有上述成功,而且乔治·布什也再三表示支持供给经济学,但是布什政府却是供给经济学的掘墓人。所谓基于供给经济学原理提出的政策,事实上与供给经济学毫无联系。即使能够正确理解供给经济学的观点,布什和他的支持者也会因政治便利而很快摒弃供给经济学的观点。最后,他的政府代表了供给经济学被丑化的版本,而这个版本与供给经济学的反对者对它的讥讽有更多的共同之处,远离了其核心原理。

乔治·布什很早就放弃了供给经济学的原理。虽然他在竞选时提出的税收计划是劳伦斯·林赛等供给经济学家设计的,但是,布什自己冲淡了该计划的供给经济学色彩。特别是他不但强调要将儿童抵税金增加一倍,而且还在慈善捐助、教育、健康以及其他方面实行税收抵免。[66]这些都出自于布什想成为"富有同情心的保守派"的愿望。

从历史上看,供给经济学强烈反对税收抵免,因为税收抵免一般不会影响税收激励。[67]关于减税,供给经济学的首选方法是降低税率或者减少应税所得,因为节税是边际税级的函数。相比之下,税收抵免直接减免纳税人的纳税义务,对边际税率没有任何影响,因为所有的纳税人都可以享受同等待遇,与他们的收入或者税率无关。这就是为什么税收抵免在政治上很有吸引力的原因——人们认为它更公平。但是一旦制定了税收抵免，很快就会产生退税压力，以至于即使没有任何纳税义务的人也从中获得好处。当这种情况出现的时候，减税和增加政府支出就没有任何实质的区别[68]。

在执政不久，乔治·布什很快就再次放弃供给经济学的原理。他决定额外增加一项退税，而不是改变他竞选时的税收政策以反映经济情况的变化。尽管理论和经验均表明消费者更倾向于储存而不是花费获得的退税，两个政党的政客们却急于在逐渐明显的经济下滑中摆出积极应对的态势。

记者罗恩·萨斯坎德（Ron Suskind）曾报道过很能说明问题的一件事。布什的首席经济顾问、国会经济顾问委员会主席格伦·哈伯德（Glenn Hubbard）向布什解释，大量的经济研究表明退税是非常无效的刺激经济手段。[69]他告诉布什，退税是"糟糕的政策"。令人惊讶的是，布什回答说："我不想再听到你在我面前说这些话。""什么话？"哈伯德问。"糟糕的政策"，布什回答，"如果我决定去做了，那么它显然就是一个好政策。我想你应该知道这点。"[70]

退税在2001年6月7日成为法律。纳税人根据他们2000年的纳税提前得到2001年的退税。他们拿回2000年纳税额的10%，单身人士不超过300美元，一对夫妇不超过600美元。因此，在2000年没有纳税义务的人都没有资格得到退税，这就排除了很多收入太低而不必交税的人群。这些人是最有可能花费退税的人。由于只是有纳税义务的人可获得退税，这部法律事实上确保了退税主要流向较高收入人群，他们很可能储存所有退税而不是把它花掉。[71]

人们对退税的反应令零售商大失所望。西尔斯决定不费力去做任何与之相关的广告宣传。[72]大量民意调查发现，绝大部分收到退税的人都计划把钱存起来或者用来还债，两者对经济的作用是一样的。7月，盖洛普民意调查发现，47%的受访者表示将用这笔钱偿还债务，32%的受访者计划将其存起来，仅17%的人认为他们会花费更多。9月的彭博通讯社调查发现，42%的人用其来还债，28%的人将其存起来，仅15%的人用于开支。10月，密歇根大学的调查发现，85%的受访者要么储存退税，要么用它来偿还债务，仅15%的受访者用于消费。

据商务部透露的数据，随着退税的发放，2001年个人可支配收入在第三季度共增加了2152亿美元，个人存款从第二季度的887亿美元急升至第三季度的2616亿美元。也就是说，新增的可支配收入的80%被存起来，这意味着几乎没有刺激消费。

尽管2001年实行的退税措施可能是战后推出的最合时宜的反周期计划，但是大量分析显示该项措施带来的影响并不大。调查研究发现这项政策产生的影响甚微[73]。根据一项研究，退税产生的最大影响是对总消费产生的影响，正是有了退税，2001年第三季度和第四季度的总消费水平分别增长了0.8%和0.6%。由于消费总额约占GDP的70%，这就意味着在当年第三、第四季度，GDP最多分别增长了0.56%和0.4%[74]。

虽然2001年退税政策产生的效果差强人意，布什政府在面对2008年经济危机时还是推行了另一项退税政策。当时我认为，如果把资金用做清除房地产业的坏账的首付会更有益，因为这些坏账才是问题的根源，但没人采纳我的建议。[75]正如所预测的一样，新的退税计划并不比上一个退税计划更有效。[76]经济不可避免地出现衰退。

最后，虽然布什也推行具有供给经济学原理的减税计划，但是他决定阶段性推进该计划，并设定到期失效的日期。这两个因素大大破坏了该计划的有效性。供给经济学一直认为实施阶段性政策不可取，因为人们在看到税收改革颇具成效之前不会轻易改变消费行为。他们还指出，只有永久性的税收改革才具有深远的经济效应。[77]

安息吧，供给经济学

在我看来，乔治·布什在任职期间一直在努力纠正他认为他父亲犯过的错误。1991年，老布什突然停止攻打伊拉克，所以小布什觉得自己有必要在2003年打完这场悬而未决的战争。老布什把供给经济学称为"巫术经济政策"，所以小布什认为他有必要成为比任何创立供给经济学的人更像供给经济学支持者。[78]没有一位真正的供给经济学家像布什一样大肆吹嘘他的减税政策。[79]布什曾这样吹嘘：

"别弄错了……如果没有一揽子减税计划，财政赤字将会更大。"[80]

"这些税收政策将刺激投资，让更多的人重新找到工作……这些增长将为政府带来额外的高税收。"[81]

"关于减税，我希望你们能意识到有趣的一点，那就是减税不仅帮助我们恢复经济增长，也增加国家预算……减少税负，税收反而会增加！"[82]

"供给经济学产生额外税收！"[83]

但是，在分析减税政策所产生的经济和税收效应时，布什政府的国会经济顾问委员会则显得更为谨慎。他们认为："即使经济随着减税政策的出台而有所增长，但其幅度未必能让新增的经济活动完全弥补损失的税收。"[84]

诚然，布什政府的一些减税政策，例如降低资本利得税的确产生了供给经济学的效应，也毫无疑问地弥补了一些静态税收损失。可是，布什的减税措施大部分都是以美元计的退税和税收抵免，这些并没有任何供给经济学的效应。所以，像布什那样宣称其减税政策发挥了供给经济学效应，且能盈亏相抵，完全是夸大其词。事实上，经济增长甚少，却付出高额联邦税收的成本。如果减税政策中的供给经济学成分不是阶段性而是永久性实施的话，这种成本将会大大减少。

在我看来，供给经济学作为一个独立的思想流派应该平静地走下神坛了。它的思想曾经有效，也曾为改进经济政策作出实质贡献。但是随着时间的流逝，它渐渐远离了它曾经作出的贡献，最后成为一句空头口号，对当前经济问题提不出任何有意义的见解。供给经济学的正确观点已经完全融入到主流经济学中。从某种意义上来说，供给经济学的某些观点不被大众认可的原因是这些观点自身是无效的。

供给经济学家或支持该学派传统观点的人仍然执意坚持认为今天的经济或经济政策仍有独立的供给经济学观点，荒谬地认为所有减税都能达到盈亏相抵，或者只热衷于用大量的减税来应对每一次经济困境——用这来为布什政府的失策辩解已越来越站不住脚了。

在这种情况下，我认为是供给经济学宣布获胜并偃旗息鼓的时候了。今天或未来可能发生的经济问题都不需要主流经济学所没有的供给经济学视角。如果供给经济学仍坚持要成为一个独立的学派，它最终将把其在经济学界和决策者中的潜在盟友变成敌人和对手。

注释：

1. 见Frank Ackerman, Hazardous to Our Wealth（Boston: South End Press, 1984）; Robert D. Atkinson, Supply-Side Follies (New York: Rowman & Littlefield, 2006); Jonathan Chait, The Big Con(Boston: Houghton Mifflin, 2007); Bryan D. Jones and Walter Williams, The Politics of Bad Ideas(New York: Pearson/Longman, 2008); Paul Krugman, Peddling Prosperity(New York: Norton, 1994); Robert Lekachman, Greed Is Not Enough(New York: Pantheon, 1982).

2. Ibn Khaldun, The Muqaddimah, trans. Franz Rosenthal(New York: Pantheon, 1958), 2:89.

3. Jean David Boulakia, "Ibn Khaldun: A Fourteenth-Century Economist", JPE, Sept.-Oct. 1971, 1105-18. 在私人信件中，蒙代尔告诉我在见到布拉基亚（Boulakia）著作之前，他对卡尔敦已熟悉，因为他比卡尔敦出生晚了整整600年。

4. Jonathan Swift, "An Answer to a Paper Called a Memorial of the Poor Inhabitants, Tradesmen, and Laborers of the Kingdom of Ireland", in Herbert Davis ed.,

Jonathan Swift: Irish Tracts(Oxford: Blackwell, 1964),17-25；Bruce Bartlett，"Jonathan Swift : Father of Supply-Side Economics?" HOPE, Fall 1992,745-48.

5．James Ring Adams，"Supply-Side Roots of the Founding Fathers"，WSJ，Nov. 17, 1981；James Ring Adams, Secrets of the Tax Revolt(New York: Harcourt Brace Jovanovich, 1984)；Robert Keleher，"Supply-Side Effects of Fiscal Policy: Some Preliminary Hypotheses"，Federal Reserve Bank of Atlanta Research Paper no.9, June, 1979；Robert Keleher，"Historical Origins of Supply-Side Economics"，FRBAER, Jan.1982,12-19; and "Supply-side Economics: Guiding Principles for the Founding Fathers"，FRBAER, Sept. 1982, 42-54.

6．Adam Smith，The Wealth of Nations(New York: Modern Library, 1937),835.

7．Baron de Montesquieu，The Spirit of the Laws (New York: Hafner Publishing Co., 1949),216.

8．Bruce Bartlett，Reaganomics: Supply-Side Economics in Action(Westport, CT: Arlington House, 1981), 1；也见George Gilder，Wealth and Poverty(New York: Basic Books, 1981),40；Salim Rashid，"Historical Notes on the Origins of Supply-Side Economics and Its Ethical Roots: Say's Law, Smith's Law, or Moral Law?" Quarterly Review of Economics and Business, Winter 1986,22-34.

9．Jean-Baptiste Say，A Treatise on Political Economy，6th ed.，trans. C.R. Prinsep and Clement C. Biddle (Philadelphia: Grigg & Elliott, 1834), 143.

10．John Stuart Mill，Essays on Some Unsettled Questions of Political Economy, 2nd ed. (London: Longmans, Green, Reader & Dyer, 1874), 49; William J. Baumol，"Say's (at least) Eight Laws, or What Say and James Mill May Have Really Meant"，Economica, May 1977,145-61; Robert Clower and Axel Leijonhufvud，"Say's Principle, What it Means and Doesn't Mean"，Intermountain Economic Review, Fall 1973, 1-16; W. H. Hutt，A Rehabilitation of Say's Law (Athens: Ohio University Press, 1974)；A. S. Skinner，"Say's Law: Origins and Content"，Economica, May 1967,153-66；Thomas Sowell，Say's Law: An Historical Analysis (Princeton: PUP, 1972).

11．Say, Treatise, 453-54.

12．Congressional Globe，Appendix，27th Cong., 2nd sess., 1842,772.

13．"Affairs at the Capital"，NYT, July 20, 1861, 5；Harold U. Faulkner, Politics,

Reform and Expansion, 1890-1900 (New York: Harper & Row, 1959), 106; Douglas A. Irwin, "Higher Tariffs, Lower Revenues? Analyzing the Fiscal Aspects of 'The Great Tariff Debate of 1888'" JEH, March 1998,59-72.

14. Michael Cooper, "Cigarettes Up to $7 a Pack With New Tax", NYT, July 1, 2002.

15. Edwin Cannan, "Equity and Economy in Taxation", EJ, Dec. 1901, 469-79; Martin Bronfenbrenner, "Diminishing Returns in Federal Taxation?" JPE, Oct. 1942, 699-715; Simon Kuznets, "National Income and Taxable Capacity", AER, March 1942, 37-76; F. W. Paish, "Economic Incentive in Wartime", Economica, Aug. 1941, 239-48; Carl Shoup, "Problems in War Finance", AER, March 1943, 74-97; Colin Clark, "Pubic Finance and Changes in the Value of Money", EJ, Dec. 1945,3721-89; John Maynard Keynes to Colin Clark, March 9, 1945, reprinted in The State of Taxation (London: Institute of Economic Affairs, 1977), 23; Keynes, Writings, 21:145.

16. Ludwig Von Mises, Human Action (New Haven: Yale University Press, 1949), 734.

17. C. Northcote Parkinson, The Law and the Profits (Boston: Houghton Mifflin,1960), 95; Richard B. McKenzie, "The Micro and Macro Economic Effects of Changes in the Statutory Tax Rates",Review of Social Economy, April 1973, 20.

18. Jude Wanniski, "Taxes and a Two-Santa Theory", National Observer, March 6, 1976; Jude Wanniski, "Taxes and the Kennedy Gamble", WSJ, Sept.23, 1976; Herbert Stein,The Fiscal Revolution in America (Chicago: UCP, 1969), 9-10.

19. Lawrence L. Murray, "Bureaucracy and Bi-partisanship in Taxation: The Mellon Plan Revisited", BHR, Summer 1978, 200-25.

20. Andrew Mellon, Taxation: The People's Business (New York: Macmillan, 1924), 13.

21. Benjamin G. Rader, "Federal Taxation in the 1920s: A Re-examination",The Historian, May 1971, 434; Robert B. Ekelund Jr. and Mark Thornton, "Schumpeterian Analysis, Supply-Side Economics and Macroeconomic Policy in the 1920s", Review of Social Economy, Dec. 1986, 221-37; James Gwartney and Richard Stroup, "Tax Cuts: Who Shoulders the Burden?" FRBAER, March 1982, 19-27; Gabriel G. Rudney,

"Income Under Low and High Tax Rate System: 1929 vs.1973", Office of Tax Analysis Paper 17, U.S. Treasury Department, Sept. 1976.

22. Gene Smiley and Richard H. Keehn, "Federal Personal Income Tax Policy in the 1920s", JEH, June 1995, 302.

23. Victor A. Canto and Robert L. Webb, "The Effect of State Fiscal Policy on State Relative Economic Performance", SEJ, July 1987, 186-202; William J. Hunter and Charles E. Scott, "The Impact of Income Tax Progressivity on Tax Revenue", PFQ, April 1987, 188-98; W. Robert Reed, "The Robust Relationship Between Taxes and U.S. State Income Growth", NTJ, March 2008, 57-79; Ronald E. Grieson, "Theoretical Analysis and Empirical Measurements of the Effects of the Philadelphia Income Tax", Journal of Urban Economics, July 1980, 123-37; John Gruenstein, "Jobs in the City: Can Philadelphia Afford to Raise Taxes?" FRBPBR, May-June 1980, 3-11; Robert Inman, "Can Philadelphia Escape Its Fiscal Crisis With Another Tax Increase?" FRBPBR, Sept.-Oct.1992, 5-20.

24. 在这个时期里，联合经济委员会的两位民主党成员站在自身的立场写下了从凯恩斯主义到供给经济学的艰难过渡：Mark Bisnow, In the Shadow of the Dome (New York: William Morrow, 1990), 229-40; Kent H. Hughes, Building the Next American Century (Baltimore: Johns Hopkins University Press, 2005), 58-62, 114-22.

25. JEC, 1980 Joint Economic Report, Sen. Rep.96-618, 96th Cong., 1st sess. (Washington: USGPO, 1980), 1.

26. JEC, Forecasting the Supply Side of the Economy, 96th Cong, 2nd sess. (Washington: USGPO, 1980); Otto Eckstein, The DRI Model of the U.S. Economy (New York: McGraw-Hill, 1983), 55-76.

27. Leonard Silk, "Major Change in the Theory Seen", NYT, March 5, 1980.

28. Steven Rattner, "Economic Panel Splits on Policy", NYT, Feb. 27, 1981.

29. Robert J. Barro, "Economic Growth in a Cross Section of Countries", QJE, May 1991, 407-43; Charles T. Carlstrom and Jagadeesh Gokhale, "Government Consumption, Taxation, and Economic Activity", Federal Reserve Bank of Cleveland Economic Review, 3rd quarter 1991, 18-29; Eric Engen and Jonathan Skinner, "Taxation and Economic Growth", NTJ, Dec.1996, 617-42; Stefan Fölster and Magnus Henrehson,

"Growth Effects of Government Expenditure and Taxation on Rich Countries", European Economic Review, Aug. 2001, 1501-20; Kevin B. Grier and Gordon Tullock, "An Empirical Analysis of Cross-National Economic Growth, 1951-80", JME, Sept. 1989, 259-76; Pär Hansson and Magnus Henrekson, "A New Framework for Testing the Effect of Government Spending on Growth and Productivity", PC, Dec.1994 381-401; Bernhard Heitger, "Convergence, the 'Tax-State' and Economic Dynamics", Weltwirtschaftliches Archiv, no.2, 1993, 254-73; Georgios Karras, "Employment and Output Effects of Government Spending: Is Government Size Important?" EI, July 1993, 354-69; Robert G. King and Sergio Rebelo, "Public Policy and Economic Growth: Developing Neoclassical Implications", JPE, Oct. 1990, 2: S126-50; Reinhard B. Koester and Roger C. Kormendi, "Taxation, Aggregate Activity and Economic Growth: Cross-Country Evidence on Some Supply-Side Hypotheses", EI, July1989, 367-86; Daniel Landau, "Government Expenditure and Economic Growth: A Cross-Country Study", SEJ, Jan.1983, 783-92; Daniel Landau, "Government Expenditures and Economic Growth in the Developed Countries: 1952-76," PC, no.3, 1985, 459-77; Young Lee and Roger H. Gordon, "Tax Structure and Economic Growth", Journal of Public Economics, June 2005, 1027-43; Michael L. Marlow, "Private Sector Shrinkage and the Growth of Industrialized Economies", PC, no.2, 1986, 143-54; Keith Marsden, Big, Not Better? Evidence from 20 Countries That Slim Governments Work Better (London: Centre for Policy Studies, 2008); Richard Martin and Mohsen Fardmanesh, "Fiscal Variables and Growth: A Cross-Sectional Analysis", PC, March 1990, 239-51; Edgar A. Peden, "Productivity in the United Stated and Its Relationship to Government Activity: An Analysis of 57 Years, 1929-1986", PC, Feb.1991, 153-73; Edgar A. Peden and Michael D. Bradley, "Government Size, Productivity, and Economic Growth: The Post-War Experience", PC, June 1989, 229-45; Gerald Scully, "Constitutional Environments and Economic Growth (Princeton: PUP, 1992); Gerald Scully, "Optimal Taxation, Economic Growth and Income Inequality", PC, June 2003, 299-312; David B. Smith, Living With Leviathan: Public Spending, Taxes and Economic Performance(London: Institute of Economic Affairs, 2006).

30. 关于最近的调查，见Recent Tax Policy Trends and Reforms in OECD Countries (Paris: OECD, 2004); Ken Messere, Flip de Kam, and Christopher Heady, Tax

Policy: Theory and Practice in OECD Countries (New York: OUP, 2003).

31. Ved P. Ghandi, Supply-Side Tax Policy: Its Relevance to Developing Countries (Washington: IMF, 1987); Asa Johansson et al., "Tax and Economic Growth", OECD Economic Department Working Paper no. 620, July 11, 2008; Vito Tanzi, Taxation in an Integrating World (Washington: Brookings, 1995); Vito Tanzi and Howell H. Zee, "Tax Policy for Emerging Markets: Developing Countries", NTJ, June 2000, 299-322; Vito Tanzi and Howell Zee, Tax Policy for Developing Countries (Washington: IMF, 2001); Wayne Thirsk, Tax Reform in Developing Countries (Washington: World Bank, 1997); Howell Zee, "Personal Income Tax Reform: Concepts, Issues, and Comparative Country Developments", IMF Working Paper WP/05/87, April 2005.

32. Charles L. Ballard, John B. Shoven and John Whalley, "General Equilibrium Computation of the Marginal Welfare Costs of Taxes in the United States", AER, March 1985, 128-38; Charles L. Ballard, John B. Shoven and John Whalley, "The Total Welfare Cost of the United States Tax System: A General Equilibrium Approach", NTJ, June 1985, 125-40; Edgar K. Browning, "On the Marginal Welfare Cost of Taxation", AER, March 1987, 11-23; Dale W. Jorgenson and Kun-Young Yun, "The Excess Burden of Taxation in the United States", Journal of Accounting, Auditing and Finance, Fall 1991, 487-508; Charles E. Stuart, "Welfare Costs per Dollar of Additional Tax Revenue in the United States", AER, June 1984, 352-62.

33. Arnold C. Harberger, "Taxation, Resource Allocation, and Welfare", in Taxation and Welfare (Chicago: UCP, 1974), 25-62.

34. Martin Feldstein, "Tax Avoidance and the Deadweight Loss of the Income Tax", RES, Nov. 1999, 674-80.

35. Ian W. Parry, "Tax Deductions and the Marginal Welfare Cost of Taxation", International Tax and Public Finance, Sept. 2002, 531-52.

36. GAO, Summary of Estimates of the Federal Tax System, Rep. no. GAO-05-878, Aug. 2005.

37. David Altig et al., "Simulating Fundamental Tax Reform in the United States", AER, June 2001, 574-95; Andrew Atkeson, V.V. Chari, and Patrick J. Kehoe, "Taxing Capital Income: A Bad Idea", FRBMQR, Summer 1999, 3-17; Alan

Auerbach, Lawrence J. Kotlikoff, and Jonathan Skinner, "The Efficiency Gains from Dynamic Tax Reform" ,IER, Feb. 1983, 81-100; Steven P. Cassou and Kevin J. Lansing, "Growth Effects of Shifting from Graduated-Rate Tax System to a Flat Tax", EI, April 2004,194-213; Elizabeth M. Caucutt, Selahattin Imrohoroglu, and Krishna B. Kumer, "Does the Progressivity of Taxes Matter for Economic Growth?" Federal Reserve Bank of Minneapolis Discussion Paper no. 138, Dec. 2000; Christophe Chamley, "Optimal Taxation of Capital Income in General Equilibrium with Infinite Lives", Econometrica, May 1986, 607-22; Juan Carlos Consea and Dirk Krueger, "On the Optimal Progressivity of the Income Tax Code", JME, Oct. 2006, 1425-50; Clemens Fuest, Andreas Peichl, and Thilo Schaefer, "Is a Flat Tax Reform Feasible in a Grown-up Democracy of Western Europe? A Simulation Study for Germany", International Tax and Public Finance, Oct. 2008, 620-36; Craig S. Hakkio, Mark Rush, and Timothy J. Schmidt, "The Marginal Income Tax Rate Schedule from 1930-1990", JME, Aug. 1996, 117-38; Burkhard Heer and Mark Trede, "Efficiency and Distribution Effects of a Revenue-Neutral Income Tax Reform", Journal of Macroeconomics, March 2003, 87-107; Michael Keen, Yitae Kim, and Ricardo Varsano, "The 'Flat Tax(es)': Principles and Evidence", International Tax and Public Finance, Dec. 2008, 712-51; Wenli Li and Pierre-Daniel Sarte, "Growth Effects of Progressive Taxes", Finance and Economics Discussion Series 2002-3, Federal Reserve Board, Jan. 2002; J.A. Mirrlees, "An Exploration in the Theory of Optimal Income Taxation" ,Review of Economic Studies, April 1971,175-208; Fabio Padovano and Emma Galli, "Tax Rates and Economic Growth in the OECD Countries (1950-1990)", EI, Jan. 2001,44-57; Frida Widmalm, "Tax Structure and Growth: Are Some Taxes Better Than Others?" PC, June 2001, 199-219.

38. Joseph A. Pechman, "The Future of the Income Tax", AER, March 1990, 1.

39. A New Tax Framework: A Blueprint for Averting a Fiscal Crisis (Washington: Committee for Economic Development, 2005); Replacing the Income Tax: Principles for a New Tax System (Washington: Center for Strategic and International Studies, 1996); National Commission on Economics Growth and Tax Reform, Unleashing America's Potential(New York: St. Martin's, 1996); President's Advisory Panel on Federal Tax Reform, Simple, Fair, and Pro-Growth: Proposals to Fix America's Tax System, Nov. 2005;

U.S. Treasury Department, Blueprints for Basic Tax Reform (Washington: USGPO, 1977); U.S. Treasury Department, Tax Reform for Fairness, Simplicity, and Economic Growth (Washington: USGPO,1984); U.S. Treasury Department, Integration of the Individual and Corporate Tax System: Taxing Business Income Once (Washington: USGPO,1992); U.S. Treasury Department, Restructuring the U.S. Tax System for the 21st Century: An Option for Fundamental Reform, Office of Tax Policy, Dec. 10, 1992.

40. Jonas Agell and Mats Persson, "On the Analytics of the Dynamic Laffer Curve", JME, Oct. 2001, 397-414; Zsolt Becsi, "The Shifty Laffer Curve", FRBAER, 3rd quarter 2000, 53-64; Bruce Bender, "An Analysis of the Laffer Curve", EI, July 1984, 414-20; James M. Buchanan and Dwight R. Lee, "Politics, Time, and the Laffer Curve", JPE, Aug. 1982, 816-19; Don Fullerton, "On the Possibility of an Inverse Relationship Between Tax Rates and Government Revenues", Journal of Public Economics, Oct. 1982, 3-22; Firouz Gahvari, "The Nature of Government Expenditures and the Shape of the Laffer Curve", Journal of Public Economics, Nov. 1989, 251-60; Austan Goolsbee, "Evidence on the High-Income Laffer Curve from Six Decades of Tax Reform", BPEA, no. 2, 1999, 1-47; R. Hemming and J.A. Kay, "The Laffer Curve", Fiscal Studies, March 1980, 83-90; James M. Malcomson, "Some Analysis of the Laffer Curve," Journal of Public Economics, April 1986, 263-79; Alfonso Novales and Jesús Ruiz, "Dynamic Laffer Curves", Journal of Economic Dynamics & Control, Dec. 2002, 181-206; Alan Peacock, "The Rise and Fall of the Laffer Curve", in Dieter Bös and Bernhard Felderer, eds., The Political Economy of Progressive Taxation (New York: Springer-Verlag, 1989), 25-40; Amal Sanyal, Ira N. Gang, and Omkar Goswami, "Corruption, Tax Evasion and the Laffer Curve", PC, Oct 2000, 61-78; Douglas R. Shaller, "The Tax-Cut-But-Revenue-Will-Not-Decline Hypothesis and the Classical Macromodel", SEJ, April 1983, 1147-54; Uriel Spiegel and Joseph Templeman, "A Non-Singular Peaked Laffer Curve: Debunking the Traditional Laffer Curve", American Economist, Fall 2004, 61-66; Mathias Trabandt and Harald Uhlig, "How Far Are We From the Slippery Slope? The Laffer Curve Revisited", Centre for Economic Policy Research Discussion Paper 5657, May 2006; James A. Yunker, "A Supply-Side Analysis of the Laffer Hypothesis", Public Finance, no. 3, 1986, 372-91.

41. 见附录三的数据。也见Donald Bruce, M. H. Tuttle, and Charles B. Garrison,

"Changes in Income Concentration: Taxes or Macroeconomic Conditions?" EI, Jan. 2003, 147-62；在英国，最高税率下调后，富人的纳税比例也增加了，见附录四的数据；澳大利亚、新西兰以及加拿大的经验同样表明富人税率的下调提高了他们占总税负的比例；见Anthony B. Atkinson and Andrew Leigh, "The distribution of Top Incomes in Australia", Economic Record, Sept. 2007, 247-61; Anthony B. Atkinson and Andrew Leigh, "Top Incomes in New Zealand, 1921-2005: Understanding the Effects of Marginal Tax Rates, Migration Threat, and the Macroeconomy", RIW, June 2008, 149-65; Sinclair Davis, Who Pays the Lion's Share of Personal Income Tax? (Sydney: Centre for Independent Studies, 2004); Patrice Martineau, "Federal Personal Income Tax: Slicing the Pie", Statistics Canada Analysis in Brief, April 2005; Marry-Anne Sillaman and Michael R. Veall, "The Effect of Marginal Tax Rates on Taxable Income: A Panel Study of the 1986 Tax Flattening in Canada", Journal of Public Economics, June 2001, 341-56.

42. Caroline Van Rijckeghem, "Social Security Tax Reform and Unemployment: A General Equilibrium Analysis For France", IMF Working Paper WP/97/59, May 1997.

43. "IMF Seminar Discusses Revenue Implications of Trade Liberalization", IMF News Brief No. 99/8, Feb. 25, 1999. 一份世界银行的研究也得出类似的结论："在一定的官方关税水平之上，继续提高关税并不能增加（有证据说明这会减少）实际征税率。" Lant Pritchett and Geeta Sethi, "Tariff Rates, Tariff Revenue and Tariff Reform: Some New Facts", World Bank Policy Research Working Paper 1143, May 1993.

44. Richard Disney, "The Impact of Tax and Welfare Policies on Employment and Unemployment in OECD Countries", IMF Working Paper WP/00/164, Oct. 2000.

45. Anna Ivanova, Micheal Keen, and Alexander Klemm, "The Russian Flat Tax Reform", IMF Working Paper WP/05/16, Jan. 2005.

46. Tamás K. Papp, "Tax Rate Cuts and Tax Compliance—the Laffer Curve Revisited", IMF Working Paper WP/08/07, Jan. 2008.

47. 哈佛商学院在20世纪50年代早期作的一系列研究时常被用做参考。这些研究说明即使战时极高的税率也没有影响到公司的高管；见Thomas H. Sanders, Effects of Taxation on Executives (Cambridge: Harvard Business School, 1951)。有关20世纪70年代中期的税及劳动力供给情况，见L. Godfrey, Theoretical and Empirical Aspects of the Effects of Taxation on the Supply of Labour (Paris: OECD, 1975). 20世纪70年代，

时常被用做参考的是丹尼森定律（Denison's Law），即无论在何种税收和经济环境下，储蓄率基本上是一个常量；见Paul A. David and John L. Scadding, "Private Savings: Ultrarationality, Aggregation, and 'Denison's Law'", JPE, March-April 1974, 1:225-249; Edward F. Denison, "A Note on Private Savings", RES, Aug.1958, 261-67.

48. Marco Bianchi, Björn R.Gudmundsson and Gylfi Zoega, "Iceland's Natural Experiment in Supply-Side Economics", AER, Dec. 2001, 1564-79; Emanuela Cardia, Norma Kozhaya and Francisco J. Ruge-Murcia, "Distortionary Taxation and Labor Supply", JMCB, June 2003, 351-73; CBO, The Effect of Tax Changes on Labor Supply in CBO's Microsimulation Tax Model, April 2007; James Gwartney and Richard Stroup, "Labor Supply and Tax Rates: A Correction of the Record", AER, June 1983, 446-51; Jerry A. Hausman, "Labor Supply", in Henry Aaron and Joseph A. Pechman, eds., How Taxes Affect Economic Behavior (Washington: Brookings, 1981), 27-64; Jerry A. Hausman, "Taxes and Labor Supply", in Alan J. Auerbach and Martin Feldstein, eds., Handbook of Public Economics, V.1 (New York: North-Holland, 1985), 213-63; Susumu Imai and Michael P. Keane, "International Labor Supply and Human Capital Accumulation", IER, May 2004, 601-41; Assar Lindbeck, "Tax Effects Versus Budget Effects on Labor Supply", EI, Oct. 1982, 473-89; Costas Meghir and David Phillips, Labor Supply and Taxes (London: Institute for Fiscal Studies, 2008); Mark H. Showalter and Norman K. Thurston, "Taxes and Labor Supply of High-Income Physicians", Journal of Public Economics, Oct.1997, 73-97; Robert K. Triest, "The Effect on Income Taxation on Labor Supply in the United States", Journal of Human Resources, Summer 1990, 491-516; 关于储蓄，见 B. Douglas Bernheim, "Taxation and Saving", in Alan J. Auerbach and Martin Feldstein, eds., Handbook of Public Economics, V.3 (New York: Elsevier, 2002), 1173-1249; James M. Poterba, Public Policies and Household Saving (Chicago: UCP, 1994); Vito Tanzi and Howell H. Zee, "Taxation and the Household Saving Rate: Evidence from OECD Countries", Banca Nazionale del Lavoro Quarterly Review, March 2000, 31-43.

49. Edward C. Prescott, "Prosperity and Depression", AER, May 2002, 1-15; Edward C. Prescott, "The Transformation of Macroeconomic Policy and Research", JPE, April 2006, 203-35; Edward C. Prescott, "Why Do Americans Work So Much More Than Europeans?" FRBMQR, July 2004, 2-13; Steven J. Davis and Magnus Henrekson, "Tax

Effects on Work Activity, Industry Mix and Shadow Economy Size: Evidence from Rich-Country Comparisons", NBER Working Paper no. 10509, May 2004; Tine Dhont and Freddy Heylen, "Why Do European Work (Much) Less? It Is Taxes and Government Spending", EI, April 2008, 197-207; Ingemar Hansson and Charles Stuart, "The Effects of Taxes on Aggregate Labor: A Cross-Country General-Equilibrium Study", Scandinavian Journal of Economics, Sept. 1993, 311-26; Lee Ohanian, Andrea Raffo and Richard Rogerson, "Work and Taxes: Allocation of Time in OECD Countries", Federal Reserve Bank of Kansas City Economic Review, 3rd quarter 2007, 37-58; Richard Rogerson, "Structural Transformation and the Deterioration of European Labor Market Outcomes", JPE, April 2008, 235-59. 斯堪的纳维亚国家趋向于成为这种分析的特例；然而这些国家的政府支出变化或许可以解释这种不规则性：Richard Rogerson, "Taxation and Market Work: Is Scandinavia an Outlier?" Economic Theory, July 2007, 59-85. 原始数据见附录Ⅱ。

50. Martin Anderson, Welfare (Stanford: Hoover Institution, 1978), 43-58; Michael J. Boshin, "The Effects of Taxes on the Supply of Labor: With Special Reference to Income Maintenance Programs", NTAP, 1971（1972）684-98; John F. Cogan, Negative Income Taxation and Labor Supply: New Evidence from the New Jersey-Pennsylvania Experiment (Santa Monica, CA: Rand, 1978); Artbur B. Laffer, "Disincentives Drag Non-Whites", LAT, Aug. 28, 1978.

51. Linda Giannarelli and Eugene Steuerle, "The True Tax Rates Faced By Welfare Recipients", NTAP, 1995(1996), 123-29; Andrew Lyon, "Individual Marginal Tax Rates under the U.S. Tax and Transfer System", in David F. Bradford, ed., Distributional Analysis of Tax Policy (Washington: AEI, 1995), 214-47; Robert A. Moffitt, "Welfare Programs and Labor Supply", in Alan J. Auerbach and Martin Feldstein, eds., Handbook of Public Economics, V.4 (New York: Elsevier, 2002), 2393-2430.

52. Donald Bruce and Tami Gurley, "Taxes and Entrepreneurial Entry: An Empirical Investigation Using Longitudinal Tax Return Data", NTAP, 2004(2005), 336-43; Robert Carroll et al. "Income Taxes and Entrepreneurs' Use of Labor", Journal of Labor Economics, April 2000, 324-51; Julie Berry Cullen and Roger H. Gordon, "Taxes and Entrepreneurial Risk-Taking: Theory and Evidence for the U.S.", Journal of Public

Economics, Aug. 2007, 1479-1505; William Gentry and R. Glenn Hubbard, "Tax Policy and Entrepreneurial Entry", AER, May 2000, 283-87.

53. Gerald Auten, Robert Carroll and Geoffery Gee, "The 2001 and 2003 Tax Rate Reductions: An Overview and Estimate of the Taxable Income Response", NTJ, Sept. 2008, 345-64; Robert Carroll and Warren Hrung, "What Does the Taxable Income Elasticity Say About Dynamic Responses to Tax Changes?" AER, May 2005, 426-31; CBO, "Analyzing the Economic and Budgetary Effects of a 10 Percent Cut in Income Tax Rates", Economic and Budget Issue Brief, Dec. 1, 2005; Martin Feldstein, "The Effect of Marginal Tax Rates on Taxable Income: A Panel Study of the 1986 Tax Reform Act", JPE, June1995, 551-72; Jon Gruber and Emmanuel Saez, "The Elasticity of Taxable Income: Evidence and Implications", Journal of Public Economics, April 2002, 1-32; Peter N. Ireland, "Supply-Side Economics and Endogenous Growth", JME, June 1994, 559-71; Wojciech Kopczuk, "Tax Bases, Tax Rates and the Elasticity of Reported Income", Journal of Public Economics, Dec. 2005, 2093-119; Lawrence B. Lindsey, "Individual Taxpayer Response to Tax Cuts, 1982-1984", Journal of Public Economics, July 1987, 173-206; N. Gregory Mankiw and Matthew Weinzierl, "Dynamic Scoring: A Back-of-the-Envelope Guide", Journal of Public Economics, Sept. 2006, 1415-33; Emmanuel Saez, "The Effect of Marginal Tax Rates on Income: A Panel Study of 'Bracket Creep'", Journal of Public Economics May 2003, 1231-58.

54. Edgar K. Browning, "Elasticities, Tax Rates, and Tax Revenue", NTJ, March 1989, 45-58; Martin Feldstein and Daniel Feenberg, "The Effects of Increased Tax Rates on Taxable Income and Economic Efficiency: A Preliminary Analysis of the 1993 Tax Rate Increase", Tax Policy and the Economy, V. 10, 1996, 89-117; Austan Goolsbee, "What Happens When You Tax the Rich? Evidence from Executive Compensation", JPE, April 2000, 352-78; Christina D. Romer, and David H. Romer, "The Macroeconomic Effects of Tax Changes: Estimates Based on a New Measure of Fiscal Shocks", NBER Working Paper no. 13264, July 2007; Frank Sammartino and David Weiner, "Recent Evidence on Taxpayer Response to the Rate Increase of the 1990s", NTJ, Sept. 1997, 683-705.

55. Seth H. Giertz, "Recent Literature on Taxable-Income Elasticities", CBO,

Technical Paper 2004-16, Dec. 2004,14, and "The Elasticity of Taxable Income Over the 1980s and 1990s", NTJ, Dec. 2007, 734-68.

56. Paul Krugman, "The Danger of New Tax Cuts", Fortune, Feb. 6, 1995, 45.

57. Lawrence Chimerine, "Return of the Supply-Siders", WP, July 23, 1996.

58. NBC News, "Meet the Press", Jan. 27, 2002.

59. House Ways and Means Committee, Trade Agreements Resulting from the Uruguay Round of Multilateral Trade Negotiations, 103rd Cong., 2nd sess. (Washington: USGPO, 1994), 52. 华盛顿邮报专栏作家Hobart Rowen是供给经济学的长期批评者，他同意Kantor的观点："因为新的关贸总协定最伟大的成就之一就是大幅降低关税，财政部在初期会出现税收减少。但是由于关贸总协定经济将会扩张，并最终弥补损失。" "The Raid on GATT", WP, Sept. 29, 1994。有关克林顿政府反对动态税负计分，见Laura D'Andrea Tyson, "Dynamic Scoring: Not Ready for Prime Time", WSJ, Jan. 12, 1995。

60. Robert A. Bennett, "Supply-Side's Intellectual Guru。", NYT, Jan. 12, 1986.

61. 主要媒体当然持有这种观点: Jack Egan, "Supply-Side Godfather", U.S. News & World Report, Oct.25, 1999, 49; Michael M. Phillips, "Mundell Wins Nobel Prize in Economics: Columbia University Figure Is a Father of the Euro and Supply-Side School", WSJ, Oct. 14, 1999.

62. Robert E. Lucas, "Supply-Side Economics: An Analytical Review", OEP, April 1990, 314, and "Macroeconomic Priorities", AER, March 2003, 1-14.

63. Louis Uchitelle, "How Both Sides Joined the Supply Side", NYT, Aug.25, 1996; 斯蒂格利茨共享了2001年诺贝尔经济学奖。

64. Gerard Barker, "The White House Fights the Last Economic War", FT, Dec. 13, 2001.

65. Floyd Norris, "Japan's Budget Deficit Has Soared. It's Time for Tax Cut", NYT, Aug. 17, 2001.

66. Paul Gigot, "Bush Has a Tax Credit for You and You, and..." WSJ, April 21, 2000.

67. 显然，税收抵免的目的是产生边际效应，有些确实达到这个目的。例如，研究和开发税收抵免适用于高于基准水平的研发；劳动收入税收抵免随着收入增加而逐步取消，提高了在这个范围内纳税人的实际税率。见Nada Eissa and Hilary W. Hoynes, "Behavioral Responses to Taxes: Lessons from the EITC and Labor Supply", Tax Policy and the Economy, V.20, 2006, 73-110.反对税收抵免的另一个理由是，常有外界施压要在高收入群体中逐步取消税收抵免。逐步取消税收抵免使特定收入范围内的纳税人交纳非常高的实际税率；见JCT, Present Law and Analysis Relating to Individual Effective Marginal Tax Rates, Report no. JCS-3-98 (Washington:USGPO,1998). 纳税人对于这些高实际税率的知晓程度和反响情况我们不得而知; Charles R. Enis and Leroy F. Christ, "Implications of Phase-Outs on Individual Marginal Tax Rates", Journal of the American Taxation Association, Spring 1999, 45-72.

68．Scott A. Hodge, "Tax Credits—Just Say No", Tax Notes, Jan. 8, 2007, 86-87.

69．关于消费者对退税没有反应，见Alan Blinder, " Temporary Income Taxes and Consumer Spending", JPE, Feb. 1981, 26-53; Franco Modigliani and Charles Steindel, "Is a Tax Rebate an Effective Tool for Stabilization Policy?" BPEA, no.1, 1977, 175-209; James Poterba, "Are Consumers Forward Looking? Evidence from Fiscal Experiments", AER, May. 1988, 413-18; Charles Steindel, " The Effect of Tax Changes on Consumer Spending", Current Issues in Economics and Finance, Federal Reserve Bank of New York, Dec. 2001, 1-6; Peter S. Yoo, " The Tax Man Cometh: Consumer Spending and Tax Payment", FRBSLR, Jan.-Feb. 1996, 37-44.

70．Ron Suskind, "What Bush Meant", Esquire web site, Sept. 19, 2008 (emphasis in original).

71．2001年，在总共1.42亿份报税单中，5060万份是负的纳税义务或者不承担纳税义务；总体来说，所有低于30000美元的报税单均不承担纳税义务；JCT, "Update Distribution of Certain Federal Tax Liabilities by Income Class for Calendar Year 2001", Rep. no. JCX-65-01, Aug. 2, 2001.

72．Julian Barnes, "Retailers Split Over Setting Sights on Tax Rebates," NYT, Aug. 22,2001; Anitha Reddy, "Retailers Zero In on Tax Refund Checks", WP, July 13, 2001.

73．Matthew D. Shapiro and Joel Slemrod, "Consumer Response to Tax Rebates", AER, March 2003, 381-96; Matthew D. Shapiro and Joel Slemrod, "Did the 2001 Tax Rebate Stimulate Spending? Evidence from Taxpayer Surveys", Tax Policy and the Economy, V. 17, 2003, 83-109.

74. David S. Johnson, Jonathan A. Parker and Nicholas S. Souleles, "Household Expenditure and the Income Tax Rebates of 2001", AER, Dec. 2006, 1589-1610.

75. Bruce Bartlett, "Stop Those Checks", NYT, March 24, 2008.

76. Mathew D. Shapiro and Joel Slemrod, "Did the 2008 Tax Rebate Stimulate Spending?" paper presented at the January 2009 American Economic Association annual meeting。根据二月份美联社和伊普索斯民意调查，有77%的受访者表示他们会将储蓄退税款或用于偿还债务，只有19%的人表示会用于花费。三月份美国有线电视新闻网和观点研究的民意调查显示，有73%的受访者表示将储蓄退税款或用于偿还债务，而21%的人表示会用于花费。根据四月份哥伦比亚广播公司和纽约时报开展的民意调查，有78%的受访者表示将储蓄退税款或用于偿还债务，仅18%的人将用于花费。见www.pollingreport.com。

77. Christopher L. House and Matthew D. Shapiro, "Phased-in Tax Cuts and Economic Activity", AER, Dec. 2006, 1835-49.从供给经济学的角度对布什的税收政策进行充分的批判，见Bruce Bartlett, Impostor: How George W. Bush Bankrupted America and Betrayed the Reagan Legacy (New York: Doubleday, 2006), 44-63.

78. Robert Shogan, "Bush Ends His Waiting Game, Attacks Reagan", LAT, April 14, 1980.

79. 国会中的共和党人也好不到哪去，如参议员罗伯特·本奈特(Robert Bennett)、约翰·科宁(John Cornyn)和贾德·格雷戈(Judd Gregg)的陈述，见Congressional Record, May 15, 2007, S6082-85 (daily ed.).

80. Geroge W. Bush, "President Discusses Homeland Security and the Economy with Cabinet", Nov. 13, 2002.

81. Geroge W. Bush, "President Bush Taking Action to Strengthen America's Economy", Jan.7, 2003.

82. Geroge W. Bush, "President Discusses 2007 Budget and Deficit Reduction in New Hampshire", Feb. 8, 2006.

83. Geroge W. Bush, "Press Conference by the President", Sept. 20, 2007.

84. CEA, ERP, 2003, 57-58.

第六章 "让野兽挨饿"行不通

供给经济学的一个越来越明显的缺点，就是没有关注预算的支出方。然而从长远来看，收入必须等于总支出，因为所有的支出最终都得支付。从一定程度上来讲，这个事实被人们的希望所掩盖，因为人们都希望快速的宏观经济增长能弥补减税所带来的税收损失，并同时降低失业救济等支出需求。供给经济学也认为减税会强迫减少总支出。

有一种观点认为减税会将对预算赤字的担心转变成减少支出的政治压力，这被称做"让野兽挨饿"。当这个观点首次被提出时，高通货膨胀和高利率的并存使人们强烈反对赤字支出。尽管我们有充足的理由相信它在当时是可行的，近些年的预算经验却彻底摧毁了它的有效性，因为经验表明支出的大幅上升一直伴随着大幅减税。事实上，现在很多经济学家认为"让野兽挨饿"理论是不合理的，因为它带来更高的支出和赤字。

最早的文献

根据我的发现，"让野兽挨饿"的说法最早出现在一百多年前的《华盛顿邮报》的一篇文章，其作者查尔斯·爱德华·巴恩斯（Charles Edward Barnes）用它的字面意思来表示故意让动物挨饿[1]。

据巴恩斯讲，一位印度人在陷阱里抓到一只老虎，想把它装入笼子运走卖掉。这只老虎并不想进入笼子，因此这位印度人干脆就让它挨饿，直到老虎被迫进入笼子去吃里面的食物，这就是古老的"胡萝卜加大棒"策略的另一个版本。

我发现，"减税将会减少政府支出"这个观点最早的表述来自自由经济学家约翰·肯尼斯·加尔布雷思。20世纪60年代初，他暂时放弃教学，成为约翰·肯尼迪（布雷思曾经在哈佛大学教过他）的驻印度大使。

尽管远离华盛顿，加尔布雷思仍然对美国的经济政策争论很感兴趣，尤其是有关大幅减税以刺激经济出现凯恩斯式增长的争论。

1962年6月，加尔布雷思在美国本土旅行，他第一次听说政府计划大幅减税。他表示强烈反对，甚至亲自告诉肯尼迪那是错误的。在日记里，加尔布雷思说他主要担心的是"低税收会变成支出的上限"[2]。但作为一名政府官员，他不能公开表示他对减税的保留看法。直到1965年回到哈佛大学，他才可以自由公开地表达他的观点。同年2月24日，在美国国会联合经济委员会作证时，加尔布雷思说：

有关去年的减税，我从来没有像其他经济学家那么热心。毫无疑问，有充足的理由说明它只是一个独立的措施。但是危险在于，一旦保守派尝到减税的好处，他们就会乐此不疲。减税将会替代政府为满足社会的迫切需求而新增的支出。我们与之抗衡的将是一个新的、极端保守的凯恩斯主义[3]。

不久，加尔布雷思的观点很快得到了社会主义者迈克尔·哈灵顿（Michael Harrington）的赞同："在美国，可以设想一个保守的凯恩斯主义政策，它用减税取代社会投资、增加收入分配的不公平（企业和富人比穷人和工人从减税中获得更多的好处）和保持企业所认为的繁荣。"[4]

加尔布雷思和哈灵顿都有先见之明。当时，大多数保守派支持在任何情况下保持平衡预算。因为这个原因，在国会，大多数共和党人反对肯尼迪的减税政策；在众议院，155位共和党人中有126位投票反对。自由派甚至用共和党的财政部长安德鲁·梅隆的说法嘲笑这些政策。[5]但是，正如加尔布雷思所预见的，共和党人最终还是会改变他们的观点。

我能发现的最早将"让野兽挨饿"与里根经济学相联系的是1985年《华尔街日报》的一篇新闻报道。记者保罗·布鲁斯坦（Paul Blustein）引用了一位没有透露姓名的白宫官员的话，他感叹里根政府在削减支出方面还做得不够。这位官员说："我们并没有'让野兽挨饿'。它正吃得津津有味，而且吃的是后代的食物。"[6]

劳伦斯·库德洛（Lawrence Kudlow）当时是管理和预算办公室

的一名官员，现在是CNBC的著名评论员。他告诉我他在1981年初的一次听证会上，从参议员丹尼尔·帕特里克·莫尼汉（Daniel Patrick Moynihan）那里第一次听到"让野兽挨饿"这个说法。莫尼汉曾在1973年至1975年间担任美国驻印度大使，这个说法如果确实起源于印度，这就说得通了，因为他有可能是从那里学来的。但是，我并没有在1981年的任何听证会记录中发现他使用这个说法。

平衡预算说

在20世纪20年代，共和党人就已经通过立法减税。1932年，赫伯特·胡佛支持用大幅增税来振兴已被经济大萧条侵蚀的联邦财政。今天的经济学家普遍认为这是美国历史上最严重的经济政策失误之一，它使糟糕的形势雪上加霜[7]。

然而，1953年当下一任共和党总统德怀特·艾森豪威尔上任时，他极力抵制国会中的共和党人提出的减税要求。尽管由于朝鲜战争，税率已处于历史最高水平，但他仍坚持预算平衡必须优先考虑。[8]对超过20万美元的收入，最高所得税税率为92%。我们不知道究竟为什么艾森豪威尔对预算平衡态度如此坚决，而他在1953年2月17日的记者招待会上作出了解释：

> 现在或其他任何时候，无论我们是否已经为这项工作做好准备，事实上，在我们再次处于安全和健全的经济制度之前，我们必须有预算平衡。我认为，那就意味着在我们看到支出计划上的收入和支出达到平衡前，我们不能减税，不能减少收入。我认为，平衡预算现在很有必要。

艾森豪威尔执政时的副总统理查德·尼克松在1968年入主白宫后，继续支持预算平衡而抵制减税。尽管在竞选期间他已经承诺让附加税过期失效，但1969年他最早的行动之一却是要求国会延长10%的附加税的期限。[9]林登·约翰逊实施的企业和个人税的附加税在1969财政年度末（当时为6月30日）到期。应尼克松的要求，国会把附加税延长了一年。

1974年杰拉尔德·福特在尼克松之后接任总统，他仍然顶着政治压力反对永久减税，只支持1975年的临时退税，同时要求提高个人和企业的税率。另外，他放任通货膨胀自动提高税负，因为通货膨胀将纳税人推向更高的税级，并减少企业的折旧免税额[10]。

1976年初，《华尔街日报》社论作者裘德·万尼斯基在一篇有影响力的文章中抨击福特在减税政策上的小心翼翼。他认为国家需要每个政党成为不同的"圣诞老人"：民主党是支持支出的"圣诞老人"，共和党是支持减税的"圣诞老人"。但共和党反对减税、支持平衡预算，从政治上来讲，他们不仅伤害了他们自己，也伤害了整个国家。万尼斯基写道："在观念方面，政治上的紧张局势应来源于减税和增加支出，只要共和党人坚持预算平衡，他们作为一个政党的影响就已大大减小，预算也已不平衡。"[11]

如果福特在1976年的总统竞选中击败了吉米·卡特，共和党会认为预算平衡仍是好政策。但由于他们在1974年的国会选举中惨败，导致他们1977年仍处在政治困局中。这使得他们接受他们曾经拒绝过的观点，如减税。共和党普遍认为除非支出同时等额减少，否则减税不可取。实际上，这意味着共和党永远不支持减税。

但是在福特失败后，无论是在国会还是在各州的共和党人开始接受减税作为一种振兴经济和改变政治命运的方式。1977年，纽约共和党众议员杰克·肯普，特拉华州的共和党参议员比尔·罗斯，提出了《肯普—罗斯法案》，提出全面削减约30%的法定税率，但不削减相应的支出。该法案最终成了1981年罗纳德·里根减税的基础。

1978年6月6日，13号提案在加州通过，《肯普—罗斯法案》的支持率大增。尽管有整个政治机构的强烈反对，这一提案仍降低了物业税并对物业税税率设定上限，并由选民通过。它引发了其他州的减税，引起了全国范围的抗税[12]。

改变观点

在政治上颇受欢迎的《肯普–罗斯法案》和第13号提案令保守派学者重新思考正统的平衡财政理论,也使得几乎所有共和党政客最终接受了对该理论的修正。他们发现"让野兽挨饿"的理念能让他们既支持减税又不会被扣上推脱财政责任的帽子。1978年7月14日,在参议院财政委员会的听证会上,刚刚就任福特政府经济顾问委员会主席的艾伦·格林斯潘对《肯普—罗斯法案》表示支持。他解释说:"我们应该明白,在当前形势下任何减税方案的基本目的都是用限制财政收入的方法减缓支出的增势,同时确信政府的赤字支出有其政治上限。"[13]

在同一时间,经济学家米尔顿·弗里德曼也就无同步削减支出的减税方案可能引发的赤字问题发表了自己的见解。他认为财政赤字本身并不重要,真正重要的是以支出来衡量的政府规模。因此,减税,即使没有同步的削减支出,也不是保守派担心的问题。弗里德曼给保守派发出如下警告:

> 财政保守派关注赤字而不是政府总支出,是对错不分,他们一直不自觉地充当着败家子政客们的帮凶。典型的历史过程是这样的:首先,这些败家子政客借助法律增加政府支出。接着,财政赤字出现了。保守派此时搔搔脑袋说:"天哪,这实在太糟糕了!我们必须想办法解决赤字问题。"于是他们开始同这些败家子政客合谋开征新税。一旦新税落实了以后,这些政客又开始肆无忌惮地挥霍财政收入,这样政府支出又开始剧增,紧随而来的是新一轮的财政赤字。[14]

在《新闻周刊》的专栏里,弗里德曼更简洁地表达了他的观点:"就像有限的收入是限制个人或家庭支出的唯一有效方法一样,限制政府支出唯一有效的办法就是控制政府的税收。"[15]

在经常确定共和党经济政策议程的《华尔街日报》社论里,专栏作家欧文·克里斯托尔厘清了减税和政府支出之间的政治关联。他解释说减

税对于缩减政府规模是十分必要的。他说，

> 共和党和保守派都已经从第13号提案中认识到减税是削减政府支出的先决条件。预算政治体现在削减任何计划的预算只会引起少数人的强烈反对，而多数人只会漠然视之。在这种情况下，不可能指望政客们付出高昂的政治代价。他们只有在看起来别无选择时才会选择削减支出。[16]

就在这个时候，不可能的事情发生了。减税但不同时削减支出不但没被视为极端的财政不负责，反而被视为保守的财政政策的生动体现。只削减支出的做法注定要失败，而且将适得其反，因为只关注赤字更可能导致增税而不是削减支出，进而导致政府规模进一步膨胀。要脱离从高支出到高税负，再到更高的支出这个恶性循环，唯一的办法就是拒绝玩这个游戏。现在保守派学者认为只要减税，对赤字的担心就会转化为削减支出。

减税在政治上很受欢迎，也可以帮助呼吁缩减政府规模的人在国会中赢得更多席位。共和党认为民主党联盟之所以能从1955年开始一直控制着国会，完全有赖于他们用不断增长的支出换取的选票，这些选票维系了民主党联盟。如果能削减支出或者至少遏制它的增长，共和党认为民主党联盟将分崩离析。很多民主党人也同意这一点。正如后来成为众议院院长的华盛顿民主党众议员汤姆·弗雷（Tom Fuloy）在1979年的一次采访中说的，"收紧财政预算会使民主党内所有的裂痕呈现紧绷的状态。随着总统大选年的临近，每个团体开始竭力推行各自的主张，这种压力将会强化。事实上这一切已在发生。只有国会中最娴熟的马车夫才能驾驭这群野马。"[17]

财政保守主义的观念正在从平衡预算转为用减税来缩减政府支出。有关这一转变的理论探讨也越来越多，特别是在融合经济学与政治科学，并特别关注制度对政治和经济成果的影响的公共选择经济学派，讨论尤其为甚。

经济学家詹姆斯·布坎南因提出公共选择理论而获得1986年诺贝尔

经济学奖。多年来，他一直是支持对宪法做平衡预算修正案的主要学者。他认为，如果迫使政客从痛苦的税负的角度而不是无任何显性痛苦的赤字的角度来考虑新的政府支出计划的成本，那么新支出计划的支持度将大大下降。在他看来，赤字让选民有不劳而获的感觉，即新的支出没有任何税负成本。

1977年布坎南出版了一本很有影响力的著作，他在书中指责约翰·梅纳德·凯恩斯破坏了开国之父关于财政预算应当平衡的隐性要求。他认为，直到20世纪30年代，尽管有时不得已而为之，赤字一直被普遍认为是邪恶的，而归根结底它确实是邪恶的。凯恩斯的大错误在于认为赤字是好的，这清洗了赤字的污名，打开了不断增加支出的闸门[18]。

第13号提案在加州的通过似乎影响了布坎南，他在思索除了平衡预算要求以外能限制政府的方式。在最后收录在1980年出版的《税收之权力》中的一系列论文里，布坎南赞同无削减支出的第13号提案式的减税措施是限制政府规模的恰当方式。[19]

此后关于第13号提案式的限税方案能否长期有效控制政府支出的研究，并没有得出定论。[20]然而，在20世纪70年代末这样一个关键时刻，一位因平衡预算理论而闻名于世的经济学家也支持用第13号提案式的减税来促使政府缩减其规模，其影响可想而知。它使"让野兽挨饿"理论不再只是一句流行的口号，而是须严肃对待的观点。

20世纪80年代，公共选择理论提出，为了不让下届自由派政府有花钱的自由，保守派政府可以故意通过减税来增加国债。[21]这样，下届政府不得不将更多的预算用于支付利息，故而不能随心所欲地把预算用于消费。

罗纳德·里根

在1980年的总统竞选中，罗纳德·里根支持《肯普—罗斯法案》，支持减税，同时坚决主张大力削减政府支出。1981年上任后，他依照承诺要求国会在减税的同时削减支出。[22]但里根不愿意让自己的减税计划受制于国会在支出方面的不作为。在向美国民众解释为什么减税必须先于削减政府支出时，他说就像"让野兽挨饿"理论设想的一样，前者将为后者铺平道路。1981年2月5日，在一次全国电视讲话中，里根这样论述道：

> 在过去的几十年，我们一直在谈论削减政府支出以减轻税负，我们甚至做过这方面的尝试。但是总有人告诉我们必须先削减支出才能减税。大家知道，我们可以在弥留之际告诫我们的孩子花钱不能大手大脚。我们也可以很简单地用减少零花钱的方法来纠正他们大手大脚的坏习惯。

并不是里根政府的每一个人都同意这一策略。里根的第一任经济顾问委员会主席莫里·韦登鲍姆（Murray Weidenbaum）就认为减税带来削减支出是一相情愿的想法。但弗里德曼却很支持里根的策略，特别是他的永久性减税方案。他反对为了解决经济下滑问题而实施暂时减税。弗里德曼认为一年的税负减免很容易被一次性的削减支出抵消掉，因此永久减税的优势之一在于它能迫使政府永久削减支出。[23]

尽管1981年里根顺利地让国会通过了减税方案，但是他所希望的永久削减支出方案并没有那么顺利。同年7月，伴随着经济衰退的开始，财政赤字预计开始增长，致使国会和媒体开始出现增税的呼声。里根在1982年1月的国情咨文中提到此事：

> 怀疑论者想用增税让我们回到从前，一笔勾销国会已通过的降低个人税率的方案。他们让我们提高现在的税负来减少未来的赤字。然而我认为我们不应相信他们的言论。高税收并不意味低赤字。如果是这样，那我们又如何解释自1976年以来我们的税收翻倍了，但在这六年里，我们却经历了史上最庞大的财政赤字……增税并不能平衡预算，它只会鼓励更多的政府支出并减少私人投资。

里根在1982年承诺不会增税，但最终无法兑现。1981年至1982年间赤字增长了63%，国会要求采取措施的呼声很高，里根无论如何也不能获得足够的票数来支持只削减支出不增税。在同年的晚些时候，里根签署了《1982年税负公平与财政责任法》，这是美国历史上最大的和平时期增税行动[24]。如表6-1所示，这是里根最终默许的一系列增税法案中的第一个。在整个80年代，几乎每年都出现预算危机，出于对赤字的持续担心，政府不得不出台既削减支出又增税的预算方案。

表6-1 截至1988年里根政府立法通过的税收变化

单位：10亿美元

减税	
1981年经济复苏税法	−264.4
1983年利息和股息税法	−1.8
1986年联邦雇员退休体系法	−0.2
1986年税收改革法	−8.9
累积减税额	−275.3
增税	
1982年税收公平和财政责任法	+57.3
1982年高速公路税收法	+4.9
1983年社会保障修订案	+24.6
1983年铁路退休税收法	+1.2
1984年削减赤字法	+25.4
1985年合并综合预算调节法	+2.9
1985年综合预算调节法	+2.4
1986年超级基金修正和重新授权法	+0.6
1987年持续拨款决议	+2.8
1987年综合预算调节法	+8.6
1988年持续拨款决议	+2.0
累积增税额	+132.7

资料来源：Office of Management and Budget, Budget of the United States Government, Fiscal Year 1990 (Washington: USGPO, 1989), 4-4.

虽然共和党认为里根支持增税是个挫折，但是民主党认为随之而来的削减支出是"让野兽挨饿"理论的顶点。帕特·莫尼汉经常指责他以前的学生、行政管理和预算办公室主任大卫·斯托克曼在明知道减税会减少税收进而大幅削减社会支出的情况下，胡乱对国会允诺1981年的减税会使经济大幅扩张而不会降低税收[25]。

斯托克曼对莫尼汉的回应是里根政府里没有一人有那样的聪明才智。他后来又写道，"事实上，在1981年春夏的这场财政政策游戏中，600个玩家里恐怕不到6个人会想到这个结果"。[26]

事实上，人人都心知肚明。里根政府的预算预测采用标准税收评估法，并没有综合考虑到供给经济学效应，这也招致了供给经济学家的不满。[27] 不管怎样，即使政府的评估结果是伪造的，国会还是有自己的预算和税收评估机构——国会预算办公室和联合税务委员会，它们并不完全依赖政府的估计。如表6-2所示，行政管理和预算办公室与国会预算办公室对联邦财政收入的估算（包含里根的减税的影响）基本是一致的。

表6-2 行政管理和预算办公室、国会预算办公室的赤字估计，1981年3月（财政年度）

单位：10亿美元

项目 \ 年份	1981	1982	1983	1984
财政收入				
行政管理和预算办公室	600	650	709	771
国会预算办公室	599	654	707	769
实际发生	599	618	601	666
支出				
行政管理和预算办公室	655	695	732	770
国会预算办公室	662	721	766	818
实际发生	678	746	808	852
赤字/盈余				
行政管理和预算办公室	−55	−45	−23	+1
国会预算办公室	−63	−67	−59	−49
实际发生	−79	−128	−208	−185

资料来源：Congressional Budget Office, Economic Policy and the Outlook for the Economy(Washington：USGP,1981),47；CBO, An Analysis of Congressiorial Budget Estimates for Fiscal Years 1980-1982(Washington：USGPO,1984)。

自由派还指责里根为了让民主党牵头提议政治上不受欢迎的增税方案，有意在1981年用减税来增加赤字。如果是这样的话，1984年的民主党总统候选人沃特·蒙代尔（Walter Mondale）就正好掉进了这个陷阱，因为他在竞选中大力提倡增税。蒙代尔在民主党全国代表大会中说："里根要增税，我也要。他不会告诉你们，而我刚刚告诉你们了。"[28]

税收会推高支出吗？

里根支持的1982年增税方案抵消了1981年的大部分减税，引发了关于增税能否有效减少财政赤字的激烈争论。许多经济学家认为这会导致更多的支出，即所谓"喂饱了野兽而不是让它挨饿"。这些争论贯穿于整个20世纪80年代，形成了另一种"让野兽挨饿"的观点。如果说减税迫使支出减少，那也就是说增税会导致支出上升。

早在1971年，经济学家罗伯特·艾斯纳（Robert Eisner）就提出，1968年的附加税未能抑制通货膨胀的原因之一就是它导致支出的上升幅度超过税收[29]。财政部负责货币事务的副部长贝里尔·斯普林克尔（Beryl Sprinkel），同时也是里根政府主要经济学家之一，第一个反对增税，理由是增税会增加政府支出。1983年斯普林克尔在《华尔街日报》上驳斥赤字是源于税收不足的说法。因此，增税并非正确的应对措施；现在的问题是支出太多，唯一的解决办法就是削减支出。斯普林克尔这样说道：

> 显然，将赤字归因于课税不足而非自己的消费习惯，有利于败家子们。增税的理由就像是一个强迫性购物者将自己不断借贷的需求归因于老板，因为老板不愿用不断加薪来维持他的恶习，而给他加薪相当于公司的总预算在不断上涨。[30]

学术界的经济学家很快接受了这项挑战，他们要为增税是喂饱野兽（并最终导致更高的支出，却对赤字没有任何实质性影响），还是减少赤字下一个定论。经济学家乔治·M.冯·弗斯腾伯格（George M.von Furetenberg）、杰夫里·格林（Jeffrey Green）和姜金河（Jin-Ho Jeong）率先发表学术论文研究这个问题。他们的结论是因果关系的方向是从支出到税收。高税收是过度支出的逾期付款[31]。

作为回应，里根政府财政部的经济学家迈克尔·马洛(Michael Marlow)发表了几项研究，说明减税对削减支出的作用可能不大，但是从长远来看，增税根本不能降低赤字。他在第一项研究中这样写道：

> 从这些因果关系检验得出的最重要的结论是：支持用增税来缩小联邦预算赤字的提议并不是能够解决财政根本问题的长久办法。虽然我们的检验并不是赤字问题的最终答案，然而显而易见的是，我们的检验结果并不认为增税是比缩减开支更好的缩小联邦政府未来赤字的方法。总的来说，增税甚至不能为庞大的联邦赤字提供一个暂时的解决办法。[32]

随后，几篇公开发表的论文支持了这种观点，即高税收对刺激支出没有任何影响，反而是过度支出不可避免的后果，也就是所谓的逾期付款观点。[33]其他人认为，高税收会刺激额外的支出，使赤字几乎不受到影响。[34]最后，还有研究发现这种因果关系在某些时期和情况下朝一个方向运行，而在其他时期和情况下则不然。[35]

有约束力的平衡预算要求，无论其是隐含的还是明确的，可以解释这些相互矛盾的研究。前面讨论过，如果联邦政府在20世纪30年代有隐含的严格平衡预算规定，在70年代中期则有较为宽松的平衡预算规定，那么，在这些时期里高支出趋于迫使政府增税就在情理之中。依据州和地方数据作的因果关系研究也显示了这种趋势，因为这些级别的政府总是受到明确的严格平衡预算的约束。20世纪70年代末，共和党开始放弃对平衡预算的强烈支持，此后的数据很难表明这种因果关系也就不足为奇，这也影响了以后利用更现代的数据作的研究。

政治上的发展

在许多方面，最终结束"让野兽挨饿"的争论的实证与其政治意义是不相关的。非常模棱两可的数据总能产生支持当时的政治偏向或要求的研究，特别是在国会泛滥的非正式研究。

1987年，经济学家理查德·威德（Richard Vedder）、洛厄尔·加韦（Lowell Gallaway）和克里斯托弗·弗伦泽（Christopher Frenze）作了一个这方面的研究。其结论是，高税收事实上导致高赤字，因为每增税1美元都会增加1.58美元支出。换句话说，每1美元的增税导致赤字上升58美分。[36]这项研究具有重大的意义，因为1987年10月24日罗纳德·里根在其电台演讲中就曾引用过类似的说法：

> 例如，1982年《税收公平与财政责任法》在四年中增加1310亿美元的税收，国会保证每增加1美元的税收就削减3美元的支出。四年后，税收如期达到1310亿美元，但是同时期的支出却增加了2440亿美元。实际上，从1980年开始每增加1美元的税收，支出就相应增加1.25美元。

乔治·布什在1988年的竞选中支持修改后的"让野兽挨饿"的理论，即增税推高支出、不能减少赤字。他说"除非能够控制国会的支出，否则新增的税收将变成新增的支出"。[37]

同样在国会，修改后的"让野兽挨饿"理论与稳健派先前支持的用增税降低财政赤字的观点相冲突。显然，在投入这么多的政治热情之后，许多议员十分沮丧地看到在永久解决赤字问题方面只取得了如此小的进展。俄勒冈州共和党参议员鲍勃·帕克伍德（Bob Packwood）就是其中的一位，他在1993年关于比尔·克林顿增税计划的国会辩论中这样说：

> 美国政府的历史显示，每次增税，我们就会把它花费掉，而不是用于解决财政赤字。即使总统说过"让我们建立一个削减赤字信托基金"也无济于事。我们从来没有这样做，相反，

我们将它花费掉。我预言，如果我们征收这些新的税收，我们仍然会将它花费掉。我们不会削减支出，只会把它花在新的项目上或者扩展现有的项目。[38]

同年，罗纳德·里根在一篇《华尔街日报》的专栏文章中支持这种温和的"让野兽挨饿"理论。他实际上否认了所有他自己签署的预算方案，并说他是受到欺骗才支持用增税以换取从未出现的削减支出。里根这样说：

尽管有人不断给予你们"确保"、"承诺"、"保证"、"许诺"，削减支出还是习惯性地被遗忘或是悄悄地被游说出预算之外。增税，如同死亡与纳税，仍然如期而至。

1982年国会要增税。它承诺每增加1美元的新税就会削减3美元的联邦支出。由于刚上任，我同意了。不幸的是，虽然新税生效了，但是国会从来没有减少哪怕是1便士的支出。[39]

2000年乔治·布什的竞选主旋律之一就是有必要用减税来减少克林顿执政期间累积的预算盈余。布什再次引用了"让野兽挨饿"理论，并不认同预算盈余有优点，认为这只会激发额外的支出。在评论美联储主席艾伦·格林斯潘关于应留存盈余的建议时，布什反对道，"格林斯潘先生相信华府的金钱只有唯一的用途——减少负债。我认为它将被用于扩大政府规模。格林斯潘先生比我对拨款委员会更有信心。"[40]

布什的竞选预算顾问，斯坦福大学胡佛研究所的经济学家约翰·科甘（John Cogan）后来提出，"保持预算盈余是错误的，因为预算盈余不可避免地导致更多的支出。"[41]

一上任，布什就为自己提议的2001年大规模减税作辩解，理由之一就是预算盈余会导致政府规模扩张。因此，在财政上比较谨慎保守的做法是用减税来削减盈余。在2001年8月24日的记者招待会上，他说，减税会给国会穿上"紧身衣"。在他以总统身份接受的最后几次采访中的一次，布什对《华尔街日报》说，他实行减税的最大成果之一就是缩减了政府的国内自由支配支出。[42]

根据记者罗恩·萨斯坎德的报道，有影响力的布什顾问卡尔·罗夫（Karl Rove）在白宫讨论税收时引用了"让野兽挨饿"理论。该理论也同样受到国会中共和党的欢迎。例如，在2003年，曾是众议员的宾夕法尼亚州共和党参议员里克·桑托伦（Rick Santorum）说，"作为众议员的我曾是支持削减赤字的赤字鹰派，而现在我不再是。我告诉你们为什么。我必须将盈余花掉，因为有赤字就更容易说不。"[43]

同一年，里根政府的幕僚长、财政部长詹姆斯·A.贝克（James A.Baker）承认他错了，他曾被公认为助推了20世纪80年代许多导致高税负的预算方案。他支持修改后的"让野兽挨饿"理论，认为增税会极大地刺激额外的支出。[44]

未 来

《华尔街日报》社论版仍然坚定不移地认为，减税迫使支出减少。直到2006年6月，其主要经济社论作者还说，"过去的25年，几乎每次两党达成的预算方案都意味着高税负、高支出以及对共和党的政治屠杀。"[45]

因此，"让野兽挨饿"理论仍然是保守派政治策略的重要工具。这一理论经常被保守派援引，好像它是不言而喻的。[46]但是，从最近几年的预算执行情况来看，大幅减税往往伴随着政府支出的大幅上升，这使得一些保守派重新考量自己的立场。正如《芝加哥论坛报》的专栏作家史蒂夫·查普曼（Steve Chapman）所指出的：

多年来，保守派都认为"减税"可以通过所谓的"让野兽挨饿"的过程而产生小政府。他们说少给国会钱，他们就会节约开支。

如果情况果真如此，那么大政府现在就应该很瘦小了。恰恰相反，政府这只野兽看起来更像肥胖症的产物。自从1994年共和党赢得众议院控制权之后，联邦政府支出在剔除通货膨胀因素后增长了近三分之一。"[47]

自由派的卡托研究所董事长、里根的经济顾问委员会成员比尔·尼斯坎南（Bill Niskanen）认为，"让野兽挨饿"理论实际上是荒谬的。它使自由派和保守派认为只要减税就可以限制政府的扩张。乔治·布什政府时期通过的大量减税政策使他们"漠视本可控制联邦支出一贯的政治原则"。尼斯坎南指出，认为减税能够限制财政支出的想法是"幻想"。[48]

米尔顿·弗里德曼一直认为"真正"的政府负担应该用政府支出而不是用税负来衡量。如果这样，因过度依赖"让野兽挨饿"理论而产生的预算约束的缺失，意味着未来的税负将会更高。近期一项研究警示我们，"放弃预算其中一方的财政约束会导致预算两方的财政不负责。"这也许能解释为什么尼斯坎南现在发现减税实际上导致财政支出上升。这个结论最近获得了经济学家克里斯蒂娜·罗默和大卫·罗默的证实。[49]

尽管乔治·布什政府时期没有证据显示减税能限制财政支出，更不用说削减支出了。但是，一些主要的保守派经济学家仍然认为"让野兽挨饿"理论基本上有效，其中包括2006年5月成为布什政府经济顾问委员会主席的爱德华·拉齐尔（Edward Lazear）。[50]

一种可能性是，财政赤字还没真正开始触及我们的痛处。当它在未来某个时候开始触及我们的痛处，"让野兽挨饿"理论可能会导致大幅削减基本福利计划。布什政府行政管理与预算办公室主任、后于2006年成为白宫幕僚长的约书亚·博尔滕（Joshua Bolten）曾表明这一点，因为他发现预计的预算支出十分巨大，单靠税收来缩小未来的财政赤字是不可能的。他指出，"从长远看，基本福利计划的不可持续增长未来将造成巨大的资金缺口，任何增税都不可能填补这个缺口。只有改革基本福利计划本身，才能消除我们真正的财政危机。"[51]

这种说法实际上是错误的。几乎每个欧洲国家的宏观税负水平都达到只需用高税收就可以覆盖美国预计的支出增长的高水平。2006年，经合组织的欧洲成员国宏观税负水平达38%，相比之下，美国则只有28%。[52]这两个数据之差就足以支付未来数十年美国所有福利计划的预计支出。

但是，长期以来被许多左派政治人士所诟病的是，"让野兽挨饿"

理论的最终目的是制造庞大的财政赤字,因此当财政危机最终出现的时候,就不得不削减福利。《新共和国》的前任编辑彼得·本纳特(Peter Beinart)说:

> 是中产阶层的福利计划,如联邦医疗保险和社会保障计划,使联邦政府有如此大的规模(也如此受欢迎)。共和党要削减这些福利的唯一希望就是制造巨大的财政危机,让危机把目前不受欢迎的共和党的解决方案变得政治上可行。这些方案包括私有化社会保障计划以及将联邦医疗保险改为医疗券计划等。再过大约十年,当布什政府实施的多个减税计划和庞大的国防开支与"婴儿潮"一代人的退休碰撞在一起时,他们或许就可如愿以偿了。[53]

其他左派人士,例如经济学家保罗·克鲁格曼提出了类似的论点,帕特·莫尼汉在20世纪80年代也这样提过。如果布什总统和共和党控制的国会没有在2003年给联邦医疗保险计划增加一项新的没有资金支持且耗资上万亿美元的"处方药"福利,造成该计划支出大幅增加的话,这种观点将更有说服力。[54]

尽管近些年"让野兽挨饿"理论显然没有起到控制政府支出的作用,但仍然可以找到支持它的理论依据。方法之一是将具体的减税愿望转变成能够普通减少政府支出的机制。唤醒人们对宪法提出平衡预算修正案的兴趣,或许可以实现这一点。很明显,如果减税能够在严格的预算平衡规定下得以实现,那么,政府支出也必将减少。[55]

如果选民知道有严格的预算平衡要求,那么他们应该也知道,支持减税也就是在支持政府削减支出。这个观点得到了近期的民意调查数据的支持。全国公共电台2003年4月作的一项民意调查发现,44%的受访者赞成高税负和多公共服务;48%的受访者赞成低税负和更少的公共服务。2004年9月,福克斯新闻与民意动态在民意调查中询问潜在的投票者,是支持一个提供更多服务但要求他们多纳税的大政府,还是支持一个提供较少服务但可以少交税的小政府。结果是,前者的支持率为38%,后者为

45%。拉斯穆森公司在2008年9月作的民意调查显示，57%的投票者更喜欢更少的公共服务和低税负，只有31%的投票者支持更多的政府支出和高税负。[56]

"让野兽挨饿"理论似乎已经经历了演变。一开始，它允许传统上坚持严格预算平衡要求的财政保守派支持没有相应的财政支出削减的减税计划。在政治圈里，这对保守主义的现代演变和成功极为重要。用记者乔纳森·劳奇（Jonathan Rauch）的话来说，"对于现代保守主义和美国来说，'让野兽挨饿'理论的重要性如何评价都不为过。"[57]

此后，在反对用增税来缩小预算赤字上，"让野兽挨饿"的观点再次出现。正如前共和党众议院议长纽特·金里奇（Newt Gingrich）常常说的那样，这一努力最终只会使财政保守派成为福利国家的征税者。这种形式的"让野兽挨饿"理论还有另一个版本：增税并不能减少赤字，却有可能使财政赤字状况进一步恶化，因为增税仅仅是刺激了更多的财政支出。

虽然"让野兽挨饿"理论在著名的经济学家中仍然有支持者，但是大幅减税仍无法削减支出和财政赤字的事实已经使该理论以前的一些支持者心灰意冷了。他们现在越来越担心依赖"让野兽挨饿"理论来支持减税最终也许会导致未来不可避免的增税。纳税人到最后是不是总体上比没有减税更好，还有待观察。但是纳税人的状况变得更糟至少存在较大的可能。

未来的财政危机仍然可能为大规模地削减政府福利计划提供政治借口。没有财政危机，这一行动在政治上就不可行。许多分析人士，包括我在内，现在都认为这样的危机更有可能导致大幅增税，使美国的宏观税负水平逼近欧洲。

注释：

1. Charles Edward Barnes, "In a Tiger Trap", WP, Dec. 22, 1907.
2. John Kenneth Galbraith, Ambassador's Journal: A Personal Account of Kennedy

Years (Boston: Houghton Mifflin, 1969), 381; and A Journey Through Economic Time (Boston: Houghton Mifflin, 1994), 174.

3. JEC, January 1965 Economic Report of the President, 89th Cong., 1st sess. (Washington: USGPO, 1965), 13.

4. Michael Harrington, "Reactionary Keynesianism", Encounter, March 1966, 51.

5. House Ways and Means Committee,Revenue Act of 1963, House Rep. no. 749, 88th Cong., 1st sess.(Washington: USGPO, 1963), c5-28; Donald F. Swanson, "Andrew Mellon on Tax Cuts", TNR March 23, 1963, 22.

6. Paul Blustein, "Recent Budget Battles Leave the Basic Tenets of Welfare State Intact", WSJ, Oct.21, 1985.

7. M. Susan Murnane, "Selling Scientific Taxation: The Treasury Department's Campaign for Tax Reform in the 1920s", Law and Social Inquiry, Fall 2004, 819-56; Roy G. Blakey and Gladys C. Blakey, "The Revenue Act of 1932", 620-40; E. Carey Brown, "Fiscal Policy in the Thirties: A Reappraisal", AER, Dec.1956, 857-79.

8. 关于艾森豪威尔反对减税的近期回顾，见Marc Linder, "Eisenhower-Era Marxist-Confiscatory Taxation: Requiem for the Rhetoric of Rate Reduction for the Rich", Tulane Law Review, March 1996, 905-1040.

9. Allen J. Matusow, Nixon's Economy:Booms, Busts, Dollars & Votes (Lawrence: University Press of Kansas, 1988), 39-40.

10. John R. Greene, The Presidency of Gerald R.Ford (Lawrence:University Press of Kansas, 1995),72-81.

11. Jude Wanniski, " Taxes and a Two-Santa Theory", National Observer, March 6, 1976.

12. James R. Adams. Secrets of the Tax Revolt (New York: Harcourt Brace Jovanovich, 1984).

13. Senate Finance Committee, Individual and Business Tax Reduction Proposals, 95th Cong., 2nd sess.（Washington：USGPO, 1978）, 172.

14. Milton Friedman, "The Limitations of Tax Limitation", Policy Review, Summer 1978, 11.

15. Milton Friedman, "The Kemp-Roth Free Lunch", Newsweek, Aug. 7, 1978.

16. Irving Kristol, "Populist Remedy for Populist Abuses", WSJ, Aug. 10, 1978.

17. Dennis Farney, "Tip O'Neill's Unpleasant Duty", WSJ, April 5, 1979.

18. James M. Buchanan and Richard E. Wagner, Democracy in Deficit: The Political Legacy of Lord Keynes (New York: Academic Press, 1977).

19. Geoffrey Brennan and James M. Buchanan, The Power to Tax: Analytical Foundations of a Fiscal Constitution (New York: CUP, 1980); Geoffrey Brennan and James M. Buchanan, "The Logic of Tax Limits: Alternative Constitutional Constraints on the Power to Tax", NTJ, June 1979, 11-22; Geoffrey Brennan and James M. Buchanan, "Towards a Tax Constitution for Leviathan", Journal of Public Economics, Dec. 1977, 255-73; James M. Buchanan, "Taxation in Fiscal Exchange", Journal of Public Economics, July-Aug. 1976, 17-29.

20. Burton A. Abrams and William R. Dougan, "The Effects of Constitutional Restraints on Government Spending", PC, May 1986, 101-16; John G. Matsusaka, "Fiscal Effects of the Voter Initiative: Evidence from the Last 30 Years", JPE, June 1995, 587-623; Carolyn Sherwood-Call, "Tax Revolt or Tax Reform? The Effects of Local Government Limitation Measures in California", Federal Reserve Bank of San Francisco Economic Review, Spring 1987, 57-67.

21. Alberto Alesina and Guido Tabellini, "A Positive Theory of Fiscal Deficits and Government Debt", Review of Economic Studies, July 1990, 403-14; Torsten Persson and Lars E.O. Svensson, "Why a Stubborn Conservative Would Run a Deficit: Policy with Time-Inconsistent Preferences", QJE, May 1989, 325-45; Per Pettersson-Lidbom, "An Empirical Investigation of the Strategic Use of Debt", JPE, June 2001, 570-83; Guido Tabellini and Alberto Alesina, "Voting on the Budget Deficit", AER, March 1990, 37-49.

22. White House, America's New Beginning: A Program for Economic Recovery (Washington: USGPO, 1981).

23. Murray Weidenbaum, Rendezvous With Reality (New York: Basic Books, 1988), 19; Milton Friedman, "Closet Keynesianism", Newsweek, July 27, 1981, 60.

24. Jerry Tempalski, "Revenue Effects of Major Tax Bills", Office of Tax

Analysis Working Paper no.81, U.S. Treasury Department, July 2003.

25. Daniel Patrick Moynihan, "Reagan's Bankrupt Budget", TNR, Dec. 31, 1983, 18-21; "Reagan's Inflate-the-Deficit Game", NYT, July 21, 1985.

26. David A. Stockman, The Triumph of Politics (New York: Harper & Row, 1986), 267-68.

27. Martin Anderson, Revolution (New York: Harcourt Brace Jovanovich, 1988), 140-63; William A. Niskanen, Reaganomics (New York: OUP, 1988), 19; Paul Craig Roberts, "'The Stockman Recession': A Reaganite's Account", Fortune, Feb. 22, 1982, 56ff; and The Supply-Side Revolution (Cambridge: HUP, 1984), 119-20.

28. Tom Wicker, "The Mondale Trap", NYT, Feb. 7, 1986; Jeffrey H. Birnbaum and Alan S. Murray, Showdown at Gucci Gulch (New York: Random House, 1987), 35。伯恩鲍姆(Birnbaum)和莫里(Murray)在同一页说道，几分钟后，蒙代尔转向众议院筹款委员会主席丹·罗斯滕科斯基（Dan Rostenkowski），指着人群说："看看他们，我们将用征税让他们一无所有。"

29. Robert Eisner, "What Went Wrong?" JPE, May-June 1971, 629-41.

30. Beryl W. Sprinkel, "More Taxes Feed More Spending", WSJ, Nov. 10, 1983.

31. George M. von Furstenberg, R. Jeffrey Green and Jin-Ho Jeong, "Have Taxes Led Government Expenditures? The United States as a Test Case", Journal of Public Policy, Aug. 1985, 321-48; George M. von Furstenberg, "Taxes: A License to Spend or a Late Charge?" in Rudolph Penner, ed., The Great Fiscal Experiment (Washington: AEI, 1991), 155-91; George M. von Furstenberg, R. Jeffrey Green and Jin-Ho Jeong, "Tax and Spend, or Spend and Tax ", RES, May 1986, 179-88.

32. Neela Manage and Michael L. Marlow, "The Causal Relation Between Federal Expenditures and Receipts", SEJ, Jan. 1986, 625; Michael Marlow and Neela Manage, "Expenditures and Receipts: Testing for Causality in State and Local Government Finances", PC, June 1987, 243-55; Michael L. Marlow and William Orzechowski, "Controlling Leviathan Through Tax Reduction", PG, Sept. 1988, 237-45.

33. William Anderson, Myles S. Wallace and John T. Warner, "Government Spending and Taxation: What Causes What?" SEJ, Jan. 1986, 630-39; Ben Baack and

Edward John Ray, "The Political Economy of the Origin and Development of the Federal Income Tax", in Robert Higgs, ed., Emergence of the Modern Political Economy (Greenwich, CT: JAI Press, 1985), 121-38; CBO, "The Relationship Between Federal Taxes and Spending: An Examination of Recent Research", July 1987.

34. James C. W. Ahiakpor and Saleh Amirkhalkhali, "On the Difficulty of Eliminating Deficits with Higher Taxes: Some Canadian Evidence", SEJ, July 1989, 24-31; Paul R. Blackley, "Causality Between Revenues and Expenditures and the Size of the Federal Budget", PFQ, April 1986, 139-56; Charles W. Calomiris and Kevin A. Hassett, "Marginal Tax Rate Cuts and the Public Tax Debate", NTJ, March 2002, 119-31; David Joulfaian and Rajen Mookerjee, "The Government Revenue-Expenditure Nexus: Evidence from a State", PFQ, Jan. 1990, 92-103; Rati Ram, "Additional Evidence on Causality between Government Revenue and Government Expenditure", SEJ, Jan. 1988, 763-69.

35. Henning Bohn, "Budget Balance Through Revenue or Spending Adjustments?" JME, June 1991, 333-59; Kevin D. Hoover and Steven M. Sheffrin, "Causation, Spending, and Taxes: Sand in the Sandbox or Tax Collector for the Welfare State?" AER, March 1992, 225-48; Dwight R. Lee and Richard K. Vedder, "Friedman Tax Cuts vs. Buchanan Deficit Reduction as the Best Way of Constraining Government", EI, Oct. 1992, 722-32.

36. Richard Vedder, Lowell Gallaway and Christopher Frenze, Federal Tax Increases and Budget Deficit, 1947-1986: Some Empirical Evidence (Washington: JEC, 1987).可是这些研究的最新版本表明每增加一美元的税收只增加七美分的支出; Richard Vedder and Jonathan Leirer, Taxes and Deficits: An Observation on the Relationship Between Taxes and Spending (Washington: JEC, 2007).

37. George H. W. Bush, "Remarks at the Intel Corporation, Portland, Oregon", May 14, 1988.

38. Congressional Record, May 18, 1993, S5987.

39. Ronald Reagan, "Hurry Up and Wait", WSJ, July 8, 1993.

40. Richard Wolffe, "Bush Admits Dispute With Greenspan on Tax Cuts", FT, Jan. 25, 2000.

41. David E. Rosenbaum, "Embracing Deficits to Deter Spending", NYT, Feb. 9, 2003.

42. OMB, A Blueprint for New Beginnings (Washington: USGPO, 2001), 172; Allen Schick, "The Deficit That Didn't Just Happen", Brookings Review, Spring 2002, 48; Kimberley Strassel, "Bush on His Record", WSJ, Dec. 20, 2008.

43. Ron Suskind, The Price of Loyalty (New York: Simon & Schuster, 2004), 300; Hans Nichols, "Leadership Lines Up with Deficit Doves", The Hill, Feb. 5, 2003.

44. James A. Baker, "A 'Reformed Drunk' on Tax Relief", WSJ, April 18, 2003.

45. Stephen Moore, "Don't Know Much About History", WSJ, June 12, 2006.

46. David Firestone, "Conservatives Now See Deficits as a Tool to Fight Spending", NYT, Feb. 11, 2003; Holman W. Jenkins, "Republicans Learn to Love (Well, Like) the Deficit", WSJ, Nov. 5, 2003; Robert D. Noavk, "The GOP's Pain-Free Path", WP, July 18, 2005; George F. Will, "Campaign by Tax Cut", WP, June 1, 2003.

47. Steve Chapman, "Supersizing the Federal Government", Chicago Tribune, Dec. 15, 2005.

48. Niskanen comment in Jeffrey Frankel and Peter Orszag, eds., American Economic Policy in the 1990s（Cambridge: MIT Press, 2002）, 184-187; William A. Niskanen, "Starve the Beast Does Not Work", Cato Policy Report, March-April 2004, 2.

49. William G. Gale and Peter R.Orszag, "Bush Administration Tax Policy: Starving the Beast?", Tax Notes, Nov. 15, 2004, 999; Daniel N. Shaviro, "The New Age of Big Government", Regulation, Spring 2004, 36-42; William A. Niskanen, "Limiting Government: The Failure of 'Starve the Beast'", Cato Journal, Fall 2006, 553-558; Christina D. Romer and David H. Romer, "Do Tax Cuts Starve the Beast? The Effect of Tax Changes on Government Spending", NBER Working Paper no. 13548, Oct. 2007.

50. Robert J. Barro, "There's a Lot to Like About Bush's Tax Plan", Business Week, Feb. 24, 2003, 28; Garry S. Becker, Edward P. Lazear and Kevin M. Murphy, "The Double Benefit of Tax Cuts", WSJ, Oct. 7, 2003; Milton Friedman, "What Every American Wants", WSJ, Jan. 15, 2003.

51. Joshua Bolten, "Budget for the Future", WSJ, Feb. 6, 2006.

52. OECD Revenue Statistics, 1965-2007 (Paris: OECD, 2008), 19.

53. Peter Beinart, "Unbalanced", TNR, May 26, 2003, 6.

54. Paul Krugman, "The Tax-Cut Con", NYTM, Sept. 14, 2003, 54-61; "Support the Troops", NYT, Nov. 11, 2003; "Red Ink Realities", NYT, Jan. 27, 2004; "Deficits and Deceit", NYT, March 4, 2005. 布什政府经常掩盖该处方药福利计划的实际成本；Bruce Bartlett, Impostor: How George W. Bush Bankrupted America and Betrayed the Reagan Legacy (New York: Doubleday, 2006), 67-72.

55. Jonathan Baron and Edward J. McCaffery, "Starving the Beast: The Psychology of Budget Deficits", Working Paper, Center for the Study of Law and Politics, USC Law School and California Institute of Technology, 2006; Martin A. Sullivan, "Getting Serious About Starving the Beast", Tax Notes, May 16, 2005, 822-828.

56. www.npr.org/news/specials/polls/taxes2003/index.html; www.nationaljournal.com; www.rasmussenreports.com.

57. Jonathan Rauch, "Stoking the Beast", Atlantic Monthly, June 2006, 27.

第七章　如何应对未来的经济危机

众所周知，经济理论总是在处理不同时代的危机中诞生。凯恩斯经济学的出现是因为古典经济学无法解决大萧条的问题。当凯恩斯经济学无法解决20世纪70年代的滞胀问题时，它没落了，取而代之的是货币主义和供给经济学。现在，货币主义和供给经济学也已黔驴技穷。要解决当前和未来我们所面临的经济问题，新的经济理论必须产生。这会是什么呢？

从决策者在应对2008~2009年金融危机所采取的措施中可以明显看出，决策者吸取了大萧条时期错误经济政策的历史教训，尤其是美联储坚定地采取了防范银行体系崩溃及全面通货紧缩（两者直接导致了大萧条）的措施。美国有幸在这个关键时刻选择本·伯南克担任美联储主席，因为其职业生涯的大部分时间是在普林斯顿大学担任经济学教授，并对大萧条的起因有深入的研究[1]。本·伯南克曾在2002年一个为米尔顿·弗里德曼举办的活动上总结了自己的观点。弗里德曼认为美联储很大程度上应为大萧条负责。伯南克说，"你说对了，那是我们的责任。我们很抱歉，但托你的福，我们不会再错了。"[2]

不幸的是，金融危机也导致了政府支出的大幅上升。除了在2008年初实施1500亿美元毫无经济价值的退税计划以外，9月国会又通过了为陷入困境的银行及其他金融机构提供7000亿美元的救助计划。2009年2月，国会颁布了7870亿美元的一揽子经济刺激计划，但很多议员认为这还太少。然而，加上经济增长放缓导致的税收减少，美国的债务增长了一倍。2008年9月，美国国会预算办公室估计2018年美国债务将为8万亿美元；但到2009年3月，这一估计已上升至16万亿美元。

金融危机也使经济学家多年以来一直关注的另一个问题——人口老龄化浮出水面。这个问题一直被决策者忽略，同时也在很大程度上被过去股票和房地产市场的高收益所掩盖。这些高收益增加了很多已退休或临近退休的美国居民的财富，使美国居民和决策者对日益严重的人口老龄化问题及其给经济和社会带来的巨大压力过于乐观。据美国人口普查局预计，到2030年，美国65岁以上人口占比将从2008年的12.7%上升至19.3%。

在经济衰退引发支出大出血和税收锐减之前，由于"婴儿潮"一代人的老龄化，美国已经面临着历史上最严重的财政预算危机。2008年，"婴儿潮"期第一年出生的美国人已经62岁，达到了提早享受社会保障福利的条件。到2011年，"婴儿潮"期第一年出生的美国人将为65岁，符合享受联邦医疗保险福利的条件。这意味着社会保障和联邦医疗保险计划的支出将在短期内迅速增加[3]。

很可惜，改革社会保障制度的最好时机已经错失，因为20世纪90年代积累的财政盈余已被浪费，没有任何一分钱用于对税收体制或政府福利计划进行根本改革。自由派与保守派因没有对政府福利计划进行改革而最后都成为输家。如果当时的财政盈余能被用于政府福利计划改革，而不是花在乔治·布什2001年的减税政策上就好了。

从更深的意义上讲，未来的问题就是债务问题。美国家庭过着超出自己收入水平的生活，借钱用于当前的消费，而没有为自己退休储蓄足够的钱；美国公司借钱用于发放股息或购买其他公司，而不是将钱投资于自身的主营业务；美国政府借钱用于并不能刺激经济的经济刺激计划；美国整个国家从外国借钱以维持目前不可持续的生活水平。

因此，美国未来必须增加储蓄并减少消费。这与凯恩斯经济学的观点支出是经济增长的必要条件背道而驰。在很多方面，这也与供给经济学的观点减税能解决所有的经济问题背道而驰。在我看来，减税可以消除我们的烦恼的时机早已成为过去。为了兑现所有的承诺，大幅增税将是非常必要的。与其完全反对增税，供给经济学家们更应该将洞察力用于设计新的税收体系，以便用尽可能少的经济增长和政治自由的成本获取更高的税收。

迫在眉睫的债务爆炸

联邦政府的债务负担，即历年来政府累计财政赤字与盈余之差，最好是以其占GDP的比例来衡量。按此口径，第二次世界大战巨大的费用支出使1946年美国政府债务占GDP的比例上升至122%的历史高点。在随后的35年里，这一比例持续下降，并在1981年降至32.6%的最低点。20世纪90年代后期美国政府大量的财政盈余也使这一比例从67%下降至2001年的57%，但乔治·布什任期内的高额财政赤字完全扭转了这一趋势，至2008财政年度末，政府债务占GDP的比例又重新回到67%。

然而，国债仅仅是联邦政府总债务中的一小部分。最大的政府债务并不是政府卖给公众的国库券，而是政府承诺给国民的退休福利，特别是社会保障和联邦医疗保险计划。这些承诺使政府应付给美国的现有人口上万亿美元的福利，而应付给其后代的福利还要更多。尽管美国民众必须为享受这些福利纳税，但这些福利的成本要远远超过他们所付出的。社会保障和联邦医疗保险计划都没有先期的资金投入，而必须用目前的税收来支付。所谓的社会保障和联邦医疗保险信托基金并无多大的经济意义，正如政府财政预算报告所写的，"从政府总的财政状况看，信托基金并不能减轻未来社会保障和联邦医疗保险福利的资金压力"。[4] 以联邦医疗保险计划为例，多年来其收入已不足以给付当前的受益人。几年后，社会保障也将面临同样的问题。

社会保障和联邦医疗保险计划资金缺口形成的负债将由未来的纳税人承担，其金额每年都由这两个计划的精算师负责计算并写入年度报告，并通常在春季公布。在每个财政年度末，财政部会把包括退伍军人福利和其他福利计划在内的政府所有债务写入美国政府财政报告。该报告通常在12月发布，并且公布在财政部属下的财务管理局的网站上[5]。

与公司的资产负债表一样，最有趣的资料往往出现在脚注。据美国财政部2008年财政报告，美国政府资产为2万亿美元，负债为12.2万亿美元，净负债10.2万亿美元。但这仅仅是一个开始。在另一张表中，财政报告列出了退休计划未来的资金缺口。2008年底，社会保障体系的资金缺口为17.2万亿美元，而联邦医疗保险计划的资金缺口为31.8万亿美元。因此，这意味着山姆大叔在国债的基础上还另有49万亿美元的负债。

但这种计算仍然低估了问题的严重性，因为财政报告只计算未来75年的退休计划成本。由于这些计划是法律的永久组成部分，通常很难改变，因此我们需要知道这些计划的永续成本。同时，由于未来的钱没有现在的钱值钱，我们还必须使用经济学家所称的折现来作调整。各项福利计划的折现值衡量的是现在应在银行存入多少生息本金才足以支付未来的资金缺口。用这一方法计算，2007年底社会保障的债务是15.7万亿美元，联邦医疗保险计划的债务是74.4万亿美元，仅这两项计划的债务就已超过90万亿美元[6]。

当然，未来的经济增长和税收增加可以用来支付这些债务[7]。对国民来说，真正重要的是为支付未来的社会保障和联邦医疗保险福利，税负将提高到什么程度。根据社会保障计划的精算师计算，为支付向现在和未来受益人所承诺的各种福利，工薪税率应提高3.2个百分点，即从12.9%提高到16.1%。这将产生相当于GDP的1.1%的新增税收[8]。

联邦医疗保险计划的问题更加糟糕。根据联邦医疗保险计划的精算师计算，用于医院就诊费的A部分，其资金缺口是34.4万亿美元。为支付A部分的各项福利，税率必须提高6.1个百分点，即从2.9%提高到9%，相当于GDP的2.6%。但联邦医疗保险计划的另外两部分也存在巨大的资金缺口，用于支付医生出诊费的B部分，其永久性资金缺口是34万亿美元，相当于GDP的2.6%；用于支付处方药费的D部分由布什政府和共和党国会于2003年通过并成为立法，其永久性资金缺口是17.2万亿美元，相当于GDP的1.3%。精算师并没有按工薪税率计算这些负债，因为根据法律，这些计划中保费不足以支付的部分已由一般财政预算收入支付[9]。

因此，为了永久向每一位退休者支付承诺的福利（不包括联邦医疗保险计划B部分和D部分），社会保障和联邦医疗保险计划的工薪税率至少要由目前的15.3%提高到24.6%。总的来说，为了保证现行社会保障和联邦医疗保险制度照常运作并且向现在和未来受益人兑付福利承诺，从现在到永久，税负的增速必须为GDP的7.6%。这相当于将个人所得税提高90%，即几乎每一位纳税人的税负增加一倍。

最后，国会预算办公室和政府问责局每年都会作联邦政府支出项目的长期预算。根据国会预算办公室的最新报告，到2030年，社会保障的支出占GDP的比例将从4.3%提高到6.1%，联邦医疗保险计划支出占GDP的比例将从2.7%提高到5.9%，医疗补助保险计划占GDP的比例将从1.4%提高到2.5%[10]。除债务利息以外的其他项目支出占GDP的比例将基本保持不变。

根据上面的计算，在未来21年的时间里，政府支出占GDP的比例将提高6.1个百分点，而且这还是在目前的经济下滑之前所作的估计。在这一时期内，所有联邦税必须提高1/3才能避免债务扩大，否则债务的利息支出将从占GDP的1.7%上升至4.8%。如果不采取任何措施，完全依靠政府财政赤字去满足支出增长的资金需求，那么到2030年，年度财政赤字将上升至GDP的10%以上，而政府的总债务将远超GDP的100%。政府问责局估算的数字也大致相同[11]。

美国政府破产了吗？

只要联邦政府没有足够的资产支付其负债，就可以说它已破产了。穆迪和标准普尔这两家主要的信用评级机构已经警示，债务爆炸将影响到国库券的3A评级。[12]这将使投资者要求国库券在未来有更高的回报率以覆盖其违约风险。

当然，以相同的标准来评估主权债和公司债并不完全合适。私人企业不能强迫消费者购买其产品，因此不能保证未来有确定的收入流来支付债务。但联邦政府拥有原则上不受任何约束的征税权，也就是说宪法并没有禁止国会选择何种征税水平。正如路易斯·F.鲍威尔（Lewis F. Powell）法官所说，"国会征税的权力实际上是没有限制的"。[13]至于在某个水平之上征税是否实际与可行则另当别论。

很显然，高税率在一定程度上会遇到政治阻力，同时也会因为激励减少和逃税造成税基大幅下降。但这些限制在不同时代、不同地区的情况也不一样。在战争时期人们更能承受较重的税收负担，而在和平时期人们则强烈反对。如果人们相信纳税后能获得更好的政府服务，如小孩有更好的教育和医疗条件，人们也就更愿意承担更高的税负。这就是为什么人们不会自动移居到税负最低的国家、州或地区的原因。[14]随着时间的推移和收入的提高，人们也更愿意接受更高的税负。这种现象是经济学家阿道夫·瓦格纳（Adolf Wagner）首次提出的，被称为瓦格纳定律。也就是说，我们可以把政府服务看成优质商品（即人们收入越高消费越多）而非劣质商品（即人们收入越高消费越少）。

更重要的问题仍悬而未决——不断上涨的支出和赤字将在何时产生实质性的负面影响？换言之，前面所描述的赤字趋势将会在什么时候对经济和公众观点产生显著影响以至于必须采取解决措施？在决定采取解决措施时，又应该采取什么解决措施？

在我看来，只有当人们认为财政赤字对通货膨胀或利率产生影响，即对人民生活产生直接影响时，才会产生重大的政治影响。由于赤字是一个抽象概念，人们会告诉民意调查者他们担心赤字，但他们不会给选区代表施加压力以降低赤字，除非他们能获得立即的、实质性的利益——低通货膨胀或低利率。

事情并非总是如此。过去很多人都视赤字为不道德的，并且以此作为选举的标准。但是现在，人们更多的只是在口头上反对支出赤字而没有实际行动，或者只是反对像专项拨款这样仅占政府支出0.5%的琐事[15]。自1992年罗斯·佩罗（Ross Perot）第三轮党内竞选失败后，选民对赤字就缺乏足够的关注；而自1993年比尔·克林顿的努力在国会上遭到所有共和党反对后，就再也没有出台真正的削减赤字的立法行动。

关于前面讨论的赤字趋势，什么时候不断上升的赤字会导致通货膨胀和利率水平的上升呢？这是一个难以回答的问题。通货膨胀本质上讲是一种货币现象。只要美联储能控制住货币供应量，赤字对通货膨胀只有短期影响而没有内在的影响。这就是货币主义者正确而凯恩斯主义者错误的原因。但赤字和通货膨胀之间的真实关系还要更复杂，因为美联储作为一个政治机构，其法定职责是维持高增长和低失业，而不是稳定物价[16]。

从历史上看，当赤字迫使利率上升时，美联储会迫于压力而放松货币政策以减缓利率的上升。实际上，美联储是用自己凭空创造的货币买入国债。在某种程度上，这很奏效。但最终，过多的货币创造将导致物价水平上升。一旦物价上涨成为一种普遍现象，市场利率水平便会自动上升，因为投资者要求更高的回报率以覆盖货币购买力的下降。此时此刻，市场高度关注美联储，而美联储只能用大幅降低货币增长来降低通货膨胀预期的方法才能降低利率。1979~1981年就出现了这样的情况，但结果是在紧缩银根与高通货膨胀并存的同时出现高于寻常的利率水平。1981年，联邦基准利率（即银行间相互拆借的利率）上升至20%，银行优惠贷款利率上升至21.5%。

如果撇开货币政策，赤字对利率的影响小于大多数人的预期。这主要取决于赤字的使用。如果政府赤字用于购买更多的商品和服务，影响就比较大；如果政府赤字用于支付利息，影响就比较小，因为资金只是在不同的国债持有人之间转移。此外，赤字对利率影响的大小也取决于市场参与者视赤字增加为短期现象还是长期现象，取决于国外投资者购买美国政府债券的意愿，等等。根据美联储一位经济学家在2003年的估算，债务/GDP上升1个百分点，长期利率将上升25个基点（即0.25%）。但白宫经济顾问委员会一位前任主席在2005年的一份研究中认为，债务/GDP上升1个百分点，实际利率只上升2个或3个基点[17]。

实际影响的大小其实并不重要。当通货膨胀和利率上升到政治上不可接受的程度时，决策者肯定会采取措施削减赤字。这是他们一致认同的有可能改善情况，且至少不会使情况更恶化的唯一措施。

未来削减赤字的方法

在经济危机迫使我们削减赤字之前就采取措施削减赤字是非常可取的。理智地减少社会福利，如逐步提高领取社会保障和联邦医疗保险的年龄，则是更好的方法。1970年以来，美国人的平均寿命增加了7年，65岁人口的平均寿命延长了3.5年。据估计，美国人的平均寿命每年增加0.15年。因此，未来我们必须将退休年龄每年推迟约2个月，以避免工作/退休比例（即人的一生中工作时间与退休时间之比）继续下降[18]。

但现实的问题是，除非是在很长一段时间里采取逐步削减的方法，否则削减福利计划几乎是不可能的，因为目前福利计划的受益人拥有强大的政治力量。事实表明，老年人参与投票的比例高于年轻人——这一点往往被那些认为可以通过大幅削减当前退休福利以控制福利计划成本的人忽视。2004年，65岁至74岁年龄段的人口中，有73.3%的人参与投票；而18岁至24岁年龄段的人口中，只有46.7%的人参与投票。在国会选举中，老年人和中老年人的政治力量更大。2006年，国会选举中近2/3的投票人年龄在45岁以上，只有5.8%的投票人年龄在24岁以下。因此，认为大多数投票人会投票赞成削减自己的福利是不现实的。他们也许支持削减未来的退休福利，但这必须是对未来退休者而言，只有这样，这种努力才有希望获得政治上的支持[19]。

人们也需要时间调整自己的人生规划以适应退休制度的改变。如果人们需要工作更长的时间，他们需要提前几十年知道这一改变。

不幸的是，政客们不太可能在一场危机到来之前就提前行动。政客只会在别无选择的时候才把痛苦强加在每个人身上。通常也只有在危机的时候，大幅削减支出或增税的方案才能获得足够的政治支持。但当决策者被枪指着脑袋的时候，他们不太可能就如何削减赤字作出最好的决定。他们会过于强调尽快增加储蓄的必要性，而避免谈政府福利计划。如果政府决定削减支出，那么自由支配支出项目肯定将首当其冲，尽管人们都承认这是不公平和无效率的。

但是，减少自由支配支出并不能产生足够的储蓄以使赤字明显减少。此外，只包含削减支出的削减赤字计划在政治上也是不可行的。正如美联储主席伯南克所说，即使到2030年能将自由支配支出削减80%，也仍然需要将非工薪税提高35%才能消除国会预算办公室估计的赤字[20]。况且，自由支配支出中最大的项目是国防开支。即使取消所有国内自由支配支出项目也不足以消灭2008年的赤字。

实际上，国会削减赤字唯一最快速、最有效的方法就是增税。从历史上看，政府削减赤字的一揽子计划总是高度依赖高税率。事实上，多数情况下唯一能真正削减赤字的方法只有增税，因为所谓削减支出实际上是政府承诺削减未来的拨款，但政府并没有履行这些承诺的手段[21]。

这并不是说增税是削减赤字的最好方法，这甚至算不上一个好方法。其他国家的经验表明，长期削减赤字最成功的方法主要是减少支出，特别是减少福利方面的支出[22]。但增税的作用也很重要，虽然很多时候增税并不体现为立法规定的增税，而是体现为因税收体系没有与通货膨胀和实际增长挂钩而造成的被动增税。在累进税制下，通货膨胀或实际增长导致的收入增加都会将纳税人推向更高的税级，增加其纳税负担[23]。

认为美国只需要减少预算支出就可解决目前面临的财政赤字问题是在做白日梦。正如上一章所讨论的，剥夺政府征税权与"让野兽挨饿"的想法曾经貌似合理，但在实际中却是完全错误的。每一位研究过美国现状的预算专家都已得出这样的结论：为了支付老龄化的成本，税收最终必须大幅提高[24]。不同于私人企业，国家政府不能宣布破产以撇清债务，至少不能在未使用通货膨胀手段的情况下达到此目的，而通货膨胀又是一个比疾病更加糟糕的治疗方法。

美国债务动态变化的一个重要因素是美国国债正在被越来越多的外

国投资者持有。以前经济学家并不将国债视为问题，因为我们欠的只是自己的钱。但现在的情况已经完全不同了。截至2008年12月底，外国投资者持有美国国债的53%。2008年初，中国和日本共持有超过1万亿美元的美国国债[25]。

虽然外国投资者会偶尔会发出停止购买美国国债的威胁言论，但最终并没有付诸于行动。尽管如此，这仍然是可能诱发金融危机的因素，并会迫使美国政府采取严厉的措施来削减赤字。2009年初，中国总理对美国暴涨的债务感到如此震惊，以至于要求美国政府对中国持有的美国国债提供保证。中东的主权财富基金也表示关注，而40%的日本投资者说他们担心美国政府会对其债务违约[26]。

尽管目前还没有因其他国家减持美国国债而发生危机，但美国政府如此依赖外国储蓄是不明智的。一方面，与依靠本国储蓄用于本国投资相比，依靠外国储蓄使投资收益归于其他国家，这意味着美国未来将变穷。另一方面，很多经济学家认为贸易逆差与财政赤字相关联，贸易逆差产生的主要原因是本国储蓄不足以支持本国投资。当外国储蓄被用于本国投资时，在国民收入账户上就显示为贸易逆差。只要财政赤字意味着负储蓄，它就会吸干本可用于为本国投资提供融资的资源，因此需要输入外国储蓄，进而导致贸易逆差上升[27]。

显而易见，增税以维持表面上的财政平衡是必要的，甚至一些供给学派的中坚分子也已经放弃了用"让野兽挨饿"的方法就可以让赤字削减支出的想法。无论是否喜欢，他们意识到高税负的时代正在到来。在2008年初的总统竞选前，阿瑟·拉弗在被问及对巴拉克·奥巴马和约翰·麦凯恩税收政策的看法时说，"当净债务占GDP的比例在七年间从35%上升到50%时，再加上这些救助计划，我不知道他们如何才能避免全面增税。"[28]

拉弗恰当地提到，真正的问题不是如何避免增税，而是如何确保增税不对经济增长和激励措施产生不必要的影响。真正危险的是，政客们自以为可以通过对富人征重税或者对像石油这样的易受政治影响的行业征收惩罚税的方法来获得所需的税收。但即使是采用没收性税率，可从这些渠道获得的税收也不足以弥补目前的财政缺口。拉弗认为更好的方法是用低税率拓宽税基，他还同时建议选择征收碳排放税[29]。

如何增税？

长期以来，经济学家和哲学家都认为最好的增税方法是对消费征税。这有两方面的原因：一是对消费征税对经济的影响要小于对收入征税，因为这不对储蓄征税，而储蓄正是经济增长的源泉。二是消费税的税负更轻，因为人们通常可以选择减少消费来避税。哲学家大卫·休谟在1754年说，"最好的税是对消费征的税……因为这税……在某种程度上讲，是自愿的，因为人们可以选择消费多少需要纳税的商品"。[30] 亚历山大·汉密尔顿在《联邦党人文集》第21篇中强烈支持这一观点：

> 消费税的一个显著优点是具有避免过度征税的特性。消费税能自定上限，一旦突破这个上限，就不能达到预期的目标——增加税收。俗话说，"在政治算术里，二加二并不总是等于四"，这句俗话用在这是既正确又诙谐。如果税负过高，消费就减少，人们规避征税，这样财政部所征得的税收并不比税负在合理适度范围内时所征得的税收多。这形成一个完整的壁垒，使公民免受这一类税种的严重压迫，同时也是对开征此类税种权力的自然限制。

尽管长期以来消费税体系被视为有效率，但它存在两个缺点：一是消费税被认为不公平。因为随着收入的增加，消费占收入的比例会减少，所以富人支付的消费税占其收入的比例要低于全部收入用于消费的穷人[31]。二是消费税体系被认为不切实际。这种税制在理论上也许是成立的，但在实际操作中却是不可行的。正如约翰·梅纳德·凯恩斯所说，"对消费支出征税，理论上或许成立但实际上却不可能。"[32]

当然，美国长期以来征收销售税，但这些税种只在税率相对较低的时候有作用。一旦税率超过10%，逃税就会变得相当严重[33]。生产商交纳国产税（excise tax）存在重复征税问题，这抑制了贸易，并且促使企业进行垂直并购以减轻税负。消费税的另一个问题是这与凯恩斯主义者的观点相违背，因为凯恩斯主义者认为消费是经济增长的动力而储蓄则拖慢经济增长。这些问题使得财政部在第二次世界大战期间征收"支出税"的努力以失败告终[34]。

两方面的进展逐步改变了经济学家对消费税的看法。一是建立消费税体系并不一定意味着对消费或销售收入直接征税（目前美国一些州和地方政府的做法），而是只需取缔储蓄税。因为在收入方面，我们只能从储蓄或消费入手，取缔储蓄税就意味着税收负担全部落在消费上[35]。以这一观点来看，对已消费的收入征税更易于实施，其经济意义也等同于销售税。同时消费税还可以实行税率累进制，这一点是销售税难以做到的。二是增值税的发明。增值税是销售税的一种形式，但它是向生产商而不是零售商征收。由于允许企业抵扣已在之前的生产—销售环节交纳的税款，增值税可以避免重复征税。这使增值税在很大程度上能自我实施，因此比等额的零售税更易于执行。

下面介绍一个增值税运作的典型例子[36]。农民种植小麦后卖给面粉厂主，农民按销售价交纳销售税，并将纳税额计入小麦的销售价格。面粉厂主将小麦磨成面粉后卖出，同样交纳销售税，但面粉厂主可以扣减其在购买小麦时交的税。面包店在购买面粉时交的税包含了面粉厂主和农民交的税。面包店将面粉做成面包后卖出，也必须交税，但与前面一样，面包店可以抵扣此前已交的全部税款。最后，所有的税都由最终的购买者即消费者承担。

在每个环节，都有一条发票路径显示了各个环节所支付的税款。这样，在生产和销售的每一个环节，企业都有纳税的动力，因为它们从其他企业购买商品时交的税能获得税款抵扣。因此，增值税只针对增加的价值（即生产商的销售收入与生产成本之差）进行征收[37]。

20世纪60年代，欧洲开始了全面的经济和政治一体化进程。随之产生的问题是如何避免国内销售税的重复征税，即货物经过的国家越多，产生的税负越重。这已成为自由贸易的严重障碍。这时，增值税体系具有的发票路径变得十分有吸引力，因为这意味着货物在边界出口后可以获得退税。因此，货物只在最终销售国纳税[38]。最后，所有征收销售税的欧盟国家都被要求征收增值税。

20世纪70年代，增值税在美国引起了一些争论。理查德·尼克松赞成这一建议[39]。但最后，保守派指出增值税的最大优点——效率，即可以非常小的无谓损失（即大于已征税收的成本）征税——实际上也是其致命缺点。他们担忧增值税会太轻易地征收太多的税，而成为一部"印钞机"[40]。保守派指出，为了限制政府的征税能力，征税过程应尽可能地费力和低效率。在1985年2月21日的一次记者招待会上，罗纳德·里根就以此为由反对征收增值税[41]。

我本人过去很长一段时间里也视增值税为"印钞机"并反对征收增值税[42]。但当我意识到在"婴儿潮"一代人进入退休高潮之前，各项福利支出将失控时，我逐渐改变了我的想法。美国现在正需要一部"印钞机"[43]。

同样是在20世纪70年代，20世纪40年代以后已基本被淡忘的消费所得税重新引起了关注。这主要得益于哈佛大学法学家威廉·D.安德鲁斯(William D. Andrews)和普林斯顿大学经济学家大卫·布拉德福(David Bradford)的研究。他们的主要影响是使税务专家相信这样的税收制度是可行的[44]。

20世纪80年代，人们对消费所得税的关注转向单一税率税制。但很少人注意到这一税制的主要优点并不是单一税率，而是只对消费征税，却对储蓄免税[45]。20世纪90年代，有为数不多的研究尝试设计只对消费征税而对储蓄免税的税收体系，其中最好的设计是乔治亚州民主党参议员萨姆·纳恩（Sam Nunn）和新墨西哥州共和党人皮特·多米尼西

(Pete Domenici)提出的储蓄无限宽免税（unlimited savings allowance tax）[46]。但进入21世纪后，税制改革方面就很少有严肃的研究。乔治·布什2005年任命的一个委员会提交的一份研究报告也被忽视[47]。

尽管一些自由主义者时常被增值税可能增加的税收所吸引，但自从众议院筹款委员会主席、俄勒冈州民主党人埃尔·厄尔曼（Al Ullman）1979年提出这一建议并在次年选举中失败后（普遍认为他失败的原因在于支持增值税），就没有人去认真地推动这一立法。此后，厄尔曼的名字成为支持增值税等同于政治自杀的代名词。用北达科他州民主党众议员（后为参议员）拜伦·多甘（Byron Dorgan）的话说，"最后一位推动增值税的人已经不在这里工作了"[48]。

政客们也意识到，国外支持征收增值税的领导人也经常遭遇选举失败的后果。1986年日本开征增值税后，日本前首相中曾根康弘在几个月后选举失败。加拿大前总理布赖恩·莫罗尼1991年在加拿大开征增值税，这成为他在1993年选举失败的主要原因。尽管澳大利亚前总理约翰·霍华德没有因1998年在澳大利亚开征增值税而下台，但其政党还是遭到重大挫败[49]。

征收增值税的理由

可悲的是，长期以来我们都很不现实地认为我国的财政问题完全可以通过削减支出来解决。但很显然，一味地不允许政府征税，即所谓的"让野兽挨饿"，是行不通的。削减国内自由支配支出已成为近年来政府预算决议的主要焦点，但对支出只有很小的影响。实际上，完全取消国内所有的自由支配支出也不足以平衡财政预算。改革福利制度最好的时机被1998年莫尼卡·莱温斯基丑闻所耽搁——当时克林顿与国会的共和党几乎已就社会保障制度改革达成一致，但却因总统弹劾案而功亏一篑[50]。而在财政风暴形成前改革福利制度的最后机会也因2003年乔治·布什大幅提高联邦医疗保险计划的支出和2005年提出糟糕的、毫无结果的社会保障私有化改革建议而付诸东流。

布什的社会保障制度改革使联邦医疗保险计划的财政状况变得无可救药,并使自己失去了改革社会保障制度的理由。他不能以节约资金以避免未来增税为理由,因为他已没有公信力。布什还犯了一个错误,就是没有在他设立的社会保障委员会于2001年提交报告后立即推出新的社会保障制度改革计划[51]。相反,该计划被束之高阁。2005年,布什重启社会保障制度改革,为避免反对者抨击计划的细节,他拒绝公开他的立法建议,但这样也使他失去了支持者对该计划的有力支持。最终,赞同进行社会保障制度改革的人各自为政地提出自己的计划,但没有一个能引起重视。

即使在不远的将来出现政党愿意大力削减福利支出的奇迹,但由于要采取逐步削减的方式,仍需要很多年的时间才能对支出产生明显影响。因此,虽然不受欢迎,但税负将不可避免地上升以防止政府财政状况恶化到由金融市场迫使政府采取措施的程度。到了某个程度,债券和外汇交易商将促使政客采取措施,因为他们对美元贬值、通货膨胀以及高利率问题的担忧必须得到解决[52]。虽然我们现在不可能知道政治或经济危机会在什么时候、以何种方式爆发,但一旦爆发,危机将对国会和白宫施以巨大压力迫使它们通过大幅削减赤字的立法。我所知道的是,从目前不可否认的财政趋势来看,这一切将为期不远。

当这一天到来的时候,可以确定的是共和党仍会坚定地反对即使是极微小的增税,尽管它要为导致增税的财政混乱状况承担主要责任。正是共和党挥霍了克林顿时期的预算盈余,也正是在其眼皮底下发生了美国历史上第二大的金融危机,使本来就已严重赤字的财政预算继续大出血。就在联邦医疗保险计划即将因"婴儿潮"一代人进入退休年龄而成本膨胀时,也正是共和党立法通过了大幅的、无任何资金来源保障的联邦医疗保险扩大计划。

可能一些共和党人真的认为,无论多小的增税都会对经济产生非常不利的影响。1993年比尔·克林顿建议适当增税时,他们也以此为由加以反对[53]。然而经济不但没有受到负面影响,反而持续以历史上最快的速度增长。1993年实际GDP增长2.7%,1994年增长4%,1995年增长2.5%,

1996年增长3.7%，1997年增长4.5%，1998年增长4.2%。此外，很多欧洲国家的宏观税负水平都明显高于美国，但并没有遭受到特别的不良影响。如果税率和政府支出更低一些，这些国家的经济增长速度也许会慢一些，但这些国家的生活水平并不明显低于美国。即使有一些研究极力想证明这些欧洲人比美国人穷，但最终他们发现这种差别是微乎其微的[54]。

我们还看到，政府规模的扩大并不如F.A.哈耶克在《通往奴役之路》中所预测的那样最终将导致极权主义。"自由之家"的年度报告显示，政治自由和社会自由与政府规模之间不存在相关性。很多世界上最高压的国家，特别是在非洲，从税收和支出占GDP的比例来看却是规模非常小的政府。在现实中，民主社会主义并不像大多数保守派所想的那样自相矛盾。

欧洲国家政府规模的扩大对经济和社会的不利影响并没有保守派估计的那么大，这有两方面的原因。第一个原因是政府为几乎每一个公民提供社会福利，这犹如一只手交钱而另一只手收回钱[55]。这种转移支付并不是没有成本的，但它的确大大降低了高税率的影响。此外，欧洲国家的政府支出比美国的更能推动经济增长[56]。在美国，人们都倾向于认为纳税等于是把钱投入老鼠洞，并据此作出相应的反应[57]。在欧洲，人们更倾向于认为纳税是为政府的服务付费，而美国人则要自掏腰包购买这些服务。

医疗保健是一个很好的例子。大多数美国人都有雇主为他们购买的健康保险。根据美国劳工统计局数据，2008年此项支出使工人平均货币工资下降7.9%。如果美国有全国性的健康保险制度，免除雇主的此项支出，雇主就可在自身利益不受影响的情况下将雇员的工资提高7.9%[58]。如果工薪税率提高7.9%以支付健康保险，这对雇主和雇员双方都没有影响，但税率和政府支出将会更高。这基本上就是目前欧洲的做法。这也解释了为什么社会保障税很少会产生负向的激励效果。工人知道这些资金未来将成为他们的现金福利，因此他们倾向于认为这等同于从工资中扣除健康保险或养老金费用，即将其视为薪酬的一部分而非减薪[59]。

欧洲国家税负对激励的不利影响比人们预期小的第二个原因是欧洲国家的税收相比于美国更多地来源于消费税。每一个欧洲国家的增值税都是中央政府税收的重要组成部分，同时这些国家对香烟和汽油等的征税也远高于美国。商品和服务税收平均占欧洲国家政府税收的32%，而在美国（包括州和地方政府）只占16.8%。欧洲国家对资本的征税也少于美国[60]。

很多评论家都建议美国征收增值税以支付全国健康保险或老年人长期保健费用[61]，其优势在于绑定增值税与低收入人群享受的福利，从而减轻增值税的所谓递减性[62]。这也将有助于消除美国制造业公司以及州和地方政府的一项沉重负担，因为它们比其他经济部门更可能为在职和退休员工提供健康保险[63]。如果现行的各种健康保险计划，包括联邦医疗保险计划，能被整合到一个新的综合性健康保险计划，就有可能改革联邦医疗保险计划，并降低其成本。改革的政治动力将克服来自于工会和老年人的阻力，如果只是进行零零碎碎的改革，这些阻力是无法克服的。

需要强调的是，仅仅依靠增税并不能解决联邦医疗保险的财务问题，支出也必须得到控制，因为人口特征和寿命的延长提高了受益人的数量和受益人成本。据估计，公共部门和私人部门的保健支出将从目前占GDP的15%上升到2040年的29%[64]。

新世纪的税务改革

经济学家拉里·萨默斯（Larry Summers）1988年关于增值税的一段话经常被引用。他说，美国之所以没有征收增值税，是因为保守派视其为"印钞机"而自由主义者视其为对穷人征税。萨默斯预测，如果哪一天自由主义者能视其为"印钞机"而保守派视其为对穷人征税，美国就会有增值税[65]。

有趣的是，2009年1月，已被巴拉克·奥巴马任命为美国国家经济委员会主席的萨默斯提出，在经济全球化的背景下美国有必要征收增值税。萨默斯说，目前资本可以在全球自由流动，加大了政府征收所得税的难度,因此政府将不得不转而征收消费税[66]。

我相信,在不久的将来美国将需要新的税收来源以应付政府支出。很明显,无论如何削减政府支出都不足以阻止政府福利支出大幅上升。同样明显的是,提高公司或个人所得税率也不能筹足资金。这些税收来源已经不堪重负,它们需要税制的根本改革以避免逃税和合法避税对税收的侵蚀。将所得税率提高一倍——这将是下一代人为支付社会保障和联邦医疗保险而必须做的事——已不再遥不可及。供给学派在这一问题上的观点是正确的。这种做法对激励的负面影响将过于严重。

因此,决策者需要寻找新的税收来源以获得所需的资金并且不至于造成经济崩溃。理论和历史都告诉我们,某种形式的单一税率消费税是最好的征税方式,对激励的破坏作用也最小。经合组织最近的一份研究显示,对消费和不动产征税对经济增长的破坏作用最小,而所得税破坏作用最大[67]。

不言而喻,所有税种都有负向激励作用,但一些税种的税负明显重于其他税种。正如经济学家亨利·乔治所说的,"实际上,征税模式与征税额同样重要。这就像一个很小的负重如果放置不当会累死一匹马,而如果适当调整放置方式,则马可以轻松地携带更大的负重。因此,错误的征税模式会使人们变得穷困并破坏人们的财富创造力,而如果能用另一种模式征收,则人们能轻松承担。"[68]

根据外国的经验,每1个百分点的增值税能使美国征收500亿美元的附加税。根据国际货币基金组织的统计,其他发达国家增值税的税基占GDP的比例在35%至38%之间[69]。但是,我不认为美国一开始就能有与其他有着几十年增值税经验的国家同样大的增值税税基。我认为GDP的1/3是一个合理的目标。因此,以美国GDP为15万亿美元计算,增值税的税基将会是5万亿美元,每1个百分点可产生500亿美元的税收。2007年经合组织国家增值税的平均税率是17.7%,其中日本最小,为5%;瑞典和丹麦最高,为25%[70]。最近的一份研究表明,增值税税率在20%以下不会产生严重的逃税和合法避税问题[71]。

在初期，增值税可用于支付修改税法的费用，如将替代性最低税负（alternative minimum tax）指数化或取消该税种，或许还可以留出一部分用于减少政府赤字。当一切就位，就可以逐步用增值税筹得的资金支付"婴儿潮"一代人的退休保障，这也是让他们部分支付自己的退休保障的方法。

正如前面所提到的，共和党无疑将反对任何增税计划，并且会尽其所能地反对征收增值税。但是他们的反对力量也许比他们自己想象的要弱一些，因为他们已为乔治·布什时期的减税计划设定了到期时间。因此，即使国会不采取任何措施，到2010年底仍会出现大幅增税。未来，共和党也许会接受征收增值税好于大幅提高边际所得税率的上升。

民主党对征收增值税当然也会有所保留，特别是增值税将对穷人产生负面影响。但是，如果征收增值税能让穷人获得健康保险，这可被视为合理的交换。征收3%税率的增值税就足以支付奥巴马2008年提出的竞选承诺。另一个选择是先用增值税税收来完全取缔除非常富有人群以外的所有人的联邦所得税[72]。欧洲的左派在几十年前就意识到，要扩大福利国家就必须采取保守的资金筹措方式[73]。

设立一个新的主要税种无疑将面临困难和成本。但国家税务局、政府问责局、税务联合委员会和国会预算办公室已经对这个问题作了多年的研究并且知道应该如何做[74]。此外，国际货币基金组织、经合组织和世界银行都有很多增值税运作和执行方面的专家，因为几乎所有国家都在征收增值税。美国是经合组织中唯一没有征收增值税的国家。

当然，没有人会在经济还处于低迷的情况下增税。但关于根本改革税制的讨论将延续多年，真正开始征收增值税的时间将更久远。越早启动改革程序，我们就能越早对即将到来的财政赤字风暴有备无患。

共和党与福利社会

即使奥巴马不当选，民主党也没有在2008年的国会竞选中取胜，共和党仍不得不重新评估其关于税收和支出的一贯观点。金融危机导致政府支出大幅扩张，即使约翰·麦凯恩赢得竞选，赤字仍会变得更糟。随着"婴儿潮"一代人的老龄化，对社会保障、联邦医疗保险以及其他老年人福利计划的需求在未来几年也将不断增长。

此外，美国人对减税的热衷——这是过去30年里共和党最好的话题——已明显在减弱。《华尔街日报》与NBC新闻的民意调查显示，美国人现在更支持民主党的税收政策。盖洛普、拉斯穆森和哈里斯民意调查显示，民意越来越倾向于对富人征税和财富再分配。

面对这样的现实，共和党必须作出调整。如果他们继续坚持减税以"让野兽挨饿"或私有化社会保障和联邦医疗保险计划，并减少社会福利，他们最终将失败。人们并不希望政府大幅削减支出或大幅调整让大部分美国人受益的支出项目，特别是在股市大幅下挫使上万亿美元的退休储蓄资金化为乌有之后。

从历史上看，共和党在竞选失利之后会接受多数美国人更喜欢政府支出的现实。与其白费工夫去夺走大多数选民想得到的东西，共和党转而将精力放在提高福利社会的运作效率上，将目标放在那些循规蹈矩的人的福利上，并在不增加债务的条件下为这些福利提供资金。

1952年，德怀特·艾森豪威尔赢得总统选举，共和党在众议院和参议院均获得大多数席位。艾森豪威尔明确反对废除"新政"。相反，他积极推动政府的效率和节约，并强调政府的债务都必须支付。财政预算平衡成为艾森豪威尔的政策重点。

同样地，理查德·尼克松在1968年当选总统后无意缩减"伟大社会"（译者注：美国总统林登·约翰逊1964年提出的社会福利计划）。与艾森豪威尔一样，尼克松强调对政府福利计划的适当管理，即使增税也要解决这些计划的资金问题。

罗纳德·里根也接受福利社会的持久性以及兑现对老年人的承诺的必要性,最明显的例子是1983年对社会保障计划的救助。此次救助保留了所有福利,但通过大幅增税才得以确保社会保障计划的偿付能力。

但里根拥有一个至关重要的远见。他知道如果经济快速增长,政府的债务负担相对就比较容易承担。这要求维持尽可能低的税率(特别是对具有较高生产力的公民)、保持价格稳定并减少政府对私人部门的监管。里根认为政府支出可以继续扩张,但如果经济增长更快,政府支出占国内生产总值的比例会相对下降。里根相信,最后为美国政府的资金承诺提供担保的并不是艾森豪威尔和尼克松所认为的财政预算平衡,而是更强大的经济。

里根还知道,即使要削减政府福利计划,这也只能在经济繁荣的时候完成。当经济困难时,人民对政府福利的依赖过大。这方面的例证就是政府只在1996年进行了福利改革,因为那时的经济超速增长。

乔治·布什使社会保障计划改革成为焦点问题。他认为不必增税就可以改善退休保障、降低该计划的负担以及建立更加牢固的资金基础。然而,虽然经济和股票市场繁荣,仍几乎无人支持布什的提议。未来任何一位尝试进行社会保障计划改革的美国总统都将面临比对私有化福利计划更不友好的政治气候。

我认为共和党最好是将其已弱化的政治资本用于如何在最不影响经济和个人自由的情况下为福利社会筹措资金,而不是如何大幅削减受欢迎的政府支出项目,这注定要失败。但这需要共和党认识到高税收的必要性。在政府财政预算赤字超过1万亿美元的情况下,认为减税仍然是可行的政治策略是不现实的。根据国会预算办公室和政府问责局的估计,政府支出占GDP的比例将在下一代人期间上升10%。在这种情况下,认为宏观税负水平仍能保持19%的观点也是不现实的。况且,这还是在经济危机导致政府支出飙升之前作出的估计。

如果共和党不愿加入如何征税的讨论，那么民主党将自行其是，但这可能导致更高的税率以及对经济增长更为不利的税收体系以满足政府的资金需求。政府无论如何最终都要征收额外的税收，与其简单地反对增税，我认为共和党不如去研究如何以更好的方式征收额外的税收，这更有意义。

最后，福利社会并没有渐行渐远，其成本也将以这种或那种方式支付。共和党越早接受这一事实，就能越早重新获得政治权力。

注释：

1. Greg Ip, "Long Study of Great Depression Has Shaped Bernanke's Views", WSJ, Dec. 7, 2005.

2. Ben S. Bernanke, "On Milton Friedman's Ninetieth Birthday", Nov. 8, 2002, www.federalreserve.gov/newsevents/speech/2002speech.htm.

3. 关于危机正在逼近的可靠调查，见Alan Auerbach, Jason Furman, and William G. Gale, "Facing the Music: The Fiscal Outlook as the Bush Years End", Tax Notes, June 2, 2008, 981-92; Peter S. Heller, Who Will Pay? (Washington：IMF, 2003); Lawrence J. Kotlikoff and Scott Burns, The Coming Generational Storm (Cambridge：MIT Press, 2004); Roger Lowenstein, While America Aged (New York: Penguin, 2008); Peter G. Peterson, Running on Empty (New York: Farrar, Straus & Giroux, 2004).

4. OMB, Budget of the United States Government, Fiscal Year 2009: Analytical Perspectives (Washington：USGPO, 2008), 195.

5. www.fms.treas.gov/fr/index.html.

6. 数据来源于行政管理和预算办公室出版的政府财政预算趋势分析附录中的监管一章，见www.whitehouse.gov/omb。

7. 社会保障和联邦医疗保险的精算师计算出美国未来GDP的永续现值是1.3千万亿美元。

8. 数据来源于《社会保障董事年度报告》表Ⅳ.B6，网址是www.ssa.gov/OACT/TR/index.html。

9. 数据来源于《联邦医疗保险信托基金董事年度报告》表Ⅲ.B10，表Ⅲ.C15和表

Ⅲ.C23，见www.cms.hhs.gov /reportstrustfunds。

10. 联邦医疗保险计划涵盖所有65岁以上的美国人，与收入无关；而医疗补助保险计划是仅涵盖任何年龄的穷人的健康保险制度。

11. CBO,"The Long-Term Budget Outlook", Dec.2007；www.gao.gov/special. pubs/ longterm/simulations.html.

12. Lawrence J. Kotlikoff,"Is the United States Bankrupt?" FRBSLR, July-Aug. 2006, 235-249；Daniel N. Shaviro, Taxes, Spending, and the U.S. Government's March Toward Bankruptcy（New York：CUP, 2007）；Richard Barley,"Triple Threat to Government Debt", WSJ, Feb. 14, 2009；Franceso Guerra, Aline van Duyn, and Daniel Pimlott,"U.S.'s Triple-A Credit Rating 'Under Threat'", FT, Jan. 11, 2008；Päivi Munter,"U.S., Germany, France and U.K. Face Junk Debt Status Within 30 Years, Warns S&P", FT, March 21, 2005.

13. United States V. Ptasynski, 462 U.S. 74（1983）。也见Joseph J. Darby, "Confiscaatory Taxation", American Journal of Comparative Law, supplement, 1990, 545-55；Gale Ann Norton,"The Limitless Federal Taxing Power", Harvard Journal of Law and Public Policy, Summer 1985, 591-625.

14. Charles M. Tiebout,"A Pure Theory of Local Expenditures", JPE, Oct. 1956, 416-24.

15. 公民反政府浪费组织——一个对政府预算进行监督的组织——公布的数据显示，2008年美国政治拨款支出仅为172亿美元（www.cagw.org），而总财政预算是3万亿美元。

16. 关于美联储是一个政治机构，见Robert J. Shapiro,"Politics and the Federal Reserve", TPI, Winter 1982, 119-39；John T. Woolley, Monetary Politics: The Federal Reserve and the Politics of Monetary Policy（New York: CUP, 1984）。

17. Thomas Laubach,"New Evidence on the Interest Rate Effects of Budget Deficits and Debt", Finance and Economics Discussion Series 2003-12, Federal Reserve Board, April 2003；Eric M. Engen and R. Glenn Hubbard,"Federal Government Debt and Interest Rates", NBER Macroeconomics Annual, 2004（2005）, 83-138.

18. John B. Shoven and Gopi Shah Goda,"Adjusting Government Policies for Age Inflation", NBER Working Paper no. 14231, Aug. 2008.

19. 见人口普查局,"Voting and Registration in the Election of November 2004", Rep. no. P20-556, March 2006; 人口普查局, "Voting and Registration in the Election of November 2006", Rep. no. P20-557, June 2008。

20. 在参议院预算委员会的陈述, Jan. 18, 2007, n. 6。

21. David Koitz and Michelle Harlan, "Major Defit-Reduction Measures Enacted in Recent Years," CRS Report for Congress no. 94-719EPW, Sept. 8, 1994.

22. Alberto Alesina and Roberto Perotti, "Fiscal Adjustments in OECD Countries: Composition and Macroeconomic Effects", IMF Staff Paper, June 1997, 210-48; Alberto Alesina and Roberto Perotti, "Fiscal Expansions and Adjustments in OECD Countries", Economic Policy, Oct. 1995, 207-48; Boris Cournède and Frédéric Gonand, "Restoring Fiscal Sustainability in the Euro Area: Raise Taxes or Curb Spending?" OECD Economics Department Working Paper no. 520, Oct. 2006.

23. OECD Economic Outlook, May 2007, 235; GAO, "Dificit Reduction: Experiences of Other Nations", Rep. no. GAO/AIMD-95-30, Dec. 1994.

24. 多年以来,国际货币基金组织和经合组织一直警告美国,如果不大幅削减福利成本,就要提高税收; Eliabeth Becker, "I.M.F. Chief Sees Potential Hazard in U.S. Fiscal Policies", NYT, Sept. 21, 2004; Martin Mühleisen and Christopher Towe, eds., U.S. Fiscal Policies and Priorities for Long-Run Sustainability (Washington: IMF, 2004); OECD Econoomic Survey: United States, 2007, 59-73。

25. Treasury Bulletin, March 2009, 40; Justin Murray and Marc Labonte, "Foreign Holdings of Federal Debt", CRS Report for Congress no. RS22331, March 12, 2008.

26. James K. Jackson, "Foreign Ownership of U.S. Financial Assets: Implications of a Withdrawal", CRS Report for Congress no. RL34319, Jan. 14, 2008; "China's Premier Seeks Guarantee from U.S. on Debt", NYT, March 14, 2009; Anthony Faiola, "China Worried About U.S. Debt", WP, March 14, 2009; "Barclays Says 40% of Japan's Investors See Risk of U.S. Default", Bloomberg News, Jan. 30, 2009; Henny Sender, "Mideast Sovereign Wealth Funds Fret Over US Treasuries", FT, Feb. 17, 2009.

27. "The Unpleasant Arithmatic of Budget and Trade Deficits", Federal Reserve Bank of Minneapolis Annual Report, 1986, 见www.minneapolisfed.org; B. Douglas

Bernheim, "Budget Deficits and the Balance of Trade", Tax Policy and the Economy, V. 2 1988, 1-31; CBO, "Long-Term Econoomic Effects of Chronically Large Federal Deficits", Economic and Budget Issue Brief, Oct. 13, 2005.

28. Interview on U.S. News and World Report website, Oct. 20, 2008.

29. Bruce Bartlett, "Taxes, Bailouts and Class Warfare", Forbes.com, March 20, 2009; Bob Inglis and Arthur B. Laffer, "An Emissions Plan Conservatives Could Warm To", NYT, Dec. 28, 2008.

30. David Hume, Essays: Moral, Political, and Literary (Indianapolis: Liberty Fund, 1985, originally published in 1742), 345.

31. 值得注意的是，与他同时代的著名自由主义哲学家约翰·罗尔斯（John Rawls）认为单一税率消费税是最公平的税种；《正义论》(A Theory of Justice)，修订本（Cambridge：HUP，1999），246。

32. Keynes, Writings, 19:295.

33. 这是所谓的公平税存在的主要问题，很多人曾建议用公平税取代所有的联邦政府税。有关对此的批评，见Bruce Bartlett, "Why the FairTax Won't Work", Tax Notes, Dec. 24, 2007，1241-54。

34. Alfred G. Buehler, "The Spendings Tax", Public Finance, no.1, 1950，8-22；Randolph Paul, Taxation in the United States（Boston: Little, Brown, 1954），291-94；Kenyon E. Poole, "Problems of Administration and Equity Under a Spendings Tax", AER，March 1943，63-73；U.S. Treasury Department, Annual Report of the Secretary of the Treasury, 1943（Washington：USGPO，1944），93-94，410-20.

35. 这一分析的主要文献包括：Irving Fisher and Herbert W.Fisher, Coonstuctive Income Taxation (New York: Harper & Brothers, 1942); Nicholas Kaldor, An Expenditure Tax (London: George Allen & Unwin, 1955)。

36. 这里讨论的是发票抵扣型VAT。另一种是扣减型VAT，即在销售毛收入中扣减从其他企业的进货，包括已经支付的VAT，只计算销售净额的VAT。这两种方法计算出来的结果是一样的。

37. 一位德国公司高管威廉·范·西门子被认为是发明VAT的人；Clara K. Sullivan, The Tax on Value Added (New York: Columbia University Press, 1965)，12。其他早期的文献还有: T.S. Adams, "Fundamental Problem of Federal Income Taxation",

QJE, Aug. 1921, 527-56; Gerhard Colm, "The Ideal Tax System", Social Research, Aug. 1934, 319-42; Paul Studenski, "Toward a Theory of Business Taxation", JPE, Oct. 1940, 621-54。二战后，被派往日本的一个美国税收专家小组建议日本实施VAT。虽然这一建议已获得立法通过，但在生效前又被取消了；Martin Bronfenbrenner, "The Japanese Value-Added Sales Tax", NTJ, Dec. 1950, 298-313; Sullivan, The Tax on Value Added, 126-47。

38．VAT的跨境调整通常被视为对进口的惩罚和对出口的补贴；实际上，从贸易的角度来看，VAT是中性的，既不有利于出口也不惩罚进口；见Harry Johnson and Mel Krauss, "Border Taxes, Border Tax Adjustments, Comparative Advantage, and the Balance of Payments", Canadian Journal of Economic, Nov. 1970, 595-602; Martin Feldstein and Paul Krugman, "International Trade Effects of Value-Added Taxation", in Assaf Razin and Joel Slemrod, eds., Taxation in the Global Economy（Chicago: UCP, 1990）, 263-78。

39．在1972年的国情咨文中，尼克松要求政府关系顾问委员会（Advisory Commission on Intergovernmental Relations）对用VAT来减少不动产税进行研究。该委员会得出的结论是，这不是一个好的建议。ACIR, The Value-Added Tax and Alternative Sources of Federal Revenue（Washington: USGPO, 1973）。

40．有关征税效率越高税负越重的研究，见Gary S. Becker and Casey B. Mulligan, "Deadweight Costs and the Size of Government", JLE, Oct. 2003, 293-340; Stanley Fischer and Lawrence H. Summers, "Should Governments Learn to Live With Inflation?" AER, May 1989, 382-87; Randall G. Holcombe and Jeffrey A. Mills, "Is Revenue-Neutral Tax Reform Revenue Neutral?" PFQ, Jan. 1994, 65-85。

41．关于VAT是否是"印钞机"，研究结果并不一致：Liam Ebrill, Michael Keen, Jean-Paul Bodin, and Victoria Summers, The Modern VAT（Washington: IMF, 2001）, 25-39; Diana Furchtgott-Roth, "OECD Countries and the VAT: The Historical Experience", Research Study no. 49, American Petroleum Institute, Feb. 1990; Michael Keen and Ben Lockwood, "Is the VAT a Money Machine?" NTJ, Dec. 2006, 905-28; Michael Keen and Ben Lockwood, "The Value-Added Tax: Its Causes and Consequences", IMF Working Paper WP/07/183, July 2007; J. A. Stockfisch, "Value-Added Taxes and the Size of Government: Some Evidence", NTJ, Dec. 1985,

547-52。

42．Bruce Bartlett,"Not VAT Again!" WSJ, April 16, 1993; and "Revenue-Raising: It's VAT Time Again", WSJ, Aug. 2, 1984.

43．我第一次提出这一结论是在Bruce Bartlett, "A New Money Machine for the U.S.", LAT, Aug. 29, 2004。也见Bruce Bartlett, "Agenda for Tax Reform", Tax Notes, Dec. 13, 2004, 1531-39; "Feed the Beast", NYT, April 6, 2005; "Tax Advice for Mr. Bush: Consider the VAT", Fortune, Dec. 13, 2004, 77。

44．William D. Andrews, "A Consumption-Type or Cash Flow Personal Income Tax", Harvard Law Review, April 1974, 1113-88。在担任福特政府负责税收分析的财政部副部长期间，布拉福德(Bradford)完成了对消费所得税的主要研究：U.S. Treasury Department, Blueprints for Basic Tax Reform（Washington: USGPO, 1977）。英国米德委员会(Meade Committee)的报告也很重要：Institute for Fiscal Studies, The Structure and Reform of Direct Taxation (London: George Allen & Unwin, 1978)。1972年，瑞典的一个税收委员会提出了以消费支出为基础的税收制度：Sven-Olof Lodin, Progressive Expenditure Tax—An Alternative? (Stockholm：LiberFölag, 1978)。

45．事实上，几乎所有的单一税方案均源自Robert E. Hall and Alvin Rabushka, "A Proposal to Simplify Our Tax System", WSJ, Dec. 10, 1981。霍尔—拉布什卡(Hall- Rabushka)单一税实际上是扣减型VAT。

46．Martin G. Ginsberg, "Life Under a Personal Consumption Tax: Some Thoughts on Working, Saving, and Consumiing in Nunn-Domenici's Tax World", NTJ, Dec. 1995, 585-602; Laurence S. Seidman, The USA Tax: A Progressive Consumption Tax（Cambridge: MIT Press, 1997）; Alvin C. Warren, "The Proposal for an 'Unlimited Savings Allowance' ", Tax Notes, Aug. 28, 1995, 1103-08.

47．见http://govinfo.library.unt.edu/taxreformpanel。

48．Al Ullman, "A Tax Without Loopholes", WP, Oct. 23, 1979; Jeffrey H. Birnbaum, "Tax Plan Backers Seeks to Refroup After 2 Setbacks", WSJ, Oct. 21, 1985; "Beware the VAT", WSJ, March 1993.

49．John Burgess, "Japanese Voters Deal Blow to Nakasone", WP, April 13, 1987; Anne Swardson, "Canada's Value-Added Tax: Cautionary Tale for Clinton", WP, April 16, 1993; John Shaw, "Australian Coalition Narrowly Reelected", WP, Oct.

4，1998．

50．Steven M. Gillon, The Pact: Bill Clinton, Newt Gingrich, and the Rivalry that Defined a Generation（New York：OUP，2008），224，268．

51．报告见www.csss.gov。

52．当他被迫于1993年采取削减赤字计划时，克林顿发表了著名的言论，"你是要告诉我，这个方案的成功与否和我能否连任取决于美联储和一群可恶的债券持有人？"引用在Bob Woodward, The Agenda（New York: Simon & Schuster，1994），84。实际上，债券市场对当时的经济政策有相当大的影响：Douglas R. Sease and Constance Mitchell，"The World's Bond Buyers Gain Huge Influence Over U.S. Fiscal Plans"，WSJ，Nov. 6，1992。

53．共和党经济学家约翰·戈德曼(John Goodman)宣称，到1998年，1993年通过的增税计划将使美国GDP减少2440亿美元，减少资本形成达到惊人的1.8万亿美元，失去134万个本来可以创造的就业机会。这一预测是完全错误的。John C. Goodman，"Forecast of the House-Senate Conference Committee 1993 Budget Bill"，National Center for Policy Analysis Media Fact Sheet, Aug. 3，1993。

54．Neil Brooks and Thaddeus Hwoong，"The Social Benefits and Economic Costs of Taxation: A Comparison of High- and Low-Tax Countries"，Canadian Center for Policy Alternative, Dec. 2006；Peter H. Lindert, Growing Public: Social Spending and Economic Growth Since the Eighteenth Century（New York: CUP，2004）；Harold L. Wilensky，"Trade-offs iin Public Finance: Comparing the Well-Being of Big Spenders and Lean Spepnders"，International Political Science Review, Oct. 2006，333-58；Frederik Bergström and Robert Gidehag, EU versus USA（Stockholm：Timbro，2004）．

55．Vito Tanzi and Luger Schuknecht, Public Spending in the 20th Century: A Global Perspective（New York: CUP，2000），30-45。有时这被称为"财政挤油（fiscal churning）"，见Filip Palda，"Fiscal Churning and Political Efficiency"，Kyklos, no. 2，1997，189-206。

56．Roman Arjona, Maxime Ladaique, and Mark Pearson，"Social Protection and Growth"，OECD Economic Studies, May 2002，7-45；European Commission, Public Finances in EMU－2008，127-65。

57．1995年至2002年间，ABC新闻对人们认为每1美元税收中被浪费的情况进行调查。调查的平均结果在46美分至56美分之间。2005年，福克斯新闻作的民意调查显示，71%美国人反对的是税收的使用方式而不是纳税额，而只有12%的美国人更关注纳税额。这两项调查均可查询www.pollingreport.com。

58. 经济学家认为，雇主为工人支付的工资税完全是以降低工人工资的方式支付的。在工资税下调的情况下，雇主的确会以提高工资的形式将省下来的钱返还给工人。见Jonathan Gruber, "The Incedence of Payroll Taxation: Evidence from Chile", Journal of Labor Economics, July 1997，S72-101。

59. Alan S. Blinder, Roger H. Gordon, and Donald E. Wise, "Reconsidering the Work Disincentive Effects of Social Security", NTJ, Dec. 1980, 431-42; Richard V. Burkhauser and John A. Turner, "Is the Social Security Payroll Tax a Tax?" PFQ, July 1985, 253-267; Richard Disney, "Are Contributions to Public Pension Programmes a Tax on Employment?" Economic Policy, July 2004, 267-311.

60. David Carey and Harry Tchilinguirian, "Average Effective Tax Rates on Capitall, Labor and Consumption", OECD Economics Department Working Paper no. 258, Oct. 2000; CBO, Corporate Income Tax Rates: International Comparisons, Nov. 2005; European Commission, Public Finances in EMU—2008, 169-205; Stephen Ganhof, "The Political Economy of High Income Taxation", Comparative Political Studies, Sept. 2007, 1059-84.

61. Victor R. Fuchs and Ezekiel J. Emanuel, "Health Care Reform, Why? What? When?" Health Affairs, Nov.-Dec., 2005, 1399-1414; Jane G. Gravell and Jack Taylor, "Financing Long-Term Care for the Elderly", NTJ, Sept. 1989, 219-32; Samuel Y. Sessions and Philip R. Lee, "Using Tax Reform to Drive Health Care Reform", Journal of American Medical Association, Oct. 22-29, 2008, 1929-31。民意调查表明，美国人愿意为全国健康保险支付更高的税收：Robin Toner and Janet Elder, "Most Support U.S. Guarantee of Health Plans", NYT, March 2, 2007。

62. 事实上，VAT的累退效应并不像一般人所想的那么严重。如果从人一生的视角来看，因为消费与收入是成比例的，所以消费税与收入也是成比例的。见Erik Caspersen and Gilber Metcalf, "Is a Value Added Tax Regressive? Annual Versus Lifetime Incidence Measure", NTJ, Dec. 1994, 731-46; Don Fullerton and Diane Lim Rogers, Who Bears the Lifetime Tax Burden?（Washington: Brookings, 1993）; Gilbert E.

Metcalf, "Life Cycle versus Annual Perspctives on the Incidence of a Value Added Tax", Tax Policy and the Economy, V.8, 1994, 45-64; James M. Poterba, "Lifetime Incidence and the Distributional Burden of Excise Taxes", AER, May 1989, 325-30; John Sabelhaus, "What is the Distributional Burden of Taxing Consumption?" NTY, Sept. 1993, 331-44.

63. Steven Cooney, "Comparing Automotive and Steel Industry Legacy Cost Issues", CRS Report for Congress no. RL33169, Nov. 28, 2005。近年来，公司的高管们一直大力支持建立全国健康保险制度：Jonathan Cohn, "What's the One Thing Big Business and the Left Have in Common?" NYTM, April 1, 2007, 45-49; Milt Freudenheim, "New Urgency in Dabating Health Care", NYT, April 6, 2007; Jordan Rau, "Healthcare Reform's Unlikely Ally: Big Business," LAT, May 7, 2007; Catherine Arnst, "A Secret Wish for Health Reform", Business Week, May 18, 2009, 23。关于州和地方政府：GAO, "State and Local Fiscal Challenges: Rising Health Care Costs Drive Long-Term and Immediate Pressures", Rep. no. GAO-09-210T, Nov. 2008。

64. CBO, "Accounting for Sources of Projected Growth in Federal Spending on Medicare and Medicaid", Economic and Budget Issue Brief, May 28, 2008; Ronald Lee and Johnathan Skinner, "Will Aging Baby Boomers Bust the Federal Budget?" JEP, Winter 1999, 117-40; Robert W. Fogell, "Forecasting the Cost of U.S. Health in 2040", NBER Working Paper no. 14361, Sept. 2008.

65. Jan M. Rosen, "Tax Watch; The Likely Form of New Taxes", NYT, Dec. 19, 1988.

66. James R. Hines Jr. and Lawrence H. Summers, "How Globalization Affects Tax Design", NBER Working Paper no. 14664, Jan. 2009.

67. Jens Arnold, "Do Tax Structures Affect Aggrgate Economic Growth? Empirical Evidence from a Panel of OECD Countries", OECD Economics Department Working Paper no. 643, Oct. 2008; Asa Johansson et al., "Tax and Economic Growth", OECD Economics Department Working Paper no. 620, July 2008.

68. Progress and Poverty（New York: Robert Schalkenbach Foundation, 1975; first published in 1880），409.

69. Ebrill et al., The Modern VAT, 41.

70. 相关税率见www.oecd.org/ctp/taxdatabase。

71. Ali Agha and Jonathan Houghton, "Designing VAT System: Some Efficiency Considerations", RES, May 1996, 303-8; Kent Matthews, "VAT Evasion and VAT Avoidance: Is There a European Laffer Curve for VAT?" International Review of Applied Economics, Jan. 2003, 105-14; Kent Matthews and Jean Lloyd-Williams, "Have VAT Rates Reached Their Limit? An Empirical Note", Applied Economics Letters, Feb. 2000, 111-15.

72. Michael J. Graetz, 100 Million Unnecessary Returns (New Haven: Yale University Press, 2008).

73. Junko Kato, "Regressive Taxation and the Welfare State" (New York: CUP, 2003); Harold L. Wilensky, Rich Democracies (Berkeley: University of California Press, 2002) 384-85.

74. CBO, Effects of Adopting a Value Added Tax (Washington: USGPO, 1992); Internal Revenue Service, A Study of Administrative Issues in Implementing a Federal Value Added Tax, Office of the Assistant Commissioner for Planning and Research, May 1993; JCT, Factors Affecting the International Competitiveness of the United States, Rep. no. JCS-6-91 (Washington: USGPO, 1991); GAO, Value-Added Taxes: Lessons Learned from Other Countries on Compliance Risks, Administrative Costs, Compliance Burdens, and Transition, Rep.no.GAO-08-566, April 2008.

附　录

附录一
战后经济衰退时间和反衰退方案

开始时间	结束时间	通过反衰退立法时间
1948年11月	1949年10月	1949年10月[1]
1957年8月	1958年4月	1958年4月[2]
		1958年7月[3]
1960年4月	1961年2月	1961年5月[4]
		1962年9月[5]
1969年12月	1970年11月	1971年8月[6]
1973年11月	1975年3月	1975年3月[7]
		1976年7月[8]
		1977年5月[9]
1981年7月	1982年11月	1983年1月[10]
		1983年3月[11]
1990年7月	1991年3月	1991年12月[12]
		1993年4月[13]
2001年3月	2001年11月	2001年6月[14]
2007年12月	无	2008年2月[15]
		2009年2月[16]

资料来源：美国国家经济研究局和作者的研究。[17]

注释：

1. Advance Planning for Public Works Act, P.L.81—352, Oct.13, 1949.

2. Federal Aid Highway Act of 1958, P.L.85—381, April 16, 1958.

3. River and Harbor Act of 1958, Flood Control Act of 1958, and Water Supply Act

of 1958, P.L.85—100, July 3, 1958.

    4. Area Development Act, P.L.82—27, May 1,1961.

    5. Public Works Acceleration Act, P.L.87—658, September.14, 1962.

    6. Public Works and Economic Development Act Amendments, P.L.92—65, Aug.5, 1971.

    7. Tax Reduction Act of 1975, P.L.94—12, March 29, 1975.

    8. Public Works Employment Act of 1976, P.L.94—369, July 22, 1976.

    9. Local Public Works Capital Development and Investment Act of 1976, P.L.95—28, May 13,1977.

    10. Surface Transportation Assistance Act of 1982, P.L.97—424, Jan.6,1983.

    11. Emergency Jobs Appropriations Act of 1983, P.L.98—8, March 24,1983.

    12. Intermodal Surface Transportation Efficiency Act of 1991, P.L. 102—240, Dec.18, 1991.

    13. Emergency Supplemental Appropriations Act of 1993, P.L.103—24, April 23, 1993.

    14. Economic Growth and Tax Relief Reconciliation Act of 2001, P.L. 107—16, June7,2001.

    15. Economic Stimulus Act of 2008, P.L.110—185, Feb.13,2008.

    16. American Recovery and Reinvestment Act of 2009, P.L.111—5, Feb.17, 2009.

    17. www.nber.org/cycles.html.我大量依赖《国会季刊》以确定那些立法是特别针对反衰退的。

附录二
税负与工作小时

	宏观税负水平			每年平均工作小时		
	1975年	2006年	增 长	1979年	2006年	变 化
澳大利亚	25.8	30.6	18.6%	1823	1714	−6.0%
加拿大	32.0	33.3	4.1%	1832	1738	−4.6%
丹麦	38.4	49.1	27.9%	1624	1577	−2.9%
芬兰	36.5	43.5	19.2%	1869	1721	−7.9%
法国	35.4	44.2	24.8%	1855	1564	−15.7%
德国	34.3	35.6	3.8%	1770	1421	−19.7%
意大利	25.4	42.1	65.7%	1949	1800	−7.6%
日本	20.9	27.9	33.5%	2126	1784	16.0%
挪威	39.2	43.9	12%	1580	1407	−10.9%
西班牙	18.4	36.6	98.9%	2022	1764	12.7%
瑞典	41.2	49.1	19.2%	1530	1583	+3.5%
英国	35.2	37.1	5.4%	1818	1669	−8.2%
美国	25.6	28.0	9.4%	1834	1804	−1.6%

资料来源：经合组织。

附录三
美国：富裕纳税人的税收和收入占比（%）

年份	最高个人所得税率	税收占比		收入占比	
		前1%	前10%	前1%	前10%
1980	70	19.3	49.5	8.5	32.1
1981	70	17.9	48.2	8.3	32.0
1982	50	19.3	48.8	8.9	32.3
1983	50	20.7	50.1	9.3	32.8
1984	50	21.8	51.1	9.7	33.3
1985	50	22.3	51.9	10.0	33.8
1986	50	25.8	54.7	11.3	35.1
1987	38.5	24.8	55.6	12.3	36.9
1988	28	27.6	57.3	15.2	39.5
1989	28	25.2	55.8	14.2	39.0
1990	28	25.1	55.4	14.0	38.8
1991	31	24.8	55.8	13.0	38.2
1992	31	27.5	58.0	14.2	39.2
1993	39.6	29.0	59.2	13.8	39.0
1994	39.6	28.9	59.5	13.8	39.2
1995	39.6	30.3	60.8	14.6	40.2
1996	39.6	32.3	62.5	16.0	41.6
1997	39.6	33.2	63.2	17.4	42.8
1998	39.6	34.8	65.0	18.5	43.8
1999	39.6	36.2	66.5	19.5	44.9
2000	39.6	37.4	67.3	20.8	46.0
2001	39.1	33.9	64.9	17.5	43.1
2002	38.6	33.7	65.7	16.1	41.8

续表

年份	最高个人所得税率	税收占比		收入占比	
		前1%	前10%	前1%	前10%
2003	35	34.3	65.8	17.8	42.4
2004	35	36.9	68.2	19.0	44.4
2005	35	39.4	70.3	21.2	46.4
2006	35	39.9	70.8	22.1	47.3

资料来源：美国国税局，美国税务基金会。

附录四
英国：富裕纳税人的税收和收入占比（％）

年份	最高个人所得税率	税收占比		收入占比	
		前1%	前10%	前1%	前10%
1978	83	11.2	35.0	无	无
1979	60	10.4	无	↓	↓
1980	60	10.9	无		
1981	60	11.3	35.0		
1982	60	11.7	无		
1983	60	11.1	无		
1984	60	11.8	无		
1985	60	12.0	无		
1986	60	14.0	39.0		
1987	60	无	无		
1988	40	无	无		
1989	40	无	无		
1990	40	15.0	42.0		

续表

年份	最高个人所得税率	税收占比		收入占比	
		前1%	前10%	前1%	前10%
1991	40	16.0	43.0		
1992	40	16.0	44.0		
1993	40	16.0	44.0		
1994	40	17.0	45.0		
1995	40	17.0	45.0		
1996	40	20.0	48.0		
1997	40	20.0	48.0		
1998	40	21.0	49.0		
1999	40	21.3	50.3	11.0	32.9
2000	40	22.2	51.5	11.5	33.7
2001	40	21.8	51.9	11.1	33.4
2002	40	21.0	51.5	10.8	33.1
2003	40	20.8	50.9	11.0	33.3
2004	40	21.4	51.4	11.3	33.6
2005	40	22.7	52.9	12.2	34.8
2006	40	22.7	52.8	12.2	34.8
2007	40	22.7	52.9	12.2	34.9
2008	40	23.0	53.1	12.1	34.5

资料来源：英国税务与海关总署，英国财政研究院。

附录五
资本利得税和变现（%）

年份	最高税率[1]	变现占GDP比
1967	25	3.30
1968	26.9	3.91
1969	27.5	3.19
1970	32.21	2.01
1971	34.25	2.51
1972	35.5	2.89
1973	36.5	2.58
1974	36.5	2.01
1975	36.5	1.89
1976	39.875	2.17
1977	39.875	2.23
1978[2]	39.875/33.85	2.20
1979	28	2.86
1980	28	2.65
1981[2]	28/20	2.58
1982	20	2.77
1983	20	3.47
1984	20	3.57
1985	20	4.08
1986	20	7.36
1987	28	3.13
1988	28	3.18
1989	28	2.81
1990	28	2.13

续表

年份	最高税率[1]	变现占GDP比
1991	28.93	1.86
1992	28.93	2.00
1993	29.19	2.29
1994	29.19	2.17
1995	29.19	2.43
1996	29.19	3.34
1997[2]	29.19/21.19	4.39
1998	21.19	5.18
1999	21.19	5.96
2000	21.19	6.56
2001	21.17	3.45
2002	21.16	2.57
2003[2]	21.05/16.05	2.95
2004	16.05	4.27
2005	16.05	5.56
2006	15.7	6.06

资料来源:美国财政部税务分析办公室，2008年11月3日。

注释：

1. 最高实际税率可以因其他与可替代最低税和其他纳税条款的关系而超过最高法定税率。

2. 税率在年中发生变化。

附录六
四人家庭的边际联邦所得税率,1958～1988(%)

年份	中位数收入的 $\frac{1}{2}$	中位数收入	中位数收入的两倍
1958	0	20	22
1959	0	20	22
1960	20	20	22
1961	20	20	22
1962	20	20	26
1963	20	20	26
1964	16	18	23.5
1965	14	17	22
1966	14	19	22
1967	15	19	22
1968	15	20.42^2	26.88^2
1969	15	20.90^2	27.50^2
1970	15	19.48^2	25.62^2
1971	15	19	28
1972	15	19	28
1973	16	19	28
1974	16	22	333
1975	27^1	22	32
1976	17	22	32
1977	17	22	36
1978	19	25	39
1979	16	24	37

续表

年份	中位数收入的 $\frac{1}{2}$	中位数收入	中位数收入的两倍
1980	18	24	43
1981	18	24	42.46
1982	16	25	39
1983	15	23	35
1984	14	22	38
1985	14	22	38
1986	14	22	38
1987	15	15	35
1988	15	15	28

资料来源：美国财政部税务分析办公室，未公布的数据。

注释：

边际税率指的是每增加一美元的收入所征收的税。

1. 极高的税率是由逐渐取消劳动所得税抵免造成。
2. 附加税生效。
3. 包含逐渐取消退税。

附录七
通货紧缩，1929～1933

类别	1929	1933	下降百分比
消费价格指数	51.3	38.8	24.4
食物	48.3	30.6	36.6
租金	76.0	54.1	28.8
服装	48.5	36.9	23.9
批发价格指数	61.9	42.8	30.8
原材料	57.9	33.6	42.0
成品	64.1	47.8	25.4
小麦	$1.18	$0.72	39.0
面粉	$5.79	$4.63	20.0
糖	$0.05	$0.04	20.0
棉花	$0.19	$0.09	53.0
羊毛	$0.99	$0.66	33.3
煤	$12.89	$10.06	21.9
钢轨	$43.00	$39.33	8.5
铜	$0.18	$0.07	61.1
松油树脂	$0.55	$0.46	16.4

资料来源：美国劳工统计局；美国人口统计局。